JOHANNES KIMME

Das Repräsentativsystem

Schriften zum Öffentlichen Recht

Band 541

Das Repräsentativsystem

unter besonderer Beachtung der historischen Entwicklung der Repräsentation und der Rechtsprechung des Bundesverfassungsgerichts

Von

Dr. Johannes Kimme

Duncker & Humblot · Berlin

CIP-Titelaufnahme der Deutschen Bibliothek

Kimme, Johannes:
Das Repräsentativsystem: unter bes. Beachtung d. histor. Entwicklung d. Repräsentation u. d. Rechtsprechung d. Bundesverfassungsgerichts / von Johannes Kimme. – Berlin: Duncker u. Humblot, 1988
(Schriften zum Öffentlichen Recht; Bd. 541)
Zugl.: Mainz, Univ., Diss., 1987
ISBN 3-428-06479-8
NE: GT

Druck: Berliner Buchdruckerei Union GmbH, Berlin 61
Printed in Germany

ISBN 3-428-06479-8

Vorwort

Die vorliegende Arbeit wurde im Herbst 1987 vom Fachbereich Rechts- und Wirtschaftswissenschaften der Johannes Gutenberg-Universität Mainz als Dissertation angenommen.

Herrn Staatssekretär a.D. Prof. Dr. Walter Rudolf und Herrn Prof. Dr. Hans Heinrich Rupp danke ich für die Beratung und Begutachtung. Herrn Rechtsanwalt Norbert Simon gebührt der Dank für die Aufnahme in die Reihe „Schriften zum Öffentlichen Recht". Herrn Vorstandsvorsitzenden Dr. Paul Wieand möchte ich für den großzügigen Druckkostenzuschuß danken, den die Landesbank Rheinland-Pfalz mir gewährte.

Ich widme diese Abhandlung meinen Eltern.

Mainz, im Mai 1988 *Johannes Kimme*

Inhaltsverzeichnis

Abkürzungsverzeichnis

a.a.O.	=	am angegebenen Ort (bezieht sich immer auf die vorstehende Anmerkung)
Abs.	=	Absatz
Abschn.	=	Abschnitt
allg.	=	allgemein
Anl.	=	Anlage
Anm.	=	Anmerkung
AöR	=	Archiv des öffentlichen Rechts
Art.	=	Artikel
Bd.	=	Band
BGB	=	Bürgerliches Gesetzbuch
BVerfG	=	Bundesverfassungsgericht
BVerfGE	=	Entscheidungen des Bundesverfassungsgerichts, wobei I den ersten und II den zweiten Senat bezeichnet (vgl. die Zitierweise der amtlichen Sammlung ab Bd. 66)
BWG	=	Bundeswahlgesetz
bzgl.	=	bezüglich
d. h.	=	das heißt
Diss. iur.	=	juristische Dissertation
Diss. phil.	=	philosophische Dissertation
DÖV	=	Die öffentliche Verwaltung
Drucks.	=	Drucksache
dt.	=	deutsch; deutsche; deutsches
DVBl.	=	Deutsches Verwaltungsblatt
Einl.	=	Einleitung
EvStL	=	Evangelisches Staatslexikon
f.	=	folgende (Seite)
ff.	=	folgende (Seiten)
G	=	Gesetz
GG	=	Grundgesetz
HChE	=	Entwurf des Verfassungskonvents am Herrenchiemsee
Hlbd.	=	Halbband
hrg.	=	herausgegeben von
Hrsg.	=	Herausgeber
insbes.	=	insbesondere

i.V.m.	=	in Verbindung mit
J.ö.R.	=	Jahrbuch für öffentliches Recht
JZ	=	Juristenzeitung
Kap.	=	Kapitel
KritV	=	Kritische Vierteljahresschrift für Gesetzgebung und Rechtswissenschaft
lat.	=	lateinisch
NdsStGH	=	Niedersächsischer Staatsgerichtshof
N. F.	=	Neue Folge
NJW	=	Neue Juristische Wochenschrift
o.	=	oben
PVS	=	Politische Vierteljahresschrift
Rdnr.	=	Randnummer
RVO	=	Reichsversicherungsordnung
S.	=	Seite; Satz; siehe
s. o.	=	siehe oben
sog.	=	sogenannt
Sp.	=	Spalte
Sten.	=	Stenographisch
s. u.	=	siehe unten
u.	=	unten
u. a.	=	unter anderem
u. U.	=	unter Umständen
v.	=	von; vom
vgl.	=	vergleiche
Vorbem.	=	Vorbemerkung
VVDStRL	=	Veröffentlichungen der Vereinigung der deutschen Staatsrechtslehrer
WRV	=	Weimarer Reichsverfassung
z. B.	=	zum Beispiel
zit.	=	zitiert
ZParl	=	Zeitschrift für Parlamentsrecht
ZPO	=	Zivilprozeßordnung

Einleitung

Das repräsentative Element in unserem Verfassungssystem wurde vom Bundesverfassungsgericht wiederholt als Argumentationsfigur verwendet. So überzeugend es auf den ersten Blick wirkt, wenn das Bundesverfassungsgericht

- vom Grundsatz der repräsentativen Demokratie[1],
- von der Repräsentation des Volkes durch das Parlament[2]
- oder schlicht von Volksrepräsentation[3],
- von dem parlamentarischen Repräsentativsystem mit geringen Mitwirkungsrechten[4]
- oder von der Repräsentation, die sich im parlamentarischen Bereich vornehmlich dort vollziehe, wo die Entscheidung falle[5],
- von den Grundsätzen der liberal-repräsentativen Demokratie[6]
- oder von der zu beobachtenden Entwicklung von der liberal-repräsentativen zur parteienstaatlichen Demokratie[7],
- von der repräsentativen Ausprägung der demokratischen Ordnung im Grundgesetz[8]
- oder schlicht in Wiedergabe einer Stellungnahme des Bundestages vom repräsentativen Grundzug der Verfassung[9],
- von der vom Grundgesetz geformten repräsentativen Demokratie[10]
- oder vom repräsentativen, verfassungsrechtlichen Status des Abgeordneten[11],
- vom Abgeordneten als Vertreter des gesamten Volkes, wobei es sich bei Art. 38 GG um einen Satz aus dem gesicherten ideologischen Bestand des Verfassungsrechts der liberalen Demokratie handele[12]

---

[1] BVerfGE vom 1. August 1953, I, 3, 19, 26; vom 5. August 1966, I, 20, 162, 175; vom 9. März 1976, II, 41, 399, 414; vom 21. September 1976, II, 42, 312, 341; vom 10. Mai 1977, II, 44, 308 und vom 24. März 1981, II, 56, 396, 405.

[2] BVerfGE vom 10. Mai 1977, II, 44, 308, 318

[3] BVerfGE vom 23. Januar 1957, II, 6, 84, 92.

[4] BVerfGE vom 14. Mai 1985, I, 69, 315, 347.

[5] BVerfGE vom 10. Mai 1977, II, 44, 308, 319.

[6] BVerfGE vom 16. März 1955, II, 4, 144, 148.

[7] BVerfGE vom 16. März 1955, II, 4, 144, 151 und vom 5. November 1975, II, 40, 296, 311.

[8] BVerfGE vom 30. Juli 1958, II, 8, 104, 121.

[9] BVerfGE vom 5.November 1975, II, 40, 296, 301.

[10] BVerfGE vom 16. Februar 1983, II, 62, 1, 43.

[11] BVerfGE vom 19. Juli 1966, II, 20, 56, 103.

[12] BVerfGE vom 23. Oktober 1952, I, 2, 1, 72.

- oder von den Abgeordneten, die nur über die politischen Parteien und als Repräsentanten der in ihnen verkörperten politischen Kräfte und Interessen ins Parlament gelangten[13],
- von der Gewährung des repräsentativen freien Abgeordnetenmandates[14]
- oder schlicht vom Abgeordneten als Träger des freien Mandates[15],
- von handlungsfähigen und wahrhaft repräsentativen Verfassungsorganen[16]
- oder schlicht von Repräsentationswürdigkeit[17]
- und schließlich von den politischen Parteien als Repräsentanten der im Volk vorhandenen politischen Meinungen[18]

spricht, so drängt sich doch die Frage auf, was das Bundesverfassungsgericht unter dem Begriff der Repräsentation versteht und welche Entwicklung sich abzeichnet. Da sich naturgegeben die bisher 75-bändige Entscheidungssammlung des Bundesverfassungsgerichtes nicht als dogmatisch gegliedertes Lehrbuch versteht, bleibt es der juristischen Wissenschaft überlassen, an der Aufarbeitung dieses Fundus mitzuwirken. Das Feld sollte dabei nicht vorschnell den Historikern, Politologen, Soziologen und Philosophen überlassen bleiben[19], da eine Auseinandersetzung mit dem Repräsentativsystem wesensnotwendig zur juristischen Grundlagenforschung gehört, wie dies auch in der kurzen, aber äußerst fruchtbaren Zeit der juristischen Aufarbeitung der Weimarer Verfassung am Ende der 20-iger Jahre dieses Jahrhunderts gesehen wurde. Eine Auseinandersetzung mit diesem Thema bietet sich gerade in einer Zeit an, in welcher der Ruf nach einer stärkeren Betonung der plebiszitären Elemente der Demokratie bzw. „zurück zur unmittelbaren Demokratie“ etwas leiser zu vernehmen ist[20]. Dies ist

---

13 BVerfGE vom 17. August 1956, I, 5, 85, 233.

14 BVerfGE vom 16. Februar 1983, II, 62, 1, 38.

15 BVerfGE vom 5. November 1975, II, 40, 296, 314.

16 BVerfGE vom 23. Januar 1957, II, 6, 84, 98.

17 BVerfGE vom 5. April 1952, II, 1, 208, 252

18 BVerfGE vom 23. Januar 1957, II, 6, 84, 90.

19 Dies soll nicht bedeuten, daß die Jurisprudenz für sich allein den Anspruch erheben sollte, die komplexe Materie des repräsentativen Verfassungsstaates wissenschaftlich durchdringen zu können. Nach wie vor gilt, wenn auch mit Einschränkungen, die Mahnung des Rechtsgelehrten Johannes Althusius (1557-1638), der in der Vorrede zur Erstausgabe (1603) seines bedeutendsten Werkes Politica feststellt: „Wenn aber ein Jurist politische Grundsätze und Regeln behandeln will und sich ein Urteil zutraut über das, wodurch die Gemeinschaft gebaut, erhalten und geschützt wird, was den Staat kräftiger und erfolgreicher, seine Macht stärker und ihre Formen fester gestaltet oder wenn er von dem spricht, was dem politischen Ganzen schädlich oder gefährlich sein könnte, so maßt er sich eine Befugnis an, die ihm nicht zusteht.“ *Althusius,* Politica 1603, S.7, zit. nach der Übersetzung von Wolf. Aber gerade der Jurist Althusius ist es, der in seiner Politica von der Politik und der Lehre von der Gesellschaft handelt. Seine Mahnung kann einschränkend also nur so aufgefaßt werden, daß der heutige Jurist, der diese Materie bearbeitet, sich ebenfalls einer interdisziplinären Arbeitsweise zu befleißigen hat.

20 Vgl. z. B. eine der jüngsten Abhandlungen zum Problem der Einführung plebiszitärer Elemente: *Roßnagel,* Demokratische Kontrolle großtechnischer Anlagen durch

wohl vornehmlich darauf zurückzuführen, daß erstmals eine Partei, die aus Bürgerbewegungen entstand, unter einem gewissen Angleichungszwang Einzug in das Repräsentativorgan Deutscher Bundestag gefunden hat[21], aber auch darauf, daß die etablierten Parteien in einer beachtlichen Anzahl von Untersuchungsausschüssen so manche eingefahrenen Handlungsweisen für die Öffentlichkeit aufzeigen und damit abzustellen helfen.

Andererseits bietet sich auch deshalb eine Aufarbeitung des Themas an, weil in der Diskussion um das Wesen der Repräsentation nach und nach die eingeengte Sicht in der deutschsprachigen Literatur aufgegeben und der historische Bezug wieder stärker herausgearbeitet worden ist[22]. Die Repräsentationsdiskussion hat sich vor allem im englisch-, aber auch im französisch-sprachigen Raum anders entwickelt. Dort wurde der geschichtliche Bezug nicht in dem Maße wie in Deutschland vernachlässigt[23].

Zum Sinn historischer Forschungsweise im allgemeinen und besonders in der Staatslehre postuliert Jellinek folgendes: Entwicklung sei nur jene Änderung, die vom Einfachen zum Komplizierten führe. Wachsende Größe, Zeitdauer, Intensität einer Erscheinung, steigende Mannigfaltigkeit, Leistungsfähigkeit und Zweckmäßigkeit einer Institution nenne man deren Entwicklung[24]. An die Jellinekschen Definition anknüpfend sieht Schmid[25] erst dort einen Sinn in der historischen Untersuchung des Repräsentativsystems, wo ein einigermaßen deutlicher Zusammenhang zur Gegenwart bestehe. Eine Entwicklung sei im Verhältnis zur ständischen Verfassung des Mittelalters nicht feststellbar[26]. Dieser Ansicht muß widersprochen werden.

Verwaltungsreferendum 1 KritV (1986), S. 343-365. Dort soll nicht die Gesetzgebung und Verwaltung durch Repräsentanten bzw. Amtsträger eingeschränkt werden, vielmehr soll begrenzt auf das Genehmigungsverfahren von großtechnischen Anlagen nach der Bearbeitung und Genehmigung durch die Verwaltungsbehörden für den Souverän ein Einspruchsrecht geschaffen werden, ohne daß dadurch die Prinzipien der repräsentativen Demokratie, des Parteienstaates, des Amtes und damit der Sachkompetenz und Verantwortlichkeit für Gesamtzusammenhänge, der Gewaltenteilung und letztlich des Grundrechts- und Minderheitenschutzes beeinträchtigt würden. Diese Prinzipien sollen nach der Vorstellung Roßnagels lediglich ergänzt werden.

[21] Wobei nicht zu übersehen ist, daß hierdurch neue Diskussionen in den parlamentarischen Raum verlagert wurden, wie z. B. die Frage der Rotation, welche die Stellung der Abgeordneten als Repräsentanten in besonderem Maße betrifft. Vgl. NdsStGH vom 5. Juni 1985, NJW 1985, S. 2319ff.

[22] *Hofmann*, Repräsentation, S. 28; *Kurz*, Volkssouveränität und Volksrepräsentation, S. 299 (Anm. 260); *E. Schmitt*, Repräsentation und Revolution, S. 20.

[23] *Rausch*, Theorie und Geschichte, S. X.

[24] *Jellinek*, Staatslehre, S. 43.

[25] *Schmid*, Repräsentativsystem, S. 24f. Vgl. aber auch die Gegenposition bei *Rausch*, Der Abgeordnete, S. 15: „Die Landstände waren im Zeitpunkt ihres Entstehens ursprünglich politisch gemeint, d. h. auf den Status politischer Einheit bezogen und daher repräsentativ."

[26] *Schmid*, Repräsentativsystem, S. 26; etwas differenzierter führt *Pollmann*, Repräsentation und Organschaft, S. 14f. aus, daß die Institutionen der ständischen Kollegien des Mittelalters und der Folgezeit, die römischen Provinziallandtage sowie die christlichen Synodalversammlungen mit den heute üblichen Volksvertretungen

Zum einen kann das heutige Repräsentativsystem auch nicht annähernd umfassend erörtert werden, wenn der theologische und historische Hintergrund derart verkürzt wird. Zum anderen zeigt gerade die Jellinekscbe Definition mit ihren Kriterien der Entwicklung, daß sich der Repräsentationsgedanke und das Repräsentativsystem ständig entwickelt haben. Die Verknüpfung von Demokratie und Repräsentation hat die begleitende Staatsrechtslehre sicherlich vor manch neue Schwierigkeit gestellt. Entwickelte sich anfangs auf der Grundlage des Prinzips der Repräsentation lediglich eine ständische Interessenvertretung, um vornehmlich in Fragen der Besteuerung mitsprechen zu können, so erstarkte die repräsentative Vertretung des Volkes nach und nach zum Gegenspieler des Monarchen. Als dieser in Deutschland 1918 abdankte, wurden zwei Repräsentativorgane geschaffen, der Reichspräsident und der Reichstag. Das Repräsentativsystem wurde im Grundgesetz in noch stärkerem Maße in Anspruch genommen, da aufgrund der Erfahrungen aus der Weimarer Republik die Direktwahl des Reichspräsidenten für den Bundespräsidenten nicht übernommen wurde. In dieser kurz skizzierten kontinuierlichen Entwicklung des Repräsentativsystems ist sicherlich eine Entwicklung zum Komplizierteren, aber auch zur größeren Leistungsfähigkeit zu erblicken.

Die französische Revolution brachte zwar einen entscheidenden Einschnitt, die Grundlagen der Repräsentation liegen aber wesentlich tiefer, denn das Repräsentativsystem vermag nach Ernst Fraenkel „seinen historischen Ursprung aus dem Ständewesen niemals restlos zu verleugnen“[27]. Hierbei kann man wohl die Frage[28] stellen, ob sich der auf dem allgemeinen und gleichen Wahlrecht basierende Parlamentarismus die vorgefundene Repräsentativstruktur einverleibt hat, oder ob der Prozeß entgegengesetzt stattfand, indem dem Repräsentativsystem eine neue Legitimation per Volkssouveränität gegeben wurde.

In der ersten Hälfte des 19. Jahrhunderts zur Zeit der Restauration kämpfte das liberale Bürgertum um eine stärkere Anerkennung in Form einer repräsentativen Vertretung der Nation als Gegengewicht zum monarchischen Herrscher. In dieser Zeit wurde in Deutschland das Repräsentativsystem als wesensnotwendig mit dem Gedanken der Volkssouveränität verknüpft angesehen[29]. In der zweiten Hälfte des letzten Jahrhunderts zur Zeit des ausgeprägten Rechtspositivismus blieb der Gedanke der Repräsentation stark verschwommen[30], da er sich nicht allein in rechtliche Kategorien fas-

---

sicherlich eine zusammenhängende Entwicklungsreihe bildeten, daß jedoch die historische und soziologische Forschung insgesamt ein noch so unvollkommenes Bild biete, daß aus ihnen Schlüsse auf den Inhalt der Repräsentation als einer sozialen Kategorie nicht gezogen werden könnten.

27 *Fraenkel,* Repräsentative und plebiszitäre Komponente, S. 331.

28 *Sternberger,* Erfindung, S. 118.

29 *Leibholz,* Wesen, S. 78; *C. Schmitt,* Verfassungslehre, S. 211.

sen ließ. Insofern verstand sich die Repräsentationsdiskussion zur Zeit der Jahrhundertwende und danach als Befreiung von der eingeengten Sichtweise des Rechtspositivismus[31]. Dennoch brachte die von Leibholz angekündigte Befreiung nicht den Effekt, daß der deutsche Sonderweg verlassen und die Weite der Repräsentationsdiskussion der französischen Nationalversammlung zur Zeit der französischen Revolution wieder entdeckt wurde. Vielmehr trat mit Leibholz eine anders gelagerte Verengung[32] ein. Dies war eine natürliche Folge der Leibholzschen ontologisch-phänomenologischen Betrachtungsweise[33], die eine bestimmte historische Zeitspanne betrachtete und vor allem mit dem Erfordernis der vollständigen Weisungsungebundenheit[34] die Grundlagen der ständischen bzw. korporativen Repräsentation vollständig ausklammerte. Die Diskussion wurde jedoch durch dieses Werk entscheidend belebt. Von ihm ging eine starke Impulswirkung für die Repräsentationsdiskussion aus, die in Deutschland nur zwischen 1933 und 1945 unterbrochen war. Nach dem Krieg wurde der geschichtliche Aspekt wieder deutlicher gesehen. Systematische Untersuchungen des historischen Befundes finden sich bereits bei Larsen[35] und Kurz[36] und vor allem dann in den 70-iger Jahren bei E. Schmitt, Gralher, Hofmann, Bosl, Hartmann und Rausch[37].

Die vorliegende Untersuchung will sich auf das Repräsentativsystem konzentrieren und kann nicht ganz allgemein von der Repräsentation handeln. Somit ergibt sich bei der Aufarbeitung der wissenschaftlichen Literatur fast zwangsläufig ein Zäsurzeitpunkt durch die französische Verfassung von

---

30 Vgl. *Pollmann*, Repräsentation und Organschaft, S. 18; *Leibholz*, Wesen, S. 25; *Kelsen*, Staatslehre, S. 310, „im engeren Sinne einer sekundären Organschaft". Oder man nahm eine bloße Fiktion zu Hilfe: Der Wille des Organs gilt als der des „repräsentierten Staates".

31 *Leibholz*, Wesen, S. 15f.

32 *Scheuner*, Das repräsentative Prinzip, S. 391; *Lang*, Repräsentatives Prinzip, S. 23; *Badura*, Art. 38 GG, Rdnr. 29; *Rausch*, Theorie und Geschichte, S. XIV, er spricht von der Zwangsjacke, in der heute die Politikwissenschaft, Historie und Verfassungstheorie durch die liberale Ideologisierung steckten; *Hennis*, Amtsgedanke, S. 51 (Anm. 2); vgl. die weiteren Nachweise bei *E. Schmitt*, Repräsentation und Revolution, S. 24f.

33 *Leibholz*, Wesen, S. 18f.

34 *Leibholz*, Wesen, S.73, 83f., 89.

35 *Larsen*, Representative Government in Greek and Roman History, 1955.

36 *Kurz*, Volkssouveränität und Volksrepräsentation, 1965.

37 Siehe vor allem das internationale Symposium der Bayerischen Akademie der Wissenschaften in Verbindung mit der International Commission for Representative and Parliamentary Institutions im April 1975 mit dem Thema: „Der moderne Parlamentarismus und seine Grundlagen in der ständischen Repräsentation". Die Diskussionsbeiträge wurden 1977 von *Bosl* herausgegeben. Siehe auch *Hofmann*, Repräsentation, Studien zur Wort- und Begriffsgeschichte von der Antike bis ins 19. Jahrhundert, 1974; *E. Schmitt*, Repräsentation und Revolution, 1969; *Gralher*, Demokratie und Repräsentation in der Englischen Revolution, 1973; *Hartmann*, Repräsentation in der politischen Theorie und Staatslehre in Deutschland, 1979; *Rausch*, Repräsentation und Repräsentativverfassung, 1979 und *ders.*, (Hrsg.), Die geschichtlichen Grundlagen der modernen Volksvertretung, Bd. 1, 1980 und Bd. 2, 1974.

1791. Dort wurde erstmals das Repräsentativsystem im Verfassungstext verankert[38]. Dabei ist natürlich nicht zu übersehen, daß sich die Ursprünge des Repräsentativsystems heutiger Prägung evolutionär in England entwickelten und daß sich bereits in den Diskussionen um die Stellung der allgemeinen Konzilien des Mittelalters wesentliche Strukturelemente finden. Trotz des geschichtlichen Einschnitts der Französischen Revolution darf somit die Entwicklung der Repräsentation und des Repräsentativbegriffs vor der französischen Revolution nicht vernachlässigt werden.

Anschließend soll eine Darstellung der Repräsentationsdiskussion vor allem im Deutschland nach dem Wiener Kongreß bis hin zur Paulskirchen- und Reichsverfassung von 1871 gegeben werden. Dann folgt eine umfangreichere Auseinandersetzung mit der wissenschaftlichen Diskussion, die die Entstehung der beiden deutschen parlamentarischen Republiken begleitete. Als Abschluß des zweiten Teiles wird der Verfasser versuchen, seine eigenen, auf Voegelin, Hättich, Sobolewski, E. Schmitt, Rausch, Greifeld und vor allem Böckenförde[39] aufbauenden Gedanken zum Repräsentativsystem darzulegen. Dabei läßt sich das Bild der Repräsentation sicher leichter zeichnen, wenn innerhalb einer Gesellschaft ein relativ homogenes Gefüge anzutreffen ist. Dann finden Repräsentanten bereits integrierte Werte vor, auf deren Grundlage sie die Repräsentierten überzeugend darstellen können. In einer pluralistischen Gesellschaft ist das sicherlich schwieriger.

Im dritten Teil der Untersuchung werden die gefundenen Erkenntnisse der Rechtsprechung des Bundesverfassungsgerichtes gegenübergestellt. Dabei soll aufgezeigt werden, welches Verständnis von Repräsentation der Rechtsprechung des Bundesverfassungsgerichtes zugrunde liegt und ob die aufgefundene Repräsentationskonzeption mit diesem vereinbar ist.

Die Arbeit will nicht nur ein Stück wissenschaftlicher Systematisierung leisten. Sie will auch dazu beitragen, den Blick der gegenwärtigen und zukünftigen Repräsentanten etwas vom parlamentarischen Alltagsgeschäft trotz befristeter Wahlperioden mit dem Zwang zur Erfüllung abgegebener bzw. der Formulierung neuer Wahlversprechen auf die grundlegende Struktur des Repräsentativsystems und damit auf ihre Vertrauensstellung zu len-

---

[38] Verfassung vom 3. September 1791, Titel III, Art. 2, Satz 2: „La Constitution française est représentative; les représentants sont le Corps législatif et le Roi". Titel III, Kap. I, Abschn. III, Art. 7: „Les représentants nommés dans les départements ne seront pas représentants d'un département particulier, mais de la nation entière, et il ne pourra leur être donné aucun mandat." Zitiert nach *Franz,* Staatsverfassungen, S. 314 und 320. Zur Entwicklungsgeschichte dieser Verfassung vgl. *E. Schmitt,* Repräsentation und Revolution, S. 23, 209, 278, 282.

[39] *Voegelin,* Neue Wissenschaft der Politik, 1959; *Hättich,* Demokratie als Herrschaftsordnung, S. 176ff.; *Sobolewski,* Politische Repräsentation, 1962; *ders.,* The voters political opinions and elections, 1966; *E. Schmitt,* Repräsentation und Revolution, 1969; *Rausch,* Repräsentation und Repräsentativverfassung, 1979; *Greifeld,* Volksentscheid durch Parlamente, 1983 und *Böckenförde,* Demokratie und Repräsentation, 1983.

ken. Nur bei bewußter Sichtweise dieser Problemlage können die Repräsentanten das Defizit[40] ausgleichen, das nach dem Absterben des Honoratiorenparlamentes entstanden ist und welches C. Schmitt[41] und Leibholz veranlaßte, den Repräsentanten im parteienstaatlichen Parlamentarismus ihre Stellung als solche abzusprechen.

[40] Vgl. zu den sich aus der „Distanzschrumpfung" zwischen Volk und Abgeordneten ergebenden Problemen und Chancen, *Oppermann*, Parlamentarische Repräsentation, 28 DÖV (1975), S. 764f.

[41] Zur politischen Dimension bezogen auf C. Schmitt vgl. *Radbruch*, Parteienstaat und Volksgemeinschaft, S. 97.

Erster Teil

Historische Entwicklung und Bezüge

Erstes Kapitel

Die Verwendung des Begriffes Repräsentation bis zum frühen Mittelalter und die Gefahren extensiver Begriffsinterpretation

I. Der Bedeutungsgehalt von *repraesentatio* und die Grenzen der Begriffsinterpretation

1. Der Bedeutungsgehalt von *repraesentatio*

Im Griechischen gibt es den Begriff Repräsentation nicht[1]. Hofmann und Rausch, denen wir die ausführlichsten Untersuchungen des historischen Begriffes verdanken[2], beginnen demgemäß ihre Darstellungen auch mit der Zeit der römischen Literatur und Jurisprudenz[3]. Dem kann in diesem Teil der Untersuchung, der sich auf die Begriffsverwendung konzentrieren will, gefolgt werden.

Betrachtet man die Lexika und die lateinisch-deutschen Wörterbücher, so findet sich als gemeinhin assoziierter Bedeutungsgehalt für Repräsentation: Vergegenwärtigen, Wieder-Vergegenwärtigung oder Darstellung. Allen Erklärungen ist gemein, daß nicht nur der Sinn enthalten ist, daß etwas bereits Existierendes auf einer anderen Ebene vergegenwärtigt werden kann, wofür bei einer ersten Betrachtung das Präfix „re" zu stehen scheint[4]. Vielmehr umfaßt der Begriff *repraesentatio* bzw. *repraesentare* ebenso die bloße Darstellung von etwas, was erst durch den Akt der Repräsentation

---

[1] *Pitkin,* Concept, S. 2 und 241; *Kurz,* Volkssouveränität und Volksrepräsentation, S. 240; *Rausch,* Repräsentation und Repräsentativverfassung, S. 103.

[2] *Hofmann,* Repräsentation, S. 38-462. *Rausch,* a.a.O., S. 29-231.

[3] *Hofmann,* Repräsentation, S. 38ff.

[4] Vgl. *Hofmann,* Repräsentation, S. 45, besonders Anm. 29. Danach kommt dem Präfix „re" auch eine solche Akzentuierung wie jetzt sogleich und nicht erst später irgendwann oder auch in räumlicher Hinsicht ein hier Greifbares, Anwesenheit oder Gegenwart zu. Mit dem Präfix „re" befaßt sich auch *Rausch,* Repräsentation und Repräsentativverfassung, S. 135, 152: „Die Vorsilbe ‚re' kann ebenso ‚sofort' meinen". Vgl. hierzu auch *Hättich,* Herrschaftsordnung, S. 180 und *Gralher,* Demokratie und Repräsentation in der Englischen Revolution, S. 18.

existent zu werden scheint. Auch ist insoweit ein Konsens feststellbar, als der Begriff Repräsentation sowohl den Prozeß als auch das Ergebnis des Vorgangs bezeichnen kann.

Über diesen Bedeutungskern hinaus läßt sich jedoch bereits für den antiken Sprachgebrauch ein äußerst weiter Bedeutungsinhalt ausmachen. So weist Georges lateinisch-deutsches Handwörterbuch[5] von 1918 unter dem Begriff *repraesento* folgende Bedeutungen auf:

> „vergegenwärtigen, vorführen, vorstellen, vor Augen stellen, sich zeigen, gegenwärtig, also anwesend sein, sich stellen, erscheinen, sich vorstellen, darstellen, ausdrücken, etwas auf der Stelle (sogleich) verwirklichen, sofort gewähren, sofort erfüllen, sofort leisten, sofort vollziehen, sofort eintreten lassen, etwas beschleunigen; im prozessualen Sinne auf der Stelle angesetzte Gerichtsverhandlungen, zu denen sich der Redner also nicht vorbereiten konnte; in der Geschäftssprache aber auch: sogleich, d. h. ohne Verzug bewirken, bar zahlen und bar entrichten."

Diese Begriffsvarianz läßt die Schwierigkeiten erkennen, die sich dann ergeben, wenn man allein aus dem Wort bzw. Begriff Repräsentation scharfe Konturen für das Wesen der Repräsentation gewinnen will[6].

2. Grenzen der Begriffsinterpretation

Leibholz grenzt aus dem Begriff[7] der Repräsentation nacheinander die Darstellung[8], die Vertretung[9], den Solidaritätsgedanken[10], das Symbol[11] und die Organschaft[12] aus, um dann aus ihm die Notwendigkeit des höheren personalen Eigenwertes (Herr-, nicht Dienerqualität)[13] des Repräsentanten,

---

[5] *Georges*, Handwörterbuch, Sp. 2329f.

[6] Zur Ideologisierung des Begriffes der Repräsentation zum „System" s. *von Beyme*, Repräsentation und parlamentarisches Regierungssystem, 6 PVS (1965), S. 145ff.

[7] Vgl. zur Kritik an der Leibholzschen Wesensschau und an der Ableitung aus dem Begriff: *Pollmann*, Repräsentation und Organschaft, S. 26f.

[8] *Leibholz*, Wesen, S. 27. Es mutet dann aber etwas eigentümlich an, wenn bezogen auf den deutschen und romanischen Sprachgebrauch unter Repräsentation vor allem ein besonders würde- und hoheitsvolles Auftreten gesehen wird (S. 34). Sicherlich ist auch dies im Repräsentationsbegriff als Facette enthalten. Gemeinhin drückt man diesen Aspekt aber gerade mit darstellen aus: „Er stellt etwas dar!". Darstellung bedeutet eben nicht nur Abbildung; vgl. dazu *Hättich*, Herrschaftsordnung, S. 180.

[9] *Leibholz*, Wesen, S. 32ff.

[10] *Leibholz*, Wesen, S. 30. Uralte Phänomene wie die Blutrache, Sippenhaft oder völkerrechtliche Repressalien basieren hiernach nicht auf repräsentativer Zurechnung, denn damals habe der einzelne noch nicht der Gemeinschaft in dem Maße gegenübergestanden, daß die der Repräsentation immanente Duplizität eine Grundlage gehabt hätte. Vgl. hierzu auch *Hättich*, Herrschaftsordnung, S. 181.

[11] *Leibholz*, Wesen, S. 36. Das Symbol weise auch auf einen außerhalb seiner selbst liegenden, bestimmten geistigen Wertgehalt hin, der aber nicht wie im Falle der Repräsentation noch einmal konkret gegenwärtig gemacht werden müsse (keine notwendige Duplizität).

[12] *Leibholz*, Wesen, S. 124ff.

[13] *Leibholz*, Wesen, S. 73.

seine unabhängige, weisungsungebundene Stellung[14] und letztlich das Wesensmerkmal des freien Mandates abzuleiten. An dieser Vorgehensweise ist vielfach Kritik geübt worden[15]. Diese ist auch insofern berechtigt, als sie das Unvermögen des Leibholzschen Repräsentationsbegriffes aufzeigt, die Repräsentation nicht ausschließlich statisch, sondern zumindest partiell als dynamischen Prozeß aufzufassen, in welchem den Repräsentanten auch Handlungspflichten obliegen können. Die Betrachtungsweise, die den einmal erkorenen Repräsentanten basierend auf den Voraussetzungen von Bildung und Besitz[16] *per se* als Verkörperung eines höheren personalen Eigenwertes betrachtet, versperrt z. B. den Weg, realexistierende Einflußgrößen plebiszitärer Art erkennen zu können. Auch der Prozeß der Repräsentantenauslese rückt stark in den Hintergrund, da die Mitglieder einer kleinen Gruppe (Honoratioren) *a priori* die Qualität zu Repräsentanten besitzen sollen, die große Mehrheit hingegen nicht.

C. Schmitt stellte zuerst die ontologische Kategorie[17] der Repräsentation heraus, auf der Leibholz aufbaute. Für C. Schmitt heißt „Repräsentieren, ein unsichtbares Sein durch ein öffentlich anwesendes Sein sichtbar machen und vergegenwärtigen“[18]. Dies erklärt implizit, daß die politisch-ideelle Volksgemeinschaft real, wenn auch unsichtbar, vorhanden ist. Die Aufgabe des Repräsentanten beschränkt sich darauf, diese sichtbar zu machen. Repräsentationsfähig ist dabei nicht jeder beliebige Wert, vielmehr muß auch dem Repräsentierten eine besondere Werthaftigkeit zukommen[19]. Von da aus ist es dann nur noch ein kleiner Schritt, um festzustellen, daß die große Masse eines demokratisch organisierten Volkes selbst keiner Repräsentation mehr fähig sei[20], da der Repräsentant keine höheren Werte mehr vorfinde, die er repräsentieren könne[21]. Wenn insoweit in der neueren Literatur der Leibholzsche Repräsentationsbegriff kritisiert wird, müßte genau genommen C. Schmitt kritisiert werden[22].

---

[14] *Leibholz,* Wesen, S. 72ff.

[15] *Wolff,* Repräsentation, S. 125; *Rausch,* Wort, Begriff, S. 77; *Pollmann,* Repräsentation und Organschaft, S. 32; *Hofmann,* Repräsentation, S. 17, 19; *Lang,* Repräsentatives Prinzip, S. 23; *Müller,* Das imperative und freie Mandat, S. 16.

[16] *Leibholz,* Wesen, S. 167; vgl. auch *C. Schmitt,* Verfassungslehre, S. 310.

[17] *C. Schmitt,* Verfassungslehre, S. 209: „Repräsentation ist kein normativer Vorgang, . . ., sondern etwas Existenzielles.“ Vgl. dazu: *Krüger,* Staatslehre, S. 235.

[18] *C. Schmitt,* Verfassungslehre, S. 209.

[19] *C. Schmitt,* Verfassungslehre, S. 210; *ders.,* Römischer Katholizismus, S. 29f.

[20] *C. Schmitt,* Verfassungslehre, S. 210: „Wenn der Sinn für diese Besonderheit der politischen Existenz entfällt und die Menschen andere Arten ihres Daseins vorziehen, entfällt auch das Verständnis für einen Begriff wie Repräsentation.“ Bzgl. der Stellung des Abgeordneten vgl. S. 319; zum Mißbrauchspotential vgl. S. 282.

[21] Vgl. *C. Schmitt,* Römischer Katholizismus, S. 26 und 39f., wo er die katholische Kirche als das letzte, aber eindrucksvolle Beispiel wahrer Repräsentation darstellt. Vgl. auch *Pollmann,* Repräsentation und Organschaft, S. 20 und *Schneider,* Ausnahmezustand und Norm, S. 75.

[22] Vgl. *Gerber,* Staatstheoretischer Begriff, S. 6-12, 22, 23, 37, der diese Sichtweise von C. Schmitt unkritisch übernahm.

Leibholz hingegen hatte vom unvorbelasteten Ausgangspunkt her gesehen in seiner von Husserl inaugurierten phänomenologischen Betrachtungsweise[23] den Schlüssel in der Hand, wirklich entkleidet von den historischen Zufälligkeiten, einen allgemeinen Repräsentationsbegriff zu finden, um die von ihm beklagte geistige Krisis, die die Entpersönlichung des gesamten Weltbildes im 19. Jahrhundert gebracht habe[24], zu beheben. Der befreiende Ansatzpunkt bei Leibholz führte nur deshalb nicht zu einem umfassenderen Begriff, weil er von der Prämisse ausging, daß die Wesensanalyse sozialer Erscheinungen an einem bestimmten, isolierten Gebilde vorgenommen werden könnte und daß im Gegensatz zur empirisch-induktiven Massensynthese die Herausstellung und Bearbeitung eines umfassenderen Materials nicht nötig sei[25]. Hätte er in seiner Wesensschau die römischen Provinziallandtage, die christlichen Synodalversammlungen, die Ständeversammlungen der Neuzeit und auch das Parlament von Weimar nicht *a priori* ausgeklammert, so wäre sein Repräsentationsbegriff zwangsläufig ein wesentlich weiterer geworden. Mit der Verkürzung des Materials auf eine bestimmte Zeitepoche war das Ergebnis bereits vorweggenommen. Bei einer umfassenderen Betrachtungsweise wäre Leibholz dann auch nicht gezwungen gewesen, die Weite des angelsächsischen, aber auch des französischen und italienischen Sprachgebrauches als „rechtsirrig" abzutun[26].

Leibholz selbst weist auf die Gefahr hin, daß die Umschreibung des Wesens bestimmter Begriffe und Institutionen nicht mit ihrer ideologischen Rechtfertigung verwechselt werden dürfe[27], unterliegt aber gerade dieser Gefahr. Dies gilt sowohl im positiven Sinne, daß ausschließlich das Honoratiorenparlament als Repräsentativorgan bestehen könne, als auch im negativen Sinne, daß dem Parlament der jungen Weimarer Republik die Anerkennung als Repräsentativorgan versagt bleiben sollte[28].

Will man das Wesen der Repräsentation in eine allgemein gültige Formel fassen, so läßt sich nur eine allgemeine Kategorie finden. Dies beruht vor allem darauf, daß die Repräsentation nicht in vollem Umfang als statisches Gebilde aufgefaßt werden kann. Vielmehr kommt jeder Repräsentation, wie noch zu erörtern sein wird[29], eine integrative Funktion zu, die sich im Wechselspiel zwischen dem Repräsentanten und den Repräsentierten vollzieht. Diese dynamische Ebene der Repräsentation unterliegt den jeweiligen

[23] *Leibholz,* Wesen, S. 18; vgl. zu den Arbeiten Husserls, *Leibholz,* Wesen, S. 18, Anm. 1.

[24] *Leibholz,* Wesen, S. 15.

[25] *Leibholz,* Wesen, S. 19.

[26] *Leibholz,* Wesen, S. 34.

[27] *Leibholz,* Wesen, S. 16.

[28] Zur politischen Dimension bezogen auf C. Schmitt, auf dem Leibholz aufbaut, vgl.: *Radbruch,* Parteienstaat und Volksgemeinschaft, S. 97.

[29] S.u. 6. Kap., S. 137ff.

gesellschaftlichen und politischen Bedingungen, auf denen repräsentatives Verhalten basiert.

Demgemäß muß die hiesige Untersuchung der Begriffsentwicklung geschichtlich eher ansetzen. Unterläßt man es, die Beschaffenheit der Wurzeln des Phänomens Repräsentation zu untersuchen, so unterliegt man zu sehr der Gefahr, aus dem bloßen Begriff Wesensmerkmale abzuleiten, die so eindeutig gar nicht in ihm enthalten sind. Aber nicht nur Leibholz, sondern auch Gerber[30] und Elß[31], die auf seiner Lehre aufbauten, und sogar Wolff[32] stellten ihre Untersuchungen ganz maßgeblich auf einen zu engen Begriff der Repräsentation ab. Pollmann gesteht zwar zu, daß das Wort Repräsentation „seinem unpräzisen Sprachgebrauch zufolge farblos und mehrdeutig" geworden sei, will dann aber ohne nähere Untersuchung erste Hinweise auf seine Bedeutung dem sprachlichen Sinn des Wortes selbst entnehmen, den er unreflektiert mit „wieder gegenwärtig machen" angibt[33], was eben nur die halbe Wahrheit ist. Unter diese Wortlautinterpretation faßt er anschließend die Gedanken Wolffs, wonach im Wort *repraesentare* nicht gesagt sei, ob es dasselbe Etwas sei, das abwesend und zugleich präsent sei, oder ob nicht vielmehr das Etwas A durch das Etwas B präsent gemacht werde. Darüber sage nach Pollmann der Wortlaut nichts, deshalb erweise sich die Wortinterpretation als unergiebig[34]. Hätte er den Wortlaut näher untersucht, so wäre eine solche Fehlinterpretation nicht eingetreten.

II. Der lateinische Sprachgebrauch in den ersten Jahrhunderten nach Christi Geburt

1. Allgemeine Analyse

Hofmann[35] arbeitete den Sprachgebrauch bei Marcus Tullius Cicero (römischer Redner und Schriftsteller, 106-43 v. Chr.)[36], Gaius Julius Caesar (römischer Feldherr und Staatsmann, 100-44 v. Chr.), dem älteren Gaius

---

30 *Gerber,* Staatstheoretischer Begriff, S. 5.

31 *Elß,* Evangelisches Kirchenrecht, S. 9f.

32 *Wolff,* Repräsentation, S. 118. „Diese *genuine Repräsentation* bedeutet nichts anderes als die lateinische Sprache unmittelbar ausgedrückt hat: ein ‚Wiedergegenwärtig-Machen', ein ‚Sich-Darbieten', eine Vergegenwärtigung und darum insbesondere eine ‚Verkörperung'. Das ist nicht mehr Identitätssetzung, denn der Repräsentant ist *ein anderes* als das, was vergegenwärtigt wird, und es ist noch nicht Vertretung, weil die Zurechnung noch nicht problematisch ist und weil ihr ethisch-psychologischer Sinn auf die ontische Ordnung der genuinen Repräsentation nicht paßt" (Hervorhebungen im Original). So schnell kann man vom vermeintlichen lateinischen Sinn zu einer nicht unmittelbar nachvollziehbaren Ableitung gelangen.

33 *Pollmann,* Repräsentation und Organschaft, S. 31f.

34 *Pollmann,* a.a.O., S. 32.

35 *Hofmann,* Repräsentation, S. 39-47.

36 Die Lebensdaten der Autoren sind *Bosl,* Der moderne Parlamentarismus und seine Grundlagen in der ständischen Repräsentation, S. 357-361 entnommen.

Secundus Plinius (römischer Gelehrter, 23-79 n. Chr.), Marcus Fabius Quintilian (domitianischer Prinzenerzieher, um 35 - um 100 n. Chr.), Lucius Apuleius (römischer Rhetor, geb. um 125 n. Chr.), Aulus Gellius (Antiquar, 2. Jhd. n. Chr.), Quintus Septimus Tertullian (Kirchenvater und römischer Rhetor, um 160-220 n. Chr.) und schließlich bei Thascius Cäcilius Cyprian (Karthagischer Märtyrerbischof, nach 200-258 n. Chr.) heraus. Er kommt zu dem Schluß, daß der Begriff *repraesentatio* nicht nur in zeitlicher Hinsicht als gegenwärtige, anschauliche Wirklichkeit, sichtbare Erscheinung und augenblickliches Tun, als Wieder-Vergegenwärtigung in der Perspektive der Vergangenheit, sondern auch in der Perspektive der Zukunft gebraucht wurde. Ebenso finden sich Belege, die räumliche Nähe dokumentieren, als hier greifbar, die Anwesenheit bzw. Gegenwart im Gegensatz zu Abwesenheit darstellen. Darüber hinaus wurde ebenso ganz allgemein der Akt des Sichtbar-Machens gekennzeichnet[37].

Rausch faßt den antiken Sprachgebrauch im klassischen Latein in sieben Bedeutungsgruppen[38] zusammen, die in stark komprimierter Form wiedergegeben werden sollen: Existentwerden eines Seienden, Vorstellung im Geist, Darstellung (bewußte Haltung), Ersetzen, plötzlich eintretendes Ereignis, bar bezahlen und Eintreffen eines Ereignisses.

a) Existentwerden eines Seienden[39]

Hierin werden alle Erscheinungen, Wiedererscheinungen, Vergegenwärtigungen oder Wieder-Vergegenwärtigungen eines Seienden erfaßt. Ähnlichkeiten einer konkreten Erscheinung mit einem Urbild bzw. mit einem Urtypus werden dabei soweit gesteigert, daß eine Identifizierung ohne Identität eintritt. Dies erläutert er am Bild des Aemilius Paulus, der nicht „der" Vater ist, aber in seiner Person das Ur-Bild eines Vaters verkörpert.

b) Vorstellung im Geist[40]

Repraesentare meint hier ein Bild im Geist, durch das ein Abwesendes vergegenständlicht wird und als gegenwärtig erscheint. Als Bild kann eine Person, ein Ereignis oder auch ein Zustand „in Erscheinung treten".

Dabei kann ein Bild, ein Symbol oder auch ein Tun der Anlaß sein, so daß auch ein nur mittelbar Bekanntes als jetzt konkret vorhanden bzw. vorgehend vorgestellt wird. Als Beispiel führt er hierzu das Leichenbegräbnis des

---

[37] *Hofmann*, Repräsentation, S. 44f.

[38] Rausch baut dabei auf der von *Schnorr von Carolsfeld*, Repraesentatio, S. 104-107, gegebenen Einteilung auf und erweitert diese.

[39] *Rausch*, Repräsentation und Repräsentativverfassung, S. 118ff.

[40] *Rausch*, a.a.O., S. 121f.

Cäsar an, bei welchem eine Volkswut beim bloßen Anblick des blutigen Gewandes des Cäsar ausbrach.

c) Darstellung (bewußte Haltung)[41]

Hier handelt es sich um eine Gruppe, die den ontologischen Charakter der Repräsentation verläßt, z. B., wenn eine Gestalt auftritt, die nicht gegenwärtig ist: die Repräsentation im Spiel. Der Schauspieler soll nicht nur eine Person imitieren, er soll sie sein. Nicht seine Gefühle, Sichtweisen, Haltungen und sein Auftreten sollen dem Zuschauer vorgestellt werden, sondern die des Dargestellten. Dies läuft im Gegensatz zur bloßen Vorstellung im Geist real auf der Bühne ab, wenn auch der Darstellende in Person keinen Eigenwert hat, sondern nur der oder das Dargestellte. Ein Schauspieler, der besonders gut das Dargestellte zum Vorschein treten läßt, wird öfter, wie z. B. Gustav Gründgens als Mephisto in Goethes Faust als die Verkörperung (Repräsentation) des Bösen, des Teufels bezeichnet.

d) Ersetzen[42]

Hier wird das Wort *repraesentare* in dem Sinne gebraucht, daß das Duplikat das Original ersetzt. Wobei das Original noch vorhanden sein kann oder auch nicht.

e) Plötzlich eintretendes Ereignis[43]

Diese Gruppe wird mit sehr umfangreichen Zitaten belegt. Entscheidend ist der sofortige Eintritt eines Vorganges, wie z. B. die sofort eintretende Strafe *(poenam repraesentare)*, den sofortigen Tod herbeiführen *(. . . repraesentari mortem)* aber auch die bereits erwähnte auf der Stelle angesetzte Gerichtsverhandlung *(iudicium repraesentare)*.

f) Bar zahlen[44]

Besonders häufig findet sich diese Verwendung bei Cicero. Auch hier liegt der Gedanke des „Sofort-Bewirkens", nämlich bar entrichten, zugrunde.

---

41 *Rausch*, a.a.O., S. 123ff.
42 *Rausch*, a.a.O., S. 130.
43 *Rausch*, a.a.O., S. 130ff. mit näheren Nachweisen in Anm. 113, 118 und 120.
44 *Rausch*, a.a.O., S. 133.

g) Eintreffen eines Ereignisses[45]

In diesem Zusammenhang wird der Begriff als Anwesenheit verstanden, wobei diese sich nicht von selbst einstellt, sondern herbeigeführt wird.

Faßt man die Untersuchungen von Hofmann und Rausch zusammen, so zeigt sich, daß der Sprachgebrauch im Jahrhundert vor und den ersten beiden nach Christi Geburt, wie er sich aus den zugänglichen lateinischen Quellen ergibt, mit der noch heute bei Georges[46] anzutreffenden Übersetzung im wesentlichen übereinstimmt. Hofmann beleuchtet über Rausch hinausgehend zutreffend den antizipierenden Aspekt des Repräsentationsbegriffes, denn nicht nur damals Gegenwärtiges, sondern auch Zukünftiges war vom Begriff der Repräsentation umfaßt. Andererseits läßt sich auch sagen, daß die Begriffsverwendung im klassischen Latein so vielschichtig ist, daß die Begriffsbestimmung allein nicht das Wesen erklären kann, daß aber andererseits der Begriff für ganz unterschiedliche Deutungen offen ist.

Die Frage, ob im antiken Sprachgebrauch dem Repräsentationsbegriff auch eine politische Dimension zu entnehmen sei, ist umstritten. Otto Hintze[47] sieht die von ihm als meist unterschätzt angesehenen Landtage *(concilia)* in den römischen Provinzen als die vermutlichen Vorbilder der christlichen Konzilien an, die einen indirekten Einfluß auf die Entwicklung des Repräsentativsystems im christlichen Abendlande ausgeübt hätten. Er sieht bei Tertullian das Wort *„repraesentatio"* wohl zum ersten Male in der Weltgeschichte in der heute allgemein üblichen Bedeutung gebraucht[48]. Hofmann lehnt diese Sichtweise ab, da er keinen unmittelbaren Zusammenhang zwischen der Organisation der römischen Provinziallandtage und den christlichen (Provinzial) Synoden sieht[49]. *Repraesentatio* bedeute in Tertullians Traktat vom Fasten nicht mehr als nur Versammlung[50].

Auch Rausch beschäftigt sich intensiv mit der Aussage Hintzes, der zu der Entstehung eines Mythos beigetragen habe[51]. Auch er hebt Tertullian besonders hervor und weist in dessen Werken 50 mal den Gebrauch des Wortes nach[52]. Vor allem aus dem sonstigen Sprachgebrauch des als einer der

---

[45] *Rausch,* a.a.O., S. 134.

[46] S.o. 1. Kap., I 1, S. 23.

[47] *Hintze,* Weltgeschichtliche Bedingungen, S. 145.

[48] *Hintze,* a.a.O., S. 145, Anm. 3: Tertullian de ieiun. 13: „Aguntur per Graecias illa certis in locis concilia ex universis ecclesiis, per quae et altiora quaeque in commune tractantur et ipsa *repraesentatio totius nominis Christiani* magna veneratione celebratur." (Hervorhebung im Original).

[49] *Hofmann,* Repräsentation, S. 56.

[50] *Hofmann,* Repräsentation, S. 57.

[51] *Rausch,* Wort, Begriff, S. 79.

[52] *Rausch,* Repräsentation und Repräsentativverfassung, S. 146f. Vgl. aber auch *ders.,* Wort, Begriff, S. 80, wo er von 52 nachgewiesenen Stellen spricht.

schwierigsten lateinischen Autoren bezeichneten Tertullian leitet er ebenso wie Hofmann ab, daß die von Hintze interpretierte Stelle nichts anderes als Versammlung bedeute[53]. Tertullians Formulierung entspreche durchaus einem Repräsentationsphänomen, nur für die Geschichte der Repräsentativverfassung gebe die Stelle wenig her. Es gehe eben nicht um Einflußmöglichkeiten und Handlungsbefugnisse, die für Repräsentativverfassungen charakteristisch und konstituierend seien, sondern um den Sinn des Sichtbarmachens. In diesem Sinne wäre die Idee der Repräsentation der Antike, entgegen Wolff, sehr wohl bekannt gewesen[54].

Festzuhalten bleibt bei diesem Streit, daß das Wort *repraesentare* jedenfalls auch auf Versammlungen von Menschengruppen angewendet wurde. Bei der Untersuchung der Entwicklung des politischen Begriffs der Repräsentation darf jedoch nicht übersehen werden, daß sich ausgehend von Tertullian ohnehin keine kontinuierliche Linie aufzeigen läßt, da seine Schriften dem Mittelalter unbekannt geblieben waren[55].

2. Spezielle theologische Fragen: Das Verhältnis von Jesus Christus zu Gott und die Abendmahlslehre

Das in griechischer Sprache abgefaßte Neue Testament kennt ein dem lateinischen *repraesentare* entsprechendes Wort nicht[56].

Solange jedoch über die dogmatischen Fragen der Abendmahlslehre und des Verhältnisses von Jesus Christus zu Gott nachgedacht wurde, findet sich in der theologischen Literatur der Begriff.

Für Tertullian ist zwar Christus nicht der Vater selbst, aber er repräsentiert *(patrem repraesentat)*, er vergegenwärtigt ihn; oder anders ausgedrückt, im Sohne wird der Vater gegenwärtig[57]. Hierbei setzt sich Tertullian mit Markion (um 85 – um 160 n. Chr.)[58] auseinander, der den Zusammenhang des christlichen Evangeliums mit den Offenbarungen des Alten Testamentes leugnet[59]. Für Markion und seine Anhänger ist Christus und in ihm der Vater nicht Mensch geworden, vielmehr kommt der Menschqualität Christus' nur der Charakter eines Scheinleibes zu, wobei dieser Scheinleib, nicht jedoch Jesus Christus persönlich gekreuzigt worden sei (Doketismus).

---

[53] *Rausch*, Repräsentation und Repräsentativverfassung, S. 149.

[54] *Rausch*, a.a.O., S. 150.

[55] *Rausch*, Wort, Begriff, S. 79; *Hoppe*, Beiträge, S. 149.

[56] Dies verwundert nicht, da der Begriff Repräsentation der griechischen Sprache unbekannt ist. S.o. 1. Kap., I 1, S. 22.

[57] *Rausch*, Repräsentation und Repräsentativverfassung, S. 141.

[58] Markion oder auch Marcion. Tertullian setzte sich mit seiner abweichenden Lehre im Traktat *Adversus Marcionem* auseinander. Vgl. zu ihm und seinem Werk *Rahner*, Markion, Sp. 92ff.

[59] *Hofmann*, Repräsentation, S. 58.

In der Abendmahlslehre wurde von Beginn an gestritten, ob im Abendmahlsbrot Christus wirklich und leibhaftig gegenwärtig ist, wie es Tertullian sieht[60], oder ob dies nur eine symbolische Handlung sein soll, eine Vor- oder Darstellung. Tertullian verwendet auch hier unseren Begriff. Dies bedeutet aber noch nicht, daß Tertullian eine einheitliche Abendmahlslehre basierend auf einem bestimmten Repräsentationsbegriff – gleich gar nicht im heutigen Sinne – entwickelt hat. Trotz seiner Auseinandersetzung mit Markion läßt sich bei ihm noch keine geschlossene Dogmatik ausmachen[61]. Allerdings zeigte sich bereits in diesem Disput die Polarisierung des Begriffes Repräsentation. Aus der Verwendung dieses Begriffes kann sowohl eine Identität zwischen Vater und Sohn bzw. zwischen Abendmahlsbrot und Leib Christi abgeleitet werden, als z. B. auch eine bloß symbolische Beziehung. So konnte er später nach der Reformation sowohl von Lutheranern als auch von Reformierten zitiert werden[62]. Unser Begriff behielt auch in dieser Diskussion seinen aufgezeigten, weiten Bedeutungsgehalt.

III. Die Begriffsverwendung in der Spätantike und im frühen Mittelalter

In der Spätantike tritt das juristische Schrifttum stärker in den Vordergrund. Bei der Untersuchung der Gesetzeswerke, wie z. B. des Corpus Juris des Kaisers Justinian (533 n. Chr.), ist allerdings eine gewisse Vorsicht geboten, da spätere Interpolationen allenthalben belegt und vermutet werden[63]. Auch werden die Quellen im Verhältnis zur Zeit des Tertullian immer spärlicher. Allgemein läßt sich aber festhalten, daß seit dem Ende des 3. Jahrhunderts eine Angleichung an *„reddere“* (leisten) und *„praestare“* (wohl im Sinne von verbürgen) zu beobachten ist[64]. Diese Angleichung läßt sich dann auch bei den gleichzeitig regierenden römischen Kaisern Gaius Aurelius Valerius Diocletian (284-305 n. Chr.) und Marcus Aurelius Valerius Maximian Herculius (286-305 n. Chr.)[65] nachweisen.

Deutlicher tritt in den juristischen Quellen der prozeßrechtliche Aspekt des damaligen Repräsentationsbegriffes in den Vordergrund. *„Se repraesentare“* wird in dem Sinne gebraucht, daß jemand sich vor Gericht einfinden,

---

[60] *Hofmann*, Repräsentation, S. 59.

[61] *Hofmann*, Repräsentation, S. 62 beschreibt dies so: „Man suche bei ihm Antworten auf Fragen, die *er* niemals gestellt habe.“ (Hervorhebung im Original).

[62] Vgl. *Hofmann*, Repräsentation, S. 328-335 und 336-338.

[63] *Schnorr von Carolsfeld*, Repraesentatio, S. 107; *Rausch*, Repräsentation und Repräsentativverfassung, S. 155ff.

[64] Vgl. *Rausch*, a.a.O., S. 158; *Schnorr von Carolsfeld*, Repraesentatio, S. 111; *Hofmann*, Repräsentation, S. 111.

[65] *Rausch*, a.a.O., S. 160. (Die angegebenen Daten bezeichnen die Zeiten der Regentschaft).

sich stellen soll bzw. muß[66]. Als Beispiel sei die prozeßrechtliche Methode genannt, wonach ein säumiger Beklagter als Kläger angesehen wird und sich zu repräsentieren habe[67].

Von da aus kann eine Verbindungslinie zu der Anordnung Konstantins gezogen werden, wonach die kaiserlichen Hofbeamten ihre Dienstpferde nicht selbst stellen müssen[68]. Im Gerichtsverfahren muß sich der Betroffene selber stellen, sich (re)präsentieren. In der Anordnung Konstantins geht es nicht um das Stellen einer Person, sondern um das von Pferden. Aber in beiden Fällen liegt die Regelungsbedeutung in der Anwesenheit, in der Präsentation.

Andererseits zeigt sich, daß die vereinzelte Stelle bei Tertullian, daß Jesus Christus Gott repräsentiere, keine Ausnahme ist. Diese Begriffsbedeutung ist auch bei der Übersetzung des „Jüdischen Krieges" von Flavius Iosephus[69] (Hegisippus) anzutreffen. Dies geschieht in folgendem Zusammenhang. Vespasian brach nach Rom auf und ließ seinen Sohn Titus zurück, damit dieser seine Kriegspläne fortführe: *ut neque Romanis ipse deesset, nec Judaeis Vespasianus, quem filius repraesentaret*[70]. Hier soll der Sohn nicht als Stellvertreter Weisungen des abwesenden Vaters befolgen, vielmehr soll er eigenentscheidend in die Stellung des Vaters einrücken, wenngleich er im Geist und Sinne desselben sein Werk fortführen soll.

Anknüpfend an die Verwendung des Begriffes bei Cicero im Bedeutungsgehalt von Barzahlen lassen sich in der Spätantike und im Mittelalter vermehrt Belege für diese Verwendung finden[71].

Der Gebrauch in verfahrensrechtlicher Hinsicht tritt dann besonders in den germanischen Volksrechten auf. Hervorzuheben sind die *Lex Visigothorum*, die *Lex Salica* und die *Lex Ripuaria*. Hauptbedeutungsgehalt ist hier „vor Gericht stellen". Dies tritt im Sinne von zwangsweiser Vorführung, aber auch im Sinne einer bloßen Verpflichtung sich zu stellen auf[72].

---

66 *Hofmann*, Repräsentation, S. 107.

67 Vgl. *Rausch*, a.a.O., S. 159 und *Hofmann*, Repräsentation, S. 107, der auf den Codex Justinianus 7, 43, 8 verweist.

68 „Si ex memorialibus vel ex palatinis nostris aliquis ad agendas curas rei publicae vel alterius officii fuerint destinatus, minime ab eo repraesentatio postuletur equorum." Zitiert nach *Hofmann*, Repräsentation, S. 107.

69 Allgemein bekannt als Hegisippus, doch dieser Name beruht auf einer Verwechselung oder Entstellung; vgl. *Rausch*, Repräsentation und Repräsentativverfassung, S. 163. *Hofmann*, Repräsentation, S. 106 beschreibt den Namen Hegisippus als Verballhornung von Iosepos. Im übrigen wird sowohl der Name Hegesippus als auch Hegisippus, als auch Hegesipp verwendet.

70 Hegesipp, 4, 33, 2 zitiert nach *Hofmann*, Repräsentation, S. 106; vgl. auch *Rausch*, a.a.O., S. 163.

71 Vgl. *Schnorr von Carolsfeld*, Repraesentatio, S. 107; *Rausch*, a.a.O., S. 157, 161.

72 Bezüglich der genaueren Quellenangaben kann hier auf die speziellen Untersuchungen bei *Hofmann*, Repräsentation, S. 110-112 und auf *Rausch*, a.a.O., S. 166f. verwiesen werden.

Dieser Sprachgebrauch[73], den man unter den Oberbegriff „sich einfinden" fassen kann, wird von Rausch und Hofmann bis ins hohe Mittelalter verfolgt. Rausch sieht sogar die synonyme Verwendung der Begriffe *praesentare* und *repraesentare* bis ins 17. Jahrhundert hinein als gegeben an, belegt dies jedoch nicht näher[74].

Auch hier, besonders in der *Lex Visigothorum,* findet sich die Gleichsetzung mit *„reddere"* im Sinne von leisten. Ein neuer Aspekt zeigt sich in der Rückstellungsverpflichtung eines befreiten Gefangenen unter Androhung von 100 Peitschenhieben. So heißt es in der *Lex Visigothorum: „Si quis furem captum aut reum alicui excusserit ... C flagella suscipiat et quem excussit repraesentare cogatur."*[75]

Faßt man die hier nur skizzenhaft aufzeigbare Begriffsverwendung zusammen, so läßt sich nur eines sicher feststellen, der Begriff Repräsentation war für die Antike und das Mittelalter kein Schlüsselbegriff. Es muß der historischen Forschung überlassen bleiben, die Beziehungslinien vom antiken und frühmittelalterlichen Sprachgebrauch zum im späten Mittelalter aufkommenden politischen Begriff der Repräsentation aufzuzeigen. Anknüpfungspunkt könnte hierfür die allgemeine Kategorie des „Sich Einfindens" sein. Dazu muß allerdings noch die Komponente hinzutreten, daß das „Sich Einfinden" auch durch einen Vertreter bzw. durch eine Personengruppe geschehen kann. In diesem Zusammenhang ist noch eine spätere Quelle erwähnenswert. Im Kurverein zu Rhense traten 1338 die vier Pfalzgrafen auf, die gemeinsam für den Stimmberechtigten handelten. Sie wurden in dem von Ludwig dem Bayern (dt. Kaiser, 1314-1347) am 6. August 1338 erlassenen Kaisergesetz *Licet juris* als *„repraesentantes comitem palatinum"* bezeichnet[76]. Hierin zeigt sich ein Repräsentationsverständnis, das in einer Funktionswahrnehmung, wenn auch durch eine Personengruppe, bestehen kann. Dies wird nicht als Stellvertretung in der Stimmabgabe zu interpretieren sein, sondern als ein eigenes Ausübungsrecht der einen Kurstimme, solange der Stimmberechtigte nicht persönlich an der Versammlung teilnehmen kann oder will. Von hier aus lassen sich Beziehungslinien zu den zwei angeführten Stellen der Verwendung als Repräsentator ziehen, wo Christus für den Vater bei Tertullian bzw. Titus für seinen Vater Vespasian auch nicht im Sinne eines weisungsgebundenen Stellvertreters stehen.

[73] Hier verkennt *Leibholz,* Wesen, S. 33 (Anm. 2), die geschichtliche Entwicklung vollkommen, wenn er ausführt: „Das prozessuale Vertretungsrecht, besser die *legitimatio ad causam* ist nicht nur im germanischen, sondern auch im mittelalterlichen, kanonischen und gemeinen Prozeß häufig genug unzulässigerweise mit dem Begriff der Repräsentation vermengt worden."

[74] *Rausch,* Repräsentation und Repräsentativverfassung, S. 168f.

[75] Lex Visigothorum 7. Buch, 2. Titel, 20. Kap., zit. nach der Ausgabe von *Wohlhaupter,* Gesetze der Westgoten, V/11, S. 182.

[76] Vgl. *Hofmann,* Repräsentation, S. 114; *Rausch,* Repräsentation und Repräsentativverfassung, S. 169. Vgl. auch *Schäferdiek,* in: EvStL, Kaisertum und Papsttum, Bd. 1, Sp. 1471f.

Dieser Frage kann und soll hier nicht abschließend nachgegangen werden. Auch kann es nicht Gegenstand dieser Untersuchung sein, die umfassende Begriffsverwendung bis in die heutige Zeit nachzuzeichnen. Da seit dem späten Mittelalter der politische Begriff der Repräsentation als Kategorie seine eigene Entwicklung erfuhr, soll sich die nachfolgende Untersuchung hierauf beschränken.

Bevor aber darauf eingegangen werden kann, darf die zweite Entwicklungslinie der Repräsentation nicht unberücksichtigt bleiben. Denn wenn auch die bisherige Untersuchung der Begriffsentwicklung nur andeutungsweise politische Bezüge und Entwicklungslinien aufzeigt, so bleibt doch zu untersuchen, ob die politische Struktur der Repräsentation nicht viel eher anzutreffen ist, auch wenn sie damals nicht von unserem Begriff umfaßt war.

Zweites Kapitel

Politische Repräsentation in der athenischen Demokratie

Wenn über das politische System der Repräsentation nachgedacht wird, fällt häufig das Schlagwort von der Krisis derselben. Fast zwangsläufig wird alsbald die athenische Demokratie lobend hervorgehoben. Dabei kommt dieser die Rolle eines Paradebeispieles von unmittelbarer Demokratie als im höchsten Maße legitimiertem Urtypus der Demokratie zu. Stark verallgemeinernd wird die Volksversammlung im alten Athen mit der Bürgerschaft bzw. sogar mit der von der Entscheidung betroffenen Bevölkerung (dem Volk) gleichgesetzt. Die anderen Institutionen der athenischen Demokratie geraten dabei leicht in Vergessenheit. Auch stellt man sich nur selten dem Problem, daß nicht alle Bürger gleichzeitig initiativ werden konnten bzw. wollten.

Wenn auch in den Institutionen der athenischen Demokratie, besonders bei den Regelungen über die Frage des Vorsitzes nicht zu übersehen ist, daß jede Machtkonzentration auf „Politiker" und damit letztlich auf Repräsentanten vermieden werden sollte, so ist andererseits nicht zu verkennen, daß es auch damals schon politische Kräfte gab, die das durch diese Organisationsstruktur entstandene Vakuum wie von selbst nutzten. Bereits am Beispiel der athenischen Demokratie wird deutlich, daß ein funktionierendes politisches System von handlungsfähigen einzelnen oder kleineren Gruppen abhängt[1].

Negiert die Organisationsstruktur die Möglichkeit der institutionalisierten Elitebildung, so wird das Vakuum, in welchem sich Sachkompetenz entwickeln kann, nicht eliminiert, vielmehr verlagert es sich in der Kette der Meinungsbildungsfaktoren auf die nachfolgenden Glieder[2]. In dieser Funk-

---

[1] Vgl. bereits *Kaufmann*, Zur Problematik des Volkswillens, S. 23: „So real dieser Volkswille ist, so ist er doch als solcher seinem Wesen nach sowohl unformiert wie der Formung bedürftig." ... „Nur durch einzelne Persönlichkeiten und in einzelnen Persönlichkeiten kann der Volkswille sich aktualisieren, können sich die in ihm liegenden mannigfaltigen Möglichkeiten konkretisieren, kann er wirkender Wille werden. Er bedarf persönlicher Bildner und Träger, er bedarf seinem Wesen nach der *Repräsentation*" (Hervorhebung im Original). Vgl. auch *Böckenförde*, Mittelbare/repräsentative Demokratie als eigentliche Form der Demokratie, S. 307f. und *C. Schmitt*, Verfassungslehre, S. 206.

[2] Die zum Programm erhobene Strukturlosigkeit gebiert gleichsam von selbst eine neue Struktur. Sehr prägnant drückt auch *C. Schmitt*, Volksentscheid und Volksbegehren, S. 49, dieses Problem aus: „Die Unmittelbarkeit der Demokratie läßt sich nicht organisieren, ohne daß sie aufhört, unmittelbar zu sein."

tion stand jeder einzelne Redner in der Volksversammlung. Dies trifft aber auch ganz besonders auf die Strategen zu. Der Prozeß der Elitebildung wurde, wie noch zu belegen sein wird, von den übrigen Versammlungsteilnehmern aufgrund der sich zwangsläufig ausbildenden rhetorischen und fachlichen Fähigkeiten dieser später als Demagogen bezeichneten Wortführer zumindest hingenommen, wenn nicht gar erwünscht. Fachliche Fähigkeiten können dabei leicht in Kompetenzen umschlagen, wenn diese nicht anderweitig geregelt und vergeben sind. Untersucht man den historischen Befund etwas eingehender, so stellt sich folgendes Bild dar.

I. Die Zusammensetzung der Volksversammlung *(ekklesia)* und das Verhältnis zur Polisbevölkerung

Jeder Bürger Athens, aber auch nur dieser, hatte das Recht, sofern nicht Atimie-Strafe[3] über ihn verhängt worden war, an der Volksversammlung, der Ekklesia, teilzunehmen. Theoretisch war also die Volksversammlung mit dem Demos identisch[4], allerdings nur theoretisch[5].

Die Zahlen der tatsächlichen Teilnehmer an den Volksversammlungen lassen sich in etwa aus der Größe des Versammlungsplatzes erschließen, auf dem die Ekklesia tagte. Die Volksversammlung wurde in der Regel auf der von 1930 bis 1937 ausgegrabenen Pnyx abgehalten. Dieser etwas höher gele-

---

[3] Die atimoi waren Personen, denen durch Gesetz oder Urteil alle ihre politischen Rechte aberkannt worden waren, was vorwiegend wegen Schulden gegenüber dem Staat und wegen Versäumnissen von Bürgerpflichten eintrat. Die atimoi verloren auch das Recht, Markt und Tempel zu betreten. Vgl. *Hansen,* Athenische Volksversammlung, S. 17, 174.

[4] *Tarkiainen,* Athenische Demokratie, S. 224; *Bleicken,* Athenische Demokratie, S. 102; *Prestel,* Antidemokratische Strömungen im Athen des 5. Jhd., S. 45ff.; *Hansen,* Athenische Volksversammlung, S. 17; *Larsen,* Representative Government in Greek and Roman History, S. 2. So verwendeten die attischen Redner die Wörter *demos* (Volk) und *ekklesia* oft synonym. Auch wurden alle Dekrete der Volksversammlung mit der Formel eingeleitet: *edoxe to demo* (Beschlossen vom Volk). Vgl. *Hansen,* Athenische Volksversammlung, S. 18; *Bleicken,* Athenische Demokratie, S. 110.

[5] Bürger Athens waren die volljährigen Männer, sofern sie nicht Ausländer (Metöken) oder Sklaven waren. Mündig war der Athener mit 18 Jahren, so daß er sich ab diesem Alter als Angehöriger eines Demos (Demote) in die dort geführte Liste der Berechtigten *(lexiarchikon grammateion)* eintragen lassen konnte. Nach dem Bürgerrechtsgesetz von 451/50 v. Chr. mußte jeder athenische Mann bei der Einschreibung nachweisen, daß sowohl sein Vater als auch seine Mutter Athener sind bzw. waren. Hinzu kommt, daß die jungen Athener vom 18. bis 20. Lebensjahr einen aktiven Wehrdienst von 2 Jahren als Epheben leisten mußten, wobei sie während dieser Zeit meist in den Grenzfestungen lagen. So konnten sie faktisch nicht an den Volksversammlungen teilnehmen. In der Literatur findet sich übereinstimmend der Schluß, daß sich die athenischen Bürger somit auch erst nach dem Wehrdienst in die Liste der zur Volksversammlung Berechtigten eintragen lassen konnten. Vgl. *Bleicken,* Athenische Demokratie, S. 103; *Hansen,* Athenische Volksversammlung, S. 17. Er datiert das Inkrafttreten der Wehrpflicht mit spätestens in den 370er Jahren und vermutlich schon 403/02 v. Chr.

gene Platz befindet sich oberhalb der Agora, die damals als Marktplatz für den Handel der Bauern aus der Umgebung diente. Die Pnyx wurde um 460 v. Chr. in Gebrauch genommen. Die Archäologen konnten drei Phasen ihrer Nutzung nachweisen: I. von 460 bis 400 v. Chr. mit 2.400 m^2, dies entspricht etwa 6.000 Personen auf dem Fels sitzend; von 400 bis 340 v. Chr. mit 2.600 m^2, dies entspricht 6.500 Personen auf dem Fels oder ebenfalls 6.000 auf Holzbänken sitzend und ab etwa 340 v. Chr. mit 5.550 m^2, was in etwa 13.800 Personen entspricht[6].

Die Zahl von anfänglich 6.000 deckt sich mit Zeugnissen aus dem 4. Jhd. v. Chr., wonach ein Quorum von 6.000 Anwesenden[7] erforderlich war[8]. Die Schätzungen in der Literatur über die tatsächlich Anwesenden schwanken trotz Kenntnis der Größe des Versammlungsplatzes zwischen 2.500 und 10.000 Personen[9].

Als grobe Schätzung mag für die hiesige Untersuchung die Zahl von 6.000 einen hinreichenden Anhaltspunkt geben. Vergleicht man die Zahl der Teilnehmenden mit der Zahl der Bürger in der Blütezeit der Demokratie von 30.000 – 35.000[10], so nahmen ca. 15 bis 20 % an den Versammlungen teil. Stellt man hingegen auf die Relation zur gesamten Bevölkerung ab, die von den Beschlüssen betroffen war, so ergibt sich ein Anteil von 2 bis 4 %[11]. Die Gesamtzahl aller in Attika wohnenden Menschen (Männer, Frauen, Kinder,

---

[6] Vgl. *Hansen,* Athenische Volksversammlung, S. 22f., 26.

[7] *Bleicken,* Athenische Demokratie, S. 103; *Tarkiainen,* Athenische Demokratie, S. 225; *Hansen,* Athenische Volksversammlung, S. 24-27, 46, 48, 90, 94; *Larsen,* Representative Government in Greek and Roman History, S. 16.

[8] Das Quorum von 6.000 Anwesenden war insbesondere für die Ratifikation von Bürgerrechtsverleihungen, für die Bewilligung des Rechtes, Straflosigkeit zu beantragen (adeia) und für die Einsetzung eines Gesetzgebungskollegiums (nomothetai) erforderlich. Vgl. *Hansen,* Athenische Volksversammlung, S. 24. *Bleicken,* Athenische Demokratie, S. 103, erwähnt darüber hinaus die Beantragung eines Ostrakismos (Scherbengerichtes), wobei die Athener den letzten 416 oder 415 v. Chr. abgehalten haben, das Gesetz jedoch länger bestand. Vgl. *Hansen,* Athenische Volksversammlung, S. 79. Dieses Quorum konnte anfangs relativ einfach durch die Platzgröße kontrolliert werden.

[9] Vgl. *Hansen,* Athenische Volksversammlung, S. 24, 48. Vgl. auch *Nippel,* Mischverfassungstheorie, S. 105, der ausführt, daß die Zahl von 5.000 selten erreicht worden sei, besonders nicht während des Krieges.

[10] *Bleicken,* Athenische Demokratie, S. 103.

[11] Bereits im 5. Jahrhundert v. Chr. scheint die Teilnahmefreudigkeit an der Volksversammlung stark nachgelassen zu haben. So berichtet *Hansen,* Athenische Volksversammlung, S. 51, daß die Bürger zur Teilnahme gezwungen werden mußten. Vor dem Beginn der Versammlung gingen die skythischen Bogenschützen in einer langen Kette mit einem mennigfarbenen Seil zwischen sich und trieben das Volk von der Agora auf die Pnyx. Wer einen Mennigefleck auf seinen Mantel bekam, mußte eine Geldbuße bezahlen. Aber man versuchte nicht nur durch Strafen die Teilnahmefreudigkeit zu erhöhen, sondern auch durch Anreize. Im Jahre 392 v. Chr. wurde ein Sitzungsgeld eingeführt von zuerst einem, dann drei Obolen pro Tag. Mit den Tagegeldern veränderte sich allerdings die soziale Struktur der Teilnehmenden, nunmehr nahmen vor allem Arme und Alte verstärkt an den Versammlungen teil. Vgl. *Bleicken,* Athenische Demokratie, S. 104.

Ausländer und Sklaven) wird von Bleicken[12] zur Mitte des 5. Jhd. mit etwa 250.000 angegeben. Nach Tarkiainen läßt sich die Gesamtzahl schwieriger ermitteln. Rechnet man die von ihm angegebenen Zahlen zusammen, so ist im großen und ganzen eine Übereinstimmung mit den Angaben bei Bleicken festzustellen[13].

Zusammenfassend läßt sich festhalten, daß die Versammlung aller und Entscheidung durch alle Bürger bereits im alten Athen eine bloß theoretische Zielvorstellung war[14]. Der Anteil von 2 bis 4 % der Anwesenden im Verhältnis zur Polisbevölkerung sagt gleichzeitig, daß auf jeden Versammlungsteilnehmer 25 bis 40 Personen kamen, für deren Anliegen zu sprechen der „Familienvorstand" automatisch berufen war. So stellt bereits Böckenförde fest, daß die Volksversammlung die zahlreichen Frauen, Sklaven und Metöken repräsentierte[15]. Dies gilt natürlich auch für die Kinder und Jugendlichen, die beim damaligen Altersaufbau die Hälfte der Bevölkerung umfaßten.

II. Die Regelung des Vorsitzes in der Volksversammlung und die Stellung der Redner

Die Athener hielten in der Regel 40 Volksversammlungen pro Jahr ab. Nach dem Ratskalender war das Jahr in 10 Prytanien zu je 35 bzw. 36 Tagen[16] aufgeteilt. In jeder Prytanie fanden 4 Versammlungen statt.

Die athenische Volksversammlung besaß kein Präsidium, wie es in größeren Versammlungen unserer Zeit üblich ist. In der entwickelten athenischen Demokratie, also nach Einführung des Prinzips der Auslosung, wurde der Vorsitz vom Rat gestellt. Dem Rat der 500 *(boule)*[17] stand jeweils für ein

[12] *Bleicken,* Athenische Demokratie, S. 55. In den Perserkriegen habe die Zahl deutlich niedriger gelegen und am Ende des Peloponnesischen Krieges dürfte sie weniger als 125.000 betragen haben, um dann im 4. Jahrhundert wieder anzusteigen.

[13] Vgl. *Tarkiainen,* Athenische Demokratie, S. 53f., 51, 48. Nach den dort wiedergegebenen Schätzungen schwankt die Zahl der Athener Bürger im 5. und 4. Jahrhundert zwischen 43.000 und 20.000 (S. 53f.), die der Bürger mit ihren Familien zwischen 150.000 und 70.000. Noch unklarer ist das Quellenmaterial bezüglich der Metöken, deren Zahl im 5. Jhd. mit 70.000 bzw. 28.500 (S. 51) angegeben wird. Die Zahl der Sklaven soll nach einer Schätzung um die Mitte des 5. Jhd. etwa ein Viertel der gesamten Polisbevölkerung betragen haben. Nach anderer Schätzung entfiel auf den Sklavenanteil am Ende der 430er Jahre, also vor Ausbruch des Peloponnesischen Krieges, mehr als ein Drittel oder sogar die Hälfte (S. 48).

[14] Man kann dieses Problem auch nicht dadurch überspielen, indem man feststellt, daß in den antiken Staaten die Volksgemeinde in Versammlung und Rat selbst gehandelt hätte und daß somit das dringende Bedürfnis einer Repräsentation gar nicht bestanden habe, wie es *Jellinek,* Staatslehre, S. 568 sieht.

[15] *Böckenförde,* Mittelbare/repräsentative Demokratie als eigentliche Form der Demokratie, S. 312.

[16] Je 36 Tage in der 1.-4., je 35 Tage in der 5.-10. Prytanie. Etwa jedes dritte Jahr wurde ein Schaltmonat eingefügt, in solchen Jahren mit 383 bis 384 Tagen verlängerte man die Prytanien auf je 39 bzw. 38 Tage. Vgl. *Hansen,* Athenische Volksversammlung, S. 36. Vgl. auch *Tarkiainen,* Athenische Demokratie, S. 227.

Zehntel des Jahres ein geschäftsführender Ratsausschuß mit 50 Mitgliedern vor (Prytanie). Hieraus wurde täglich[18] der Vorsteher (Epistates) gelost. Während des 5. Jahrhunderts v. Chr. übernahm dieser in Personalunion auch den Vorsitz in der Volksversammlung. Diese Verknüpfung wurde aber zwischen 403/2 und 378/77 gelockert[19], indem man nunmehr jeden Tag für die anstehenden Sitzungen des Volkes und des Rates aus den restlichen 450 Ratsmitgliedern neun Prohedroi erloste und erst in einem zweiten Losverfahren aus diesen neun den Epistates auswählte. Den Vorsitz führten dann alle neun Prohedroi gemeinsam. Somit wurde die zuvor während einer Prytanie bestehende Amtskontinuität aufgelöst[20]. Jedes Ratsmitglied durfte während einer Prytanie nur einmal Prohedros sein. Zum *epistates ton proedron* durfte es nur einmal im Jahr gelost werden[21].

Die Reform der Bestimmungen des Vorsitzes zeigt, daß seine Kompetenz auf eine bloße Ordnungsfunktion beschnitten werden sollte, d. h. daß die Athener mit der Reform die Entwicklung zur einsetzenden Machtkonzentration aufhalten wollten. Allerdings erstarkte seit dieser Reform die Stellung der Redner, da die Autorität des ausgelosten Vorsitzenden sich dem Ziel entsprechend minimierte. Seit dem ausgehenden 5. Jhd. wurden die Redner, die häufiger auftraten, Demagogen genannt[22]. Allerdings wurde dieser Begriff anfangs im wertneutralen Sinne gebraucht[23].

Die Rolle von „Demagogen" fiel dabei denjenigen Rednern zu, die sich durch Spezialwissen und persönliche Überzeugungskraft auswiesen[24]. Da die athenische Polis relativ häufig in kriegerische Auseinandersetzungen verwickelt war[25], traten solche Personen vor allem in den Vordergrund, die

---

17 S.u. 2. Kap., III, S. 41 ff.

18 Damit sollte offenbar jede Amtsautorität unterbunden werden. Aber auch ein zweiter Aspekt ist nicht zu übersehen, der der Bestechlichkeit. Berichte über tatsächlich stattfindende Korruption, aber auch über das verbreitete politische Spiel mit unbewiesenen Korruptionsvorwürfen finden sich häufiger. Vgl. *Wankel,* Die Korruption im klassischen Athen, insbesondere S. 35 ff.

19 *Tarkiainen,* Athenische Demokratie, S. 227 verwendet das spätere Datum.

20 Vgl. *Bleicken,* Athenische Demokratie, S. 105; *Hansen,* Athenische Volksversammlung, S. 43ff.; *Tarkiainen,* Athenische Demokratie, S. 226ff.

21 *Hansen,* a.a.O., S. 43.

22 *Bleicken,* Athenische Demokratie, S. 110. Die Redner waren auch rein äußerlich hervorgehoben, sie standen auf dem Rednerstein und trugen einen Myrtenkranz.

23 *Hansen,* Athenische Volksversammlung, S. 55f. hebt hervor, daß die Bezeichnung Demagoge von den attischen Rednern selten gebraucht worden sei. Lediglich die Philosophen, die die Volksversammlung verachteten, z. B. Aristoteles, hätten diesen Begriff verwendet, dabei aber meistens nicht im wertneutralen Sinne.

24 *Hansen,* a.a.O., S. 61f. skizziert diese Entwicklung als wachsenden Professionalismus. Auch *Tarkiainen,* Athenische Demokratie, S. 239, stellt bezüglich der Ekklesia das Prinzip der Führerauslese heraus. Dabei hätten aber weder die im Amt erworbenen Verdienste, noch große Sachkenntnisse, sondern Routine im *policy making* den Ausschlag gegeben.

25 *Schuller,* Die Stadt als Tyrann – Athens Herrschaft über seine Bundesgenossen, S. 6f.; *Hansen,* a.a.O., S. 56.

früher als Soldaten, oder sogar als Feldherren Erfahrungen erworben hatten. Aber auch solche Personen, die Spezialkenntnisse auf dem Gebiet der Finanzen und in Fragen des Kultes besaßen, konnten überdurchschnittlich oft das Wort ergreifen[26]. Hinzu kommt, daß die Rhetoren nicht nur lesen, sondern auch schreiben können mußten, da sie ihre Anträge schriftlich beim Rat einzureichen hatten[27]. Der athenische Staat unternahm nichts für die Ausbildung, diese war Privatsache. Schon daher war die Anzahl möglicher Antragsteller erheblich eingeschränkt[28].

Bei der Durchsicht der Quellen zeigt sich, daß die Anträge aber auch öfter von politischen Nebenfiguren gestellt wurden. Dies spricht jedoch nicht gegen die aufgezeigte Tendenz zur Professionalisierung. Vielmehr ist hier zu beachten, daß der Name des Antragstellers deshalb vermerkt wurde[29], um ihm nach gesetzeswidrigen Anträgen den Prozeß machen zu können[30]. Neben erheblichen Strafen konnte dies die Rechtlosigkeit und den Verlust der politischen Rechte (atimia)[31] nach sich ziehen. So nimmt es nicht wunder, daß Volksführer (Demagogen) gewöhnliche Bürger dafür bezahlten, daß diese ihren Namen für die Antragstellung hergaben. Sollte es wirklich zum Prozeß kommen, dann konnte der Vordenker als dessen Verteidiger *(synégoros)* auftreten[32]. Dieses Verfahren war in Athen ziemlich verbreitet[33].

Mit zunehmender Professionalisierung wurde es auch üblich, daß die Rhetoren Geld[34] von Interessengruppen im In- und Ausland für die Verfolgung bestimmter Interessen oder aber auch für bloßes Schweigen annahmen[35].

---

26 Daneben mußten die Redner ein gutes, kräftiges Organ haben, welches sich z. B. Demosthenes erst durch langes Training erarbeitete. Ein Mann mit leiser Stimme, stotternder Rede und dem Sprachschatz des kleinen Mannes wurde bereits damals gerade von seinesgleichen ausgelacht. Siehe *Bleicken,* Athenische Demokratie, S. 111.

27 *Tarkiainen,* Athenische Demokratie, S. 237.

28 Vgl. *Hansen,* Athenische Volksversammlung, S. 60f., der darlegt, daß wohl die meisten lesen konnten, aber nur vergleichsweise wenige im Schreiben dermaßen geübt waren, daß sie selbst hätten Dekretanträge niederschreiben können. *Tarkiainen,* a.a.O., S. 240, hebt hervor, daß die meisten passive Zuschauer und Zuhörer geblieben seien und die Verarbeitung der Meinungen den wenigen aktiven Elementen der halbberufsmäßigen Politikerschicht überlassen hätten.

29 Vgl. *Hansen,* a.a.O., S. 59, 71.

30 *graphe paranomon,* wobei der Begriff „gesetzeswidrig" so weit interpretiert wurde, daß er nicht nur formell oder materiell gesetzeswidrige Anträge umfaßte, sondern auch solche, die dem athenischen Volk nicht von Nutzen waren. S. *Hansen,* a.a.O., S. 60.

31 S.o. 2. Kap., I, Anm. 3, S. 36.

32 *Hansen,* a.a.O., S. 63.

33 *Hansen,* a.a.O., S. 64, 71f.

34 Vgl. *Aischines* in seiner Rede gegen Ktesiphon: Aeschin 3, 220. „And you blame me if I come before the people, not constantly, but only at intervals. And you imagine that your hearers fail to detect you in thus making a demand which is no outgrowth of democracy, but borrowed from another form of government. For in oligarchies it is not he who wishes, but he who is in authority, that addresses the people; whereas in democracies he speaks who chooses, and whenever it seems to him good. And the fact that a man speaks only at intervals marks him as a man who takes part in politics

In der späten athenischen Demokratie trat dann auch deutlich die Herausbildung von parteiähnlichen Strukturen hervor. Die Rhetoren standen für bestimmte politische Gruppierungen[36].

An der Entwicklung der Stellung der Redner in der Ekklesia läßt sich bereits nachweisen, daß ein Gemeinwesen ohne Repräsentanten nicht artikulations- und handlungsfähig ist. Die athenische Demokratie verlangte nach Bleicken[37] von ihrer eigenen Idee her Demagogen, sie konnte auf sie nicht verzichten, ohne einen ihrer tragenden Grundsätze, nämlich die Abwehr einer starken Regierungsgewalt, aufzugeben. Dies tritt aber noch deutlicher zutage, wenn man den bereits erwähnten Rat der 500, das Gesetzgebungsgremium *(nomotheten)* und die Stellung der Strategoi untersucht. Repräsentativstrukturen mußten sich letztlich auch deshalb ausbilden, weil im Bereich der ausgeprägten Bündnispolitik zwischen den griechischen Staaten nicht jede Einzelentscheidung durch die Ekklesia getroffen werden konnte.

III. Der Rat der 500 *(boule)*

Der Rat der 500 war ein Repräsentativorgan[38]. Er setzte sich aus je 50 Angehörigen der 10 Phylen zusammen[39]. Jede Phyle war in drei Bezirke

---

because of the call of the hour, and for the common good; whereas to leave no day without its speech, is the mark of a man who is making a trade of it, and talking for pay." Zitiert nach Adams, The Speeches of Aeschines, S. 481 (Ausgabe in Griechisch und Englisch).

[35] *Hansen,* Athenische Volksversammlung, S. 70-72; *Bleicken,* Athenische Demokratie, S. 113. Dies wurde offensichtlich so lange von den Bürgern akzeptiert, so lange ein Rhetor populär war. Erst wenn er in Ungnade fiel, wurde ihm der Prozeß wegen Bestechung (besser Bestechlichkeit) gemacht *(graphe doron).*

[36] Tarkiainen spricht mehrmals ausdrücklich von Parteien, so z. B. „vom Führer der demokratischen Partei", *Tarkiainen,* Athenische Demokratie, S. 201. Funke nennt sie politische Gruppierungen, *Funke,* Homónoia und Arché, S. 1-16. Vgl. auch *Hansen,* Athenische Volksversammlung, S. 75-89, der sich mit der Lehre auseinandersetzt, daß es in der Zeit von 338 bis 323 v. Chr. vier politische Parteien in Athen gegeben habe: die oligarchische, die gemäßigte, die radikale und die demokratische Partei. Die US-Historiker verwenden eher den Begriff der politischen Gruppierungen *(political groups).* Hansen weist die Gruppenbildung um die Rhetoren nach, wobei es auch zu wechselnden Koalitionen zwischen diesen Gruppierungen gekommen sei. Solche Gruppen hätten aber höchstens 100 Personen umfaßt.

[37] *Bleicken,* Athenische Demokratie, S. 114.

[38] Vgl. *Tarkiainen,* Athenische Demokratie, S. 252: „In Athen kannte man nämlich sehr wohl das Repräsentationsprinzip." ... „Aber der Rat der Fünfhundert war seiner Struktur nach ausgesprochen ein Repräsentationsorgan. Daß er nicht so weittragende Aufgaben oder so große ‚Gewalt' hatte, wie sie normalerweise die modernen Volksvertretungsinstitutionen haben, macht diese Tatsache nicht hinfällig." Siehe auch *Bleicken,* Athenische Demokratie, S. 128: „In den auswärtigen Angelegenheiten repräsentierte der Rat den Staat der Athener." und *Larsen,* Representative Government, S. 18: „..., is the conclusion that the *boule* was so powerful that it can almost be said that Athens for a few years possessed a representative government. Can this possibly be correct? So far as the meager evidence available allows us to determine, it is correct." (Hervorhebung im Original).

(Trittyen) aufgeteilt, diese wiederum in Demen. Bei der Einteilung der Demen wurde darauf geachtet, daß in jedem in etwa ein gleich großer Teil der Bevölkerung wohnte[40]. Dadurch repräsentierten die 500 Ratsmitglieder alle Wohngebiete Attikas im Verhältnis zur Dichte der Bevölkerung[41]. Zur Losung als Ratsmitglieder durften sich nur Bürger melden, die das 30. Lebensjahr vollendet hatten. Allerdings gab es keinen Zwang zur Kandidatur für den Rat. Vor dem vorhergehenden Rat mußten sich die erlosten Bürger vor Antritt des Dienstes einer Prüfung unterziehen *(dokimasia)*. Der Rat tagte bis auf ca. 60 Festtage im Jahr täglich, so daß entfernter Wohnende und solche, die aufgrund ihrer Arbeit oder ihrer familiären Situation schwer abkömmlich waren, von der Ratstätigkeit nicht besonders angezogen waren. Dies waren vielmehr die etwas Wohlhabenderen[42].

Im Rat durften nur die Strategen und die Ratsmitglieder Anträge stellen. Diese Regelung gab jedem Ratsmitglied das Ermessen, Anregungen der einzelnen Bürger anzunehmen oder abzulehnen. Da jeder Beschluß in der Ekklesia von einem Vorschlag des Rates abhing *(probouleuma)*[43], stellte das Antragsmonopol im Rat einen erheblichen Machtfaktor dar[44]. So nimmt es auch nicht wunder, daß die Rhetoren, die häufiger auftraten, selbst Ratsmitglieder werden wollten bzw. intensivere Beziehungen zu solchen unterhielten. Darüber hinaus kontrollierte der Rat die Beamten[45]. Er war als ständig tagende Institution diejenige Instanz, die bei allen Fragen von öffentlichem Interesse von den Beamten, den Privatleuten und den Fremden angesprochen wurde. Er leitete und koordinierte die demokratische Willensbildung[46] und erließ ohne Bestätigung durch ein anderes Organ die Vorschriften und Direktiven für die Gesetzesausführung und den Vollzug der Ekklesia-Beschlüsse[47].

---

[39] Hierbei wurden die 50 Ratsherren einer jeden der 10 Phylen für ein Zehntel des Jahres zum geschäftsführenden Ausschuß, der Prytanie *(prytaneia)* bestellt.

[40] Dieser Entsprechungsgedanke ist ein typisches Zeichen für Repräsentativstrukturen, wobei sich das Bemühen um in etwa gleich große Einteilung der Wahlkreise bis heute nachzeichnen läßt.

[41] Auch wenn durch Wohnortwechsel sich das Verhältnis später etwas verschoben haben mochte, so war das Prinzip der Repräsentation davon nicht berührt. *Bleicken*, Athenische Demokratie, S. 122.

[42] *Bleicken*, a.a.O., S. 122. In diesem Zusammenhang weist er auch auf die später eingeführte Regelung hin, daß man auch zweimal zum Ratsherrn gelost werden konnte, allerdings nicht in zwei aufeinanderfolgenden Jahren. Diese Regelung deutet auf den Eintritt eines gewissen Mangels an Ratsherren hin bzw. auf das Bedürfnis, fähigen Ratsherren eine zweite Amtszeit zu gewähren.

[43] *Hansen*, Athenische Volksversammlung, S. 40; *Bleicken*, Athenische Demokratie, S. 107; *Tarkiainen*, Athenische Demokratie, S. 228.

[44] Allerdings sollte dieses Antragsmonopol nicht fraktionsartig genutzt werden können, so wurde ab 410/09 v. Chr. auch die Sitzordnung des Rates erlost. Vgl. *Hansen*, Athenische Volksversammlung, S. 80.

[45] *Bleicken*, Athenische Demokratie, S. 120.

[46] *Bleicken*, a.a.O., S. 121.

Sicherlich ist die Kompetenz des Rates der 500 und letztlich der Prytanie nicht mit der Machtfülle heutiger Repräsentativorgane quantitativ vergleichbar. In qualitativer Hinsicht hingegen sind sie es. Auch damals, bei wesentlich kleineren politischen Feldern, die von der Gemeinschaft zu regeln waren, konnten nicht alle Einzelentscheidungen von der nur 40 mal im Jahre für begrenzte Zeit tagenden Volksversammlung getroffen werden. Das Prinzip der unmittelbaren Demokratie konnte wohl Zielvorstellung sein, es mußte jedoch durch ein ständig handlungsfähiges, koordinierendes Repräsentativorgan zumindest ergänzt werden[48].

IV. Die Nomotheten, Strategen und die Bündnisse der Athener

Neben dem Rat etablierten sich in Athen noch andere Repräsentativorgane bzw. Repräsentanten.

In der frühen Zeit der athenischen Demokratie wurden die Gesetze *(nómoi)* direkt von der Volksversammlung beschlossen[49]. Als sich nach und nach die Vorstellung von der Verfügbarkeit der Ordnung durchsetzte und damit der Umfang der Gesetzgebungsmaterie anschwoll, modifizierten die Athener das Verfahren in der 2. Hälfte des 5. Jhd. v. Chr. dahingehend, daß sie für die Gesetzgebung „Aufzeichner“ *(syngrapheis)* einsetzten. Sie hatten die Vorlagen für neue Gesetze zu entwerfen, damit diese dann über den Rat in die Volksversammlung eingebracht werden konnten. Schon bald nach der Restauration der Demokratie, also nach 403 v. Chr., wurde ein besonderes Gesetzgebungsverfahren *(nomosthesie)* eingeführt. Nunmehr wurden in der ersten Volksversammlung eines jeden Jahres alle bestehenden Gesetze durchgesehen. Erhoben Volksversammlungsteilnehmer Bedenken gegen einzelne Gesetze, so wurde der Rat angewiesen, ein Probouleuma über die

---

[47] *Tarkiainen*, Athenische Demokratie, S. 260. Allerdings mußte der Rat sich nach Ablauf der 10. Prytanie vor dem neuen Rat gemeinschaftlich verantworten, insofern fand eine indirekte Kontrolle statt.

[48] Die faktische Notwendigkeit von Repräsentativstrukturen wird bereits dann offensichtlich, wenn man die äußerst differenziert gestalteten und häufiger geänderten Verfahrensregeln betrachtet. Heutzutage würde es eines erheblichen Aufwandes in Gestalt von Kommissionen und Unterkommissionen bedürfen, um solche Regeln aufzustellen. Da im Interesse einer Entscheidung in der Sache die Athener nicht zuvor umfassend das Procedere im Plenum erörtern wollten und konnten, mußten sie für die Regelung von Verfahrensfragen, insbesondere der ausgeklügelten Losverfahren, einen Ausschuß und somit ein weiteres Repräsentativorgan bestellen. Hätte die Ekklesia alle Fragen aus ihrer Mitte heraus, wo immer diese auch sei, regeln wollen, so wäre eine Sachentscheidung nur selten möglich gewesen, da sich die Athener um die Bedeutung der Schutzmechanismen ihrer Demokratie äußerst bewußt waren, wie die ständigen Veränderungen aufzeigen.

[49] *Bleicken*, Athenische Demokratie, S. 118. So z. B. das Gesetz über den Ostrakismos (Ende des 6. oder Anfang des 5. Jhd.), das über die Losung des Archontats aus Vorgewählten (487/86 v. Chr.) und das über das Rechenschaftsverfahren der Beamten (462/61 v. Chr.).

Einsetzung von Nomotheten einzubringen[50]. Fand die Ratsvorlage in der Volksversammlung eine Mehrheit, so setzte diese 501 oder 1001 Bürger aus der Liste der Geschworenen als Nomotheten ein[51]. Gleichzeitig wurden vier oder fünf Verteidiger[52] der angegriffenen Gesetze gewählt. Danach ging die Zuständigkeit ganz auf die Nomotheten über. Die Bürger, die die Änderung eines Gesetzes begehrten, mußten als Ankläger in einem förmlichen Verfahren gegen die Verteidiger der Gesetze auftreten. Der Beschluß der Nomotheten, der daraufhin erging, hatte Gesetzeskraft, er bedurfte also nicht einer Bestätigung durch den Souverän[53].

Mit den Nomotheten war somit ein Organ geschaffen, welches repräsentative Funktionen wahrnahm. Es entschied verbindlich für das Volk, ohne daß dieses nach der Einsetzung der Nomotheten bis zur nächsten Gesetzesrevision am Verfahren beteiligt war. Auch wenn damals den Organisatoren dieser Ordnung das Prinzip der Repräsentation unbekannt gewesen ist und die Athener Bürger wie selbstverständlich davon ausgingen, daß sie als Souverän, wenn auch in einem anderen „Aggregatzustand" (Bleicken)[54], selbst die Gesetze beschlössen und revidierten, so ist doch nicht zu bezweifeln, daß die Nomotheten ein Repräsentativorgan darstellten.

Abschließend ist noch eine weitere Gruppe von Repräsentanten vorzustellen, die der Strategen.

Die zehn athenischen Strategen waren Beamte. Als Oberbefehlshaber über das Heer und die Flotte leiteten sie alle Feldzüge. Wenn ein Vertrag mit anderen Staaten geschlossen werden sollte, repräsentierten[55] sie den athenischen Staat. Sie waren gleichzeitig die Feldherren der athenischen Bündnisse[56]. In dieser Eigenschaft handelten sie auch Kapitulationsbedingungen aus und beschworen dieselben[57]. Ihre Stellung weist im Verhältnis zu den sonstigen Beamten, wie dem Rat der 500 und gegenüber den Nomotheten und den Geschworenen die Besonderheit auf, daß sie gewählt und nicht gelost wurden. Auch konnten sie unbeschränkt oft wiedergewählt werden[58]. In Friedenszeiten waren ihre Kompetenzen denen der Rhetoren vergleichbar. In Kriegszeiten[59] hatten sie hingegen eine beträchtliche Macht[60]. Bis

---

[50] *Tarkiainen,* Athenische Demokratie, S. 231; *Bleicken,* a.a.O., S. 119.

[51] Die ungerade Anzahl sollte bereits damals die Entscheidungsfindung erleichtern.

[52] *Tarkiainen,* Athenische Demokratie, S. 231.

[53] *Bleicken,* Athenische Demokratie, S. 119; *Tarkiainen,* a.a.O., S. 231.

[54] *Bleicken,* a.a.O., S. 120.

[55] *Hansen,* Athenische Volksversammlung, S. 56.

[56] *Schuller,* Herrschaft der Athener im Ersten Attischen Seebund, S. 37.

[57] *Schuller,* a.a.O., S. 37. Als Beispiele werden hier der samische Aufstand und die Eroberung von Selymbria durch Alkibiades (407 v. Chr.) genannt.

[58] *Hansen,* Athenische Volksversammlung, S. 56.

[59] Wobei diese äußerst häufig waren. S.o. 2. Kap., II, S. 39 mit Anm. 25.

[60] Sie trieben z. B. mit der Flotte von den verbündeten Städten den Tribut ein und konnten allgemein in wichtigen Finanzfragen mitentscheiden. So waren sie auch an

etwa 355 v. Chr. waren oft die Rhetoren und Strategen personenidentisch, was zur Potenzierung ihrer Machtfülle beitrug[61].

Repräsentativstrukturen[62] finden wir auch in der Führung der attischen Bündnisse. Schuller spricht von der Vertretung der Städte durch Athen[63]. Die Rechtsakte Athens gegenüber Dritten galten aufgrund der Protektoratsstellung der Bündnispartner unmittelbar auch für diese, ohne daß die Bündnispartner gefragt wurden oder als Vertragsparteien auftraten. Andererseits gab es aber auch keine Beteiligung der Symmachoi an der innerathenischen Demokratie[64].

Faßt man diesen Befund zusammen, so wird deutlich, daß jeder Prozeß der gemeinschaftlichen Willensbildung wesensnotwendig die Existenz und Herausbildung von Repräsentativstrukturen bedingt. Es kann kein organisiertes Gemeinwesen und somit auch keinen Staat ohne handlungsfähige einzelne oder kleinere Gruppen geben. Auch für so relativ kleine politische Gebilde, wie die attische Demokratie, trifft dies zu. Die unmittelbare Demokratie gab es nie in reiner Form und es kann sie auch nicht geben. Das Ideal einer dauerhaft funktionierenden unmittelbaren Demokratie ist eine Fiktion. Sobald Menschen miteinander kommunizieren, stellt sich ein Gefüge ein, welches einzelne von ihnen mit besonderen Aufgaben betraut, was zugleich die Grundlage aller Arbeitsteilung und letztlich der Repräsentation bildet. Selbst in der kleinsten Gemeinschaft, der Ehe, ist dieser Prozeß häufig anzutreffen.

Die Unmittelbarkeit der Demokratie ist nicht präexistent und entsteht nicht von allein, gewissermaßen außerhalb menschlicher Organisation, sondern sie könnte nur durch diese entstehen. Die Unmittelbarkeit der Demo-

---

der Neuregelung der Tributzahlungspflicht durch das Kleonymos-Dekret (426 v. Chr.) beteiligt. Vgl. *Schuller*, Herrschaft der Athener im Ersten Attischen Seebund, S. 38, 163. Diese Machtkonzentration konnte auch deshalb unwidersprochen eintreten, weil die beachtlichen militärischen Erfolge Athens nach Abschluß des ersten attischen Seebundes keine Kritik aufkommen ließen.

[61] *Aristoteles*, Politik 1305a 7-15, S. 175, begründet die später eingesetzte Trennung damit, daß zuvor die Volksführer Feldherren gewesen seien, wobei bei diesen die Neigung bestanden habe, durch Handstreiche Tyrannen zu werden. Nach Ausbildung der Redekunst hätten gebildete Rhetoren, die militärisch unerfahren waren, das Volk geführt.

[62] Vgl. *Larsen*, Representative Government, S. 22ff.

[63] *Schuller*, Herrschaft der Athener im Ersten Attischen Seebund, S. 108. Auch übernahm Athen die gesamte Außenpolitik seiner Bündnispartner. Vgl. *Schuller*, a.a.O., S. 126f.

[64] Dazu hätte es der Verleihung des Bürgerrechtes bedurft. Athen schränkte hingegen diese Möglichkeit ein und verlangte im Bürgerrechtsgesetz von 451/50 v. Chr. den Nachweis, daß Vater und Mutter Athener waren. *Schuller*, a.a.O., S. 203. Eher als die Bürger der Bündnispartner zu integrieren, um so die Herrschaft zu legitimieren, zogen die Athener es vor, wie das Beispiel der 427 v. Chr. vom Bund abgefallenen Mytilenaier zeigt, solche Gebiete ausrotten zu wollen. Die Volksversammlung hob allerdings ihren bereits gefaßten Beschluß in einem zweiten wieder auf. Vgl. *Bleicken*, Athenische Demokratie, S. 112; *Schuller*, a.a.O., S. 205.

kratie läßt sich aber eben gerade nicht organisieren, ohne daß sie aufhört, unmittelbar zu sein[65]. Auf der Grundlage dieser Erkenntnis kann sinnvollerweise nur die Frage gestellt werden, wie stark die plebiszitären und wie stark die repräsentativen Elemente in einem politischen System sind bzw. sein sollen.

Der Nachweis von Repräsentativstrukturen ließe sich ebenso für die Zeit der römischen Kaiser führen. Wenn sich die Untersuchung jedoch bewußt auf die attische Demokratie beschränkt, dann deshalb, weil in ihr der Gedanke der unmittelbaren Handlungsfähigkeit des gesamten Souveräns bezüglich aller Einzelfragen sowohl damals als auch heute besonders betont wurde bzw. wird.

Bezüglich der römischen Geschichte muß somit auf Larsen[66], Voegelin[67], Hintze[68] und Jellinek[69] verwiesen werden.

---

[65] *C. Schmitt,* Volksentscheid und Volksbegehren, S. 49.
[66] *Larsen,* Representative Government, S. 86-161.
[67] *Voegelin,* Neue Wissenschaft der Politik, S. 112ff.
[68] *Hintze,* Weltgeschichtliche Bedingungen, S. 145.
[69] *Jellinek,* Staatslehre, S. 568f.

Drittes Kapitel

Historische Bezüge und Grundlagen des Repräsentativsystems vom Spätmittelalter bis zur Französischen Revolution

I. Die Entwicklung von Thomas von Aquin bis zum Ausbruch der Französischen Revolution

Seit dem hohen Mittelalter kann eindeutig[1] die Verknüpfung von Repräsentation und Legitimation zu politischer Machtausübung nachgewiesen werden.

Otto von Gierke bezeichnete das Weltbild des Mittelalters als „die Idee des in Gott selbst gegebenen einheitlichen Menschenverbandes"[2]. Solange das Papsttum unangefochten und ungespalten die Einheit der Kirche und des weltlichen Gemeinwesens als von Gott gegeben symbolisieren konnte, bestand für die kirchliche Lehre kein Bedürfnis, per Volkssouveränität und Volksrepräsentation eine Legitimationsgrundlage für die geistliche und weltliche Herrschaft zu begründen.

Das politische Denken des Mittelalters ging vom Ganzen aus[3], wobei aber den Untergliederungen des Gemeinwesens bis herab zum Individuum ein selbständiger Wert beigelegt wurde. Dieser Grundauffassung entsprach es, jede menschliche Gemeinordnung als Bestandteil der in Gott selbst gegebenen Weltordnung, jeden irdischen Verband als organisches Glied eines Himmel und Erde umspannenden Gottesstaates zu interpretieren[4]. Der eine Gott als umfassender Ursprung und alles bestimmende Ziel verkörperte dabei

---

[1] Zu der Sichtweise Hintzes, der diese Verknüpfung eher sieht, s.o. 1. Kap., II 1, S. 29f.

[2] *von Gierke*, Genossenschaftsrecht, Bd. 3, S. 512.

[3] *von Weizsäcker*, Der Garten des Menschlichen, S. 85, sieht diesen Einheitsgedanken als Reaktion auf die Zersplitterung der Wahrheit, die in Griechenland zur Zeit der Sophistik durch den Fortschritt des Fragens und Denkens eingetreten gewesen sei. Thomas von Aquin (1225-1274) war es, der maßgeblich an der Rezeption der antiken Lehren beteiligt war, die wohl der arabischen, nicht jedoch der christlichen Welt bekannt waren. *von Gierke*, Genossenschaftsrecht, Bd. 3, S. 561, zieht in diesem Zusammenhang den Schluß, daß die Anlehnung an die Antike zugleich den Keim der Selbstauflösung in das mittelalterliche Denken hineingetragen habe. Mit der Berufung auf Aristoteles für die Bevorzugung der Monarchie habe man zugleich die Lehre von den republikanischen Verfassungsformen und die Erörterungen ihrer Bedingungen und Vorzüge mitübernommen. Vgl. auch *Voegelin*, Neue Wissenschaft der Politik, S. 54 und 110.

[4] *von der Heydte*, Geburtsstunde des souveränen Staates, S. 15.

das Prinzip der Einheit. Das Wesen aller Ordnung wurde in der Unterordnung der Vielheit unter die Einheit *(ordinatio ad unum)* gesehen[5].

Dieses monistische Weltbild mußte jedoch eine vorgegebene Spaltung in sich aufnehmen und theoretisch bewältigen: die Aufteilung der Lebensordnung des Mittelalters in die geistliche und die weltliche Organisation. Somit stellte sich die Frage nach dem Verhältnis von Kirche und Staat. Diese Aufteilung wurde als der Natur des Menschen entsprechend interpretiert[6], wobei sie nur als vorläufig verstanden wurde. Danach herrscht in Gottes Weltregierung eine „höhere Einheit", die diese Gegensätze aufhebt und an welcher das Individuum im Leben nach dem Tod ungebrochenen Anteil haben soll. Das Leben auf der Erde bereite auf diese Einheit nur vor.

Die kirchliche Lehre erkannte frühzeitig dieses Problem und löste es in folgender Weise.

1. Die Auseinandersetzung zwischen Papsttum und Kaisertum um die Legitimation weltlicher Herrschaft

a) Die Lehre vom päpstlichen Primat

Der von Gott gegebenen Weltordnung entspricht auf Erden die Ordnung der Kirche. Alle weltliche Herrschaft kann nur als Teil der Kirche ihre Legitimation erhalten. Dem Papst als Nachfolger und Stellvertreter Christi[7] steht die Gesamtgewalt symbolisiert in den zwei Schwertern[8] zu. Er ist der Träger eines in seiner Wurzel einheitlichen Prinzipates über die Gesamtheit der Sterblichen, ihr Priester und König, ihr geistlicher und weltlicher Monarch, ihr oberster Gesetzgeber und Richter in allen Dingen[9]. Die Trennung

---

[5] *von Gierke*, Genossenschaftsrecht, Bd. 3, S. 514. Siehe dort auch die Verweisungen auf die theoretische Darstellung dieses Weltbildes in der Staatslehre Dantes.

[6] Vgl. bereits die Heilige Schrift, Matth. XXII 21: „So gebet dem Kaiser, was des Kaisers ist, und Gott, was Gottes ist." Zur gottgewollten Ordnung und zum Zweck der Staatsgewalt vgl. *Thomas von Aquin*, Kommentar zum Römerbrief, S. 421ff.

[7] Ob die Stellung des Papstes wirklich als die eines Stellvertreters, oder nicht als die eines Repräsentanten Christi zu bezeichnen ist, mag hier letztlich dahingestellt bleiben, da es vornehmlich um Repräsentativsysteme und nicht allgemein um Repräsentation geht. Wenn *Friedrich*, Repräsentation, S. 215, anführt, daß man vom Papst sage, daß er ‚Christus auf Erden' repräsentiere, so bleibt er doch den Nachweis schuldig. Vgl. auch *Schneider*, Ausnahmezustand und Norm, S. 76 und *Rausch*, Repräsentation und Repräsentativverfassung, S. 182, mit Verweisungen auf die Begriffsverwendung bei Augustinus Triumphus.

[8] *Schäferdiek*, in: EvStL, Kaisertum und Papsttum, Bd. 1, Sp. 1470.

[9] Vgl. dazu bereits Gregor VII. (1073-1085), Dictatus papae, Registrum II, 55a: „1 Quod Romana ecclesia a solo Domino sit fundata. 2 Quod solus Romanus pontifex iure dicatur universalis. ... 8 Quod solus possit uti imperialibus insigniis.", in: *Mirbt/Aland*, Quellen zur Geschichte des Papsttums, S. 282 (Nr. 547) und die weiteren Nachweise bei *von Gierke*, Genossenschaftsrecht, Bd. 3, S. 521 (Anm. 12) zu den Zeugnissen der Päpste Innocenz III. (1198-1216), Innocenz IV. (1243-1254) und Bonifaz VIII. (1295-1303), die ihren umfassenden Machtanspruch auf der Grundlage dieser Inter-

zwischen geistlicher und weltlicher Macht bezieht sich damit nicht auf die Inhaberschaft, sondern nur auf die Frage der Ausübung derselben[10]. Die Allegorie der beiden Schwerter wurde dahin ausgelegt, daß Gott an Petrus und durch ihn an den Papst beide Schwerter gegeben hat, damit dieser das geistliche behalte und das weltliche verleihe[11]. Hieraus folgt, daß alle weltliche Rechtsbildung *(leges)* durch das geistliche Recht *(canones)* begrenzt ist. Damit ist zugleich alle weltliche Gewalt der geistlichen unterworfen und gehorsamspflichtig[12].

Auf dem Boden dieser Konzeption der Legitimation der geistlichen und weltlichen Macht benötigten die Päpste des frühen Mittelalters das System der Repräsentation grundsätzlich[13] nicht, um eine handlungsfähige Einheit zu schaffen, da sich die Legitimation der Herrschaft nicht aus der Vielheit der einzelnen, sondern aus dem Ursprung „Gott" unmittelbar ergab. Gegen diese päpstliche Sichtweise erhob sich aber alsbald Widerspruch durch die Vertreter der kaiserlichen Lehren.

b) Die kaiserlichen Lehren

Teilweise wurde die kirchliche Theorie des päpstlichen Primates umgekehrt. So lehrt Marsilius von Padua (1275/80-1342/43) die volle und prinzipielle Absorption der Kirche durch den Staat[14]. Auch er leitet seine Gedanken aus der Idee der Einheit her, allerdings mit anderem Ergebnis. Dem Arzt aus Padua stand die Verfassung der oberitalienischen Städte vor Augen, auf die von ihrer Größe aus betrachtet, die Lehren des wiederentdeckten Aristoteles am ehesten anzuwenden waren.

Ganz überwiegend aber wurden die kirchliche und die staatliche Ordnung als zwei zwar einander ergänzende Ordnungen angesehen, die jedoch von

---

pretation begründen. (Die für die Päpste und Regenten hier und im folgenden angegebenen Daten sind die Zeiten ihrer Regentschaft).

[10] *von Gierke,* Genossenschaftsrecht, Bd. 3, S. 522.

[11] Dieses Gebrauchsrecht wird als *„usus immediates"* bzw. *„dominium utile"* bezeichnet. Vgl. *von Gierke,* a.a.O., S. 528, insbes. auch die Nachweise dort in Anm. 22.

[12] *Thomas von Aquin,* De regimine principum, Lib. I, Cap. XIV: „Hujus ergo regni ministerium, ut a terrenis essent spiritualia distincta, non terrenis regibus, sed sacerdotibus est commissum, et praecipue Summo Sacerdoti, successori Petri, Christi Vicario, Romano Pontifici, cui omnes reges populi Christiani oportet esse subditos, sicut ipsi Domino Jesu Christo." zit. nach der Ausgabe von Joseph Mathis, S. 21. Vgl. auch *Zippelius,* Geschichte der Staatsideen, S. 58 und *Matz,* Thomas von Aquin, S. 144ff.

[13] Dies gilt zumindest insoweit, als die Frage der Institution betroffen ist, s. dazu u. 3. Kap., I 2, S. 51ff. Innerhalb der kirchlichen Organisation wurde andererseits bereits seit Papst Innocenz III. die „Quod-omnes-tangit-Formel" gebraucht, also die Maxime, daß alle von einer Entscheidung Betroffenen dieser auch zustimmen müssen, vgl. *Congar,* Quod omnes tangit, S. 115.

[14] *Marsilius von Padua,* Defensor pacis, Teil 2, Kap. 4 und 5, Bd. 1, S. 286ff. Vgl. aber auch daselbst Teil 1, Kap. 17, §§ 1-12, Bd. 1, S. 205ff.; Teil 1, Kap. 5, § 1, Bd. 1, S. 43 und §§ 10-14, S. 53ff. Vgl. auch *von Gierke,* Genossenschaftsrecht, Bd. 3, S. 533.

der Wurzel her getrennt sind. *Sacerdotium* und *imperium* sollten als selbständige Sphären von Gott gegeben sein[15]. Mit dieser Theorie war der göttliche Ursprung staatlicher Macht erhalten. Der Papst als Mittler und politisches Zwischenglied wurde ausgeschaltet.

Als von Gott gegeben wurde nach dieser Lehre nicht nur die Institution des weltlichen Herrschers angesehen. Jeder einzelne Träger der Herrschaft sei von Gott in sein Amt berufen worden, denn alle Gewalt gehe von Gott aus, er bediene sich dabei unmittelbar oder mittelbar aller Menschen als Werkzeuge[16].

c) Der Investiturstreit

Die aufgezeigten Gegensätze führten bereits 1075 zwischen Heinrich IV. (1056-1106) und Papst Gregor VII. (1073-1085) zum Streit über die Befugnis zur Besetzung des Erzbistums Mailand. Das Reformpapsttum hatte unter der Devise der Kirchenfreiheit *(libertas ecclesiae)* gegenüber der eingebürgerten herrschaftlichen Verfügungsmacht über geistliche Ämter und das ihnen zugeordnete Kirchengut den Anspruch uneingeschränkter universalkirchlicher Suprematie erhoben. Gregor VII. unterlag, doch der Streit war nicht gelöst. Erst im Wormser Konkordat vom 23. September 1122 konnten sich Heinrich V. (1106-1125) und Papst Calixt II. (1119-1124) aufgrund der von Ivo von Chartres (1040-1116) eingeführten Unterscheidung in Temporalia (verliehene weltliche Güter) und Spiritualia (geistliche Würden) einigen; von nun ab mußte der König auf die Investitur durch Ring und Stab verzichten, er konnte aber den Gewählten in die von ihm zu verleihenden Güter und Rechte (Regalien) einsetzen[17].

Die Stellung der zukünftigen Bischöfe war somit nur aus einem Amtsverständnis heraus zu erklären, das das Bischofsamt funktional und von der Legitimation her betrachtet als Doppelamt begriff. Schon im Wormser Konkordat hatte der Papst zugestehen müssen, daß der Kaiser aus eigenem Recht, wenn auch auf die Regalien beschränkt, sogar an der Investitur der Bischofsämter zu beteiligen ist, was das Papsttum aber nicht hinderte, selbst die Lehre zu vertreten, daß letztlich die Stellung des Kaisers von ihm abhinge, seine Machtbefugnis vom Papst bloß verliehen sei.

---

[15] *von Gierke*, a.a.O., S. 534 mit Verweisungen auf Friedrich I. (Barbarossa, dt. Kaiser, 1152-1190), Friedrich II. (dt. Kaiser, 1212-1250), Stephanus (Kardinal, Theologe und Philosoph, 1150-1228), Eike v. Repgow (1. Hälfte des 13. Jhd.) zum Beginn des Sachsenspiegels, Johann von Paris (Theologe, gest. um 1306), Lupold von Bebenburg (Bischof von Würzburg, Rechtsgelehrter, ca. 1297-1363), Wilhelm von Ockham (engl. Franziskanertheologe, 1270-1347) und Nikolaus von Kues (Kardinal, 1401-1464).

[16] Vgl. *von Gierke*, Genossenschaftsrecht, Bd. 3, S. 558.

[17] Zum Investiturstreit vgl. *Schäferdiek*, in: EvStL, Kaisertum und Papsttum, Bd. 1, Sp. 1469f. und *Kinder/Hilgemann*, Weltgeschichte, Bd. 1, S. 148.

2. Die repräsentative Stellung der Konzilien und der Ständeversammlungen

Die Auseinandersetzung zwischen den weltlichen Herrschern und den Päpsten um die Legitimation der weltlichen Macht bestand fort. Nach den weltlichen Lehren vermittelte der Papst durch die Inthronisation des weltlichen Herrschers nicht dessen Legitimationsgrundlage. Somit sah sich ein Teil der weltlichen Lehren veranlaßt darzulegen, daß die weltlichen Herrscher durch die Gesamtheit ihrer Untertanen legitimiert seien.

Andererseits stellte sich die Frage nach der innerkirchlichen Machtverteilung immer deutlicher, ob also den Konzilien aufgrund der Verkörperung der Gesamtkirche vom Papst unabhängige Macht und eigene Entscheidungsbefugnisse zukamen.

Aufgrund des großen abendländischen Schismas (1378-1417), welches anfangs zu einem doppelten und ab 1409 zu einem dreifachen Papsttum führte, mußte das Konzil, wollte es durch die Wahl eines neuen Papstes die Einheit der Kirche wiederherstellen, eine vom Papstamt unabhängige Legitimation erhalten. Diese ließ sich aus dem Gedanken der Einheit aller Gläubigen ableiten. So verfestigte sich die Lehre, daß das Konzil das *corpus mysticum* als dessen Haupt repräsentiere[18].

Nach von Gierke[19] war dem Mittelalter der Gedanke der Ausübung der an sich einer Gesamtheit zustehenden Rechte durch eine Repräsentantenversammlung längst geläufig. Er verweist auf Johann von Paris (gest. um 1306), der im Papst nur das korporative Haupt der Gesamtchristenheit gesehen habe, der bei Verstößen gegen das *bonum commune* von den Kardinälen gemahnt und vom Konzil entsetzt werden könne[20]. Diesen Gedanken habe dann Marsilius von Padua fortgeführt, der die göttliche Einsetzung des Primats bestritt. Die sichtbare Einheit der Kirche unter ihrem unsichtbaren Haupt werde allein im Konzil dargestellt, wenn auch der Bischof von Rom ihm präsidieren dürfe. Dem Konzil stehe jedoch das Recht zu, den Bischof von Rom zu wählen, ihn zu korrigieren und abzusetzen[21]. Otto von Gierke geht dann noch darüber hinaus, wenn er feststellt, daß die mittelalterliche Doktrin dem so lebhaft geführten Streit um Herrscherrecht und Gesamtrecht zugleich die Errungenschaft der Idee des repräsentativen Verfassungs-

---

[18] Vgl. *Hofmann*, Repräsentation, S. 278f.

[19] *von Gierke*, Althusius, S. 211. Vgl. auch *Kurz*, Volkssouveränität und Volksrepräsentation, S. 68, 70, 303.

[20] *von Gierke*, Genossenschaftsrecht, Bd. 3, S. 584.

[21] *Marsilius von Padua*, Defensor pacis, Teil 2, Kap. 15-22, Bd. 2, S. 594ff. und Teil 3, Kap. 2, § 32, S. 1098 (lat.) und S. 1099: „Einen Bischof oder eine Kirche als Führung für die gesamte Christenheit schlechthin einzusetzen, sie eines solchen Amtes zu entkleiden oder sie abzusetzen steht allein dem allgemeinen Konzil aller Gläubigen zu" und § 41, S. 1100f. Vgl. auch *von Gierke*, Genossenschaftsrecht, Bd. 3, S. 584.

staates[22] und die aus naturrechtlicher Gesellschaftskonstruktion und positiver Korporationslehre entwickelte Theorie der Volkssouveränität verdankt[23].

Dieser Einschätzung ist grundsätzlich zuzustimmen. Allerdings darf dabei nicht verkannt werden, daß alle mittelalterlichen Autoren bis hin zu Nikolaus von Kues von dem dargelegten Gedanken der Einheit und damit von einem Wertemodell getragen waren, welches den einen Gott als alles umfassenden Ursprung sah. Alle Erscheinungen auf der Erde waren letztlich eine Verkörperung des Willens Gottes. Pluralismus und Individualismus hatten in diesen Vorstellungen keinen Raum, auch wenn objektiv betrachtet der Weg zu einer neuen Legitimation bereitet wurde, die nach und nach die feste Verbindung zum einenden Ursprung lockern und schließlich verlassen sollte. Unser durch die Zeit der Aufklärung geprägtes Weltbild ist nur allzuschnell bereit, dies zu vergessen. Wir können somit die Aussage Gierkes nicht im Blickwinkel unseres heutigen Verständnisses vom repräsentativen Verfassungsstaat und von der Volkssouveränität sehen.

Bereits in der Auseinandersetzung um die repräsentative Stellung von Monarch und Papst entwickelte sich auch die Lehre, daß alle Herrschaft kraft eines Amtes vermittelt wird. Mit dem Begriff der Herrscherfunktion wurde die Herrschaft als eine verfassungsmäßige Kompetenzwahrnehmung objektiviert. Nur innerhalb der so begründeten verfassungsmäßigen Kompetenz repräsentierten Monarch und Papst als Haupt den gesamten Körper[24].

Mit der Rezeption der aristotelischen Politie durch Thomas von Aquin[25] tauchte zur Darstellung des Herrschaftsverhältnisses zunehmend der Gedanke des Herrschaftsvertrages[26] auf, wobei darüber gestritten[27] wurde, ob die Herrschaftsgewalt auf Dauer im Sinne einer definitiven Veräußerung übertragen wurde, so daß sie bei Beendigung einer konkreten Herrschaft

---

[22] *von Gierke,* a.a.O., S. 595.

[23] *von Gierke,* a.a.O., S. 584.

[24] Damit waren zugleich die Grundlagen geschaffen, um theoretisch zwischen der privaten und der öffentlichen Persönlichkeit, zwischen Privat- und Staatsvermögen und zwischen Privathandlungen und die Gesamtheit bindende Staatsgeschäfte des Herrschers zu unterscheiden. Vgl. *von Gierke,* Genossenschaftsrecht, Bd. 3, S. 597. Hieraus lassen sich Bezüge zum heutigen Amtsverständnis in der repräsentativen Demokratie herstellen, vgl. dazu u. 5. Kap., III 1, S. 117f. mit Anm. 70 und 6. Kap. IV, S. 143.

[25] Vgl. *Hintze,* Weltgeschichtliche Bedingungen, S. 151.

[26] Vgl. *von der Heydte,* Geburtsstunde des souveränen Staates, S. 195, der darlegt, daß bereits Augustinus (Kirchenlehrer, 354-430) zweimal, wenn auch am Rande, den Gedanken eines *Pactum societas* erwähnt habe. Manegold von Lautenbach (Wanderlehrer, gest. nach 1103) sei es dann aber am Ende des 11. Jhd. gewesen, der die Theorie vom Gesellschaftsvertrag aufgebaut habe. Vgl. auch zur Unterscheidung und Begründung der außen- und innenpolitischen Legitimität daselbst S. 345f.

[27] *von Gierke,* Genossenschaftsrecht, Bd. 3, S. 575.

nicht zurückfällt, oder ob die Untertanen *de iure* Inhaber der Herrschaft als Souverän geblieben seien.

Neben dem Legitimationskonzept per Herrschaftsvertrag entwickelte sich alsbald der Gedanke der Legitimation durch Wahl. Bereits in diesen ersten Ansätzen ist eine Entwicklung zu beobachten, die man als Durchsetzung des Parlamentarismus von „oben nach unten" bezeichnen kann, da man zuerst über das Wahlrecht der höchsten Repräsentanten, Kardinäle und Kurfürsten, die durch stillschweigende Zustimmung der Untertanen legitimiert seien, nachdachte. Erst später erstreckten sich die Überlegungen auch auf die Untergliederungen des weltlichen und geistlichen Gesamtkörpers, wie sich noch am Beispiel der Konzilsentwicklung zeigen wird.

Die Lehre von der Repräsentation der Gemeinschaft der Gläubigen durch das allgemeine Konzil wurde vom Konstanzer Konzil (1414-1418) in der Not des Schismas aufgegriffen, wenn es in dem *Decret* 385 der V. Session vom 6. April 1415 zur Autorität des ökumenischen Konzils heißt: *„Haec sancta synodus Constantiensis generale concilium faciens, pro exstirpatione praesentis schismatis, et unione ac reformatione ecclesiae Dei in capite et in membris fienda, . . .".*[28] Dieses Selbstverständnis verfestigte sich dann auf dem Basler Konzil (1431-1449), wenn es zum Dogma von der Autorität des allgemeinen Konzils in der Urkunde vom 16. Mai 1439 im zweiten Absatz heißt: *„Veritas de potestate Concilii Generalis, universalem Ecclesiam repraesentantis, supra Papam et quemlibet alterum, declarata per Constantiense et hoc Basileense Generalia Concilia, est veritas Fidei catholicae*[29].

Für das weltliche Gemeinwesen hatte bereits Lupold von Bebenburg (ca. 1297-1363) die Vorstellung entwickelt, daß die Kurfürsten als Repräsentanten ihrer Untertanen zur Kaiserwahl berechtigt seien[30]. In ganz analoger Weise konnten dann die Kardinäle bei der Vollziehung der Papstwahl als Repräsentanten der kirchlichen Gesamtheit aufgefaßt werden.

Nachdem die theoretischen Grundlagen der neuen Legitimationskonzeption entwickelt waren und sogar in der praktischen Kirchenpolitik Beachtung gefunden hatten, konnte die Entwicklung auf dieser Stufe nicht aufgehalten werden. Bereits bei dem englischen Franziskanertheologen Wilhelm

---

[28] Abgedruckt in: *Mirbt/Aland,* Quellen zur Geschichte des Papsttums, Bd. I, S. 477 (Nr. 767).

[29] Abgedruckt in: *Mirbt/Aland,* a.a.O., S. 487 (Nr. 776).

[30] Nach Lupold von Bebenburg c. 5 und c. 6 vollziehen die Kurfürsten die Wahl: „repraesentantes in hoc omnes principes et populum Germaniae, Italiae et aliarum provinciarum et terrarum regni et imperii, quasi vice omnium eligendo", zit. nach *von Gierke,* Genossenschaftsrecht, Bd. 3, S. 603. Wenn aber das Volk seine Souveränität behalten hat, so konnten frühere Handlungen der weltlichen Herrscher, in denen etwa eine Anerkennung des päpstlichen Prüfungs- und Bestätigungsrechtes oder eine sonstige Unterwerfung des Reiches unter die Kirche enthalten waren, das Volk nicht binden. Lupold von Bebenburg entwickelte somit bereits den Ansatz einer „ultra-vires-Lehre".

von Ockham (1270-1347) findet sich der Gedanke einer Vollmachtsübertragung durch Wahl konsequent über die Provinzialkonzilien bis hin zur Stellung des einzelnen Priesters[31] entwickelt, den Nikolaus von Kues aufgriff und in seine Lehre inkorporierte[32].

Auf dem Basler Konzil gewann dann auch die Vorstellung Raum, daß eine größere Anzahl der Vertreter von Teilkirchen, die durch Amt, Delegation, Wahl oder wenigstens durch stillschweigende Zustimmung autorisiert waren, ein verkleinertes Modell der Grundgesamtheit *(multitudo fidelium)* darstelle. Damit entbrannte auch der Streit, ob weiterhin nach Nationen abgestimmt werden sollte oder nach dem Mehrheitswahlrecht[33]. Bereits auf dem Konstanzer Konzil war das Stimmrecht auf alle akademischen Grade der Theologie und beider Rechte erweitert worden. Aber gerade die niedere Geistlichkeit war es, die solche Titel trug[34]. Mit der Manifestation des Gedankens eines repräsentativen Querschnitts der Gesamtkirche war ein wesentlicher Schritt vollzogen, der in der weltlichen Parallele der Ständeversammlungen den Weg zum Parlamentarismus bereitete.

3. Nikolaus von Kues (1401-1464)

Wissenschaftlicher Begleiter und anfangs auch Mentor der aufgezeigten Konzilsentwicklung war der spätere Kardinal Nikolaus von Kues, wobei die Einflüsse des Kardinals Johannes von Segovia nicht unerwähnt bleiben dürfen[35].

Haubst, der das Werk des Cusanus auf die Verwendung des Begriffes *repraesentatio* hin durchforstet hat, sieht bei Nikolaus von Kues in diesem Begriff eine „Leitidee“[36]. In seiner Katholischen Konkordanz unternimmt Cusanus den Versuch, die entstandene Polarität der Papalisten und der Konziliaristen einzudämmen und letztlich zu überwinden. Er sieht in dem Konzil die Gesamtkirche und damit den mystischen Leib Christi repräsentiert[37]. Der Papst hingegen repräsentiert[38] die Einheit der Kirche als solche,

---

31 Vgl. *Miethke*, Repräsentation in den politischen Schriften Ockhams, S. 174; *Pitkin*, Concept, S. 242f. Vgl. aber auch *Hofmann*, Repräsentation, S. 239, 248 bezüglich der von ihm abgelehnten These, daß Ockham die marsilianische Souveränitätsdoktrin auf die Kirche übertragen habe.

32 Vgl. *von Gierke*, Genossenschaftsrecht, Bd. 3, S. 602.

33 *Krämer*, Wahre Repräsentation auf dem Basler Konzil, S. 235.

34 *Krämer*, a.a.O., S. 236.

35 Vgl. zur Repräsentationskonzeption des Johannes von Segovia, die dieser auf dem Mainzer Konzil 1441 vortrug: *Hofmann*, Repräsentation, S. 212 und *Haubst*, Wort und Leitidee der „Repraesentatio“ bei Nikolaus von Kues, S. 148.

36 *Haubst*, a.a.O., S. 139.

37 *Haubst*, a.a.O., S. 148ff. *Hofmann*, Repräsentation, S. 298, 300 beschreibt die Repräsentation des Konzils als Ausdruck der Identitätsrepräsentation.

38 Vgl. auch hierzu *Hofmann*, Repräsentation, S. 298, 300, der die repräsentative Stellung des Papstes bei Cusanus unter die Kategorie der Vormundschafts-, Vor-

die jedoch nur in dem Maße repräsentiert werden kann, wie der Leib Christi in ihr repräsentiert ist. Damit weist er Konzil und Papst verschiedene Stufen von Repräsentation zu, wobei dem Konzil insoweit der Vorrang gebührt, wie es eine Einheit umfassender repräsentiert und seinerseits nicht vom Schisma befallen ist. In dieser Konkordanz konnte er die Legitimation der Konzilien durch Repräsentation einer Vielheit mit der Repräsentation des Papstes als einer Einheit theoretisch versöhnen[39]. Praktisch gelang diese Aussöhnung jedoch nicht, so daß sich Cusanus persönlich entscheiden mußte[40].

Auch wenn Nikolaus von Kues nach seinem Übertritt zu den Papalisten und der Erlangung der Kardinalswürde die Stellung der Konzilien wesentlich restriktiver interpretierte, so blieb doch die in der Katholischen Konkordanz entwickelte Theorie der freien Ein- oder Unterordnung, der *subiectio libera,* staatstheoretisch zukunftsweisend erhalten. Das Repräsentationsverständnis des Cusanus ist in die Kategorie der absorptiven Repräsentation einzuordnen, da zwar die Gesamtheit zu einer überindividuellen mystischen Einheit verbunden wird, ihr aber keinerlei Weisungs- oder Kontrollrecht zusteht. Die Repräsentanten werden als von den Repräsentierten völlig unabhängig gedacht. Hier zeigt sich, daß sich die Elemente des heutigen Repräsentativsystems nicht in eindimensionaler Weise herausgebildet haben. Die Interpretation, zuerst habe sich das imperative Mandat besonders in den Ständeversammlungen entwickelt und das freie Mandat sei eine anschließende Schöpfung zur Zeit der Französischen Revolution, offenbart somit mangelnde historische Genauigkeit.

Otto von Gierke sah in dem 3. Buch der *Concordantia catholica* die Entfaltung eines förmlichen Systems des repräsentativen Parlamentarismus[41].

---

standsschafts- oder Vertretungsrepräsentation faßt (S. 298). Der Papst repräsentiere die Kirche, wie jeder Vorsteher seine Körperschaft, d. h. hauptsächlich nach außen (S. 300). Diese Kategorie von Repräsentation ist die eines Organes. Nicht die Individuen, die Gläubigen, als solche werden im Sinne einer Identität repräsentiert, sondern das, was sie über sie hinausgehend verbindet.

[39] *Hofmann,* Repräsentation, S. 301 sieht als „Vermittlungsgedanken", durch den Nikolaus von Kues das Vertretungsrecht kraft Amtes mit der Identitätsrepräsentation verbunden habe, den *consensus* an, wie er sich namentlich in der *electio,* der Bischofswahl, manifestiere.

[40] Er tat dies, indem er vom Lager der Konziliaristen zu dem der Papalisten wechselte. In seinem späteren Werk wertete er dann auch die repräsentative Stellung des Papstes auf, während er einschränkend die der Konzilien – zumindest theoretisch – herabstufte, indem er feststellte, daß das Konzil nur dann die wahre Natur der Kirche verläßlicher und unmittelbarer als der Papst repräsentiere, wenn die ganze Christenheit, zumindest potentiell, vertreten sei. Faktisch war aber nur die Westkirche und damit nicht die ganze Christenheit vertreten. Vgl. *Hofmann,* Repräsentation, S. 291, 316. Letztlich reduzierte Nikolaus von Kues dann den Begriff der konziliaren Repräsentation auf den Gedanken der Vertretung der versammelten Kirche gegenüber dem Papst, wodurch er das in der Katholischen Konkordanz entwickelte Stufenverhältnis nahezu in sein Gegenteil verkehrte.

[41] *von Gierke,* Althusius, S. 214; *ders.,* Genossenschaftsrecht, Bd. 3, S. 602.

Kurz spricht vom Entwurf eines Systems eines repräsentativen Parlamentarismus[42]. Pernthaler geht noch ein Stück weiter, wenn er feststellt, Cusanus habe den heraufkommenden neuzeitlichen Staat vorweg und zu Ende gedacht[43]. Selbst Hofmann, der diese heraushebende Würdigung nicht teilt[44], kommt nicht umhin, dem Cusanischen Repräsentationsbegriff in der Katholischen Konkordanz den Wert eines Schlüsselwortes zuzuerkennen[45].

Zusammenfassend läßt sich festhalten, die von Nikolaus von Kues begleitete Konzilsentwicklung während des großen abendländischen Schismas hat in ganz maßgeblicher Weise die Entwicklung des repräsentativen Parlamentarismus gefördert. Das allgemeine Konzil war gerade deshalb für die ideengeschichtliche Inkorporation repräsentativer Strukturelemente prädestiniert, da nach dem Versagen der unmittelbaren Legitimation des Papstes bzw. Gegenpapstes als Nachfolger Christi die große Gesamtheit aller Christen als ein einheitliches Legitimationsorgan dargestellt werden mußte.

4. Johannes Althusius (1557-1638)

Nach Althusius schließen die Menschen einen ausdrücklichen oder stillschweigenden Pakt[46], da sie von Natur aus als soziale Wesen auf das Zusammenleben angewiesen sind[47]. Man könnte seine Sichtweise etwas überspitzt in die Formel fassen, daß der auf Kommunikation angelegte Mensch erst in der Gemeinschaft seine wahre Menschqualität erlangt. Diese Gedanken formulierte der sich als Gegenspieler Bodins (1530-1596) verstehende Rektor der Herborner Universität ein knappes halbes Jahrhundert vor Hobbes, der in seinem Leviathan vom Ansatz aus betrachtet genau die entgegengesetzte These im „Krieg aller gegen alle" vertrat[48]. Mit der Voraussetzung der Gemeinschaft als Lebensgrundlage war für ihn die Aufteilung derselben in Herrschende und Beherrschte[49] eine notwendige Konsequenz.

---

[42] *Kurz,* Volkssouveränität und Volksrepräsentation, S. 254.

[43] *Pernthaler,* Die Repräsentationslehre im Staatsdenken der Concordantia Catholica, S. 52.

[44] Dies wird aus seiner Darstellungsweise sehr deutlich, vgl. z. B. *Hofmann,* Repräsentation, S. 289f.

[45] Vgl. *Hofmann,* a.a.O., S. 306: „Gleichzeitig wird hier zum ersten Male eine Art jenes ambivalenten ‚geisteswissenschaftlichen' Repräsentationsbegriffs sichtbar gemacht, wie ihn Smend, Leibholz und C. Schmitt vertreten."

[46] *Althusius,* Politica 1614, I, § 2, S. 2: „Proposita igitur Politicae est consociatio, qua pacto expresso, vel tacito, symbiotici inter se invicem ad communicationem mutuam eorum, quae ad vitae socialis usum et consortium sunt utilia et necessaria, se obligant." Vgl. auch *Friedrich,* Althusius, S. 119, der *pactum* nicht im Sinne von *contractus* interpretiert, sondern in ihm die Rechtsqualität einer Verfassung erblickt.

[47] *Althusius,* Politica 1614, I, § 4, S. 2f.

[48] S.u. 2. Kap., I 6 e, S. 65 mit Anm. 92. Dieser Gegensatz läßt sich natürlich, wie fast jeder Gegensatz, mittels dialektischer Betrachtungsweise auflösen.

[49] *Althusius,* Politica 1614, I, § 11, S. 4.

Althusius stellt dem Absolutismus die Lehre von der Volkssouveränität[50] konsequent entgegen. Dabei bricht er allerdings nicht mit dem mittelalterlichen Verständnis, daß alle Herrschaft von Gott gegeben sei. Für ihn sind von Natur aus alle Menschen frei und gleich. Eine andere legitime Quelle als den freiwilligen Konsens kann es für die Herrschaft auf Erden nicht geben[51]. Die Regenten verwalten nur ein Amt aufgrund eines Mandates[52], welches sie vom Souverän erhalten haben.

Die oberste politische Gewalt bleibt aber immer beim Volk[53]. Diese Manifestation der Volkssouveränität durchzieht sein ganzes Werk. Er kämpfte damit leidenschaftlich gegen die von ihm als absolutistisch angesehene Souveränitätsdoktrin Bodins, welchen er häufig und teilweise etwas polemisch zitiert. Für Althusius besteht die Gesellschaft aus einer pyramidenförmig gestuften Ordnung, wobei die Mitglieder der jeweils unteren Ordnung die der nächst höheren wählen und dann mit diesen einen Treueeid schwören[54]. Die Glieder der Zwischenstufen, die Ephoren, haben dabei aber nicht nur die Funktion einer Legitimationskette. Nach Althusius kommt den Ephoren eine eigenständige Stellung[55] zu. Er konzipierte ein dualistisches System politischer Balance und Kontrolle[56].

Althusius machte mit der Lehre von der Volkssouveränität auch insoweit Ernst, als er die grundsätzliche Mitwirkung aller Stände fordert. So beklagte er z. B. die Nichtanerkennung des „Hausmans oder Baurenstands" in vielen Provinzen[57].

Nach Althusius hat der Vorsteher des Staates *(Summus Magistratus)* ein Mandat erhalten, welches ihn in genau festgelegtem Umfange berechtigt und verpflichtet. Den Ephoren kommt ein eigener Wert und damit auch eigene Machtfülle zu. Da das Volk Träger der Souveränität bleibt, „ist der

---

[50] Vgl. *Kurz,* Volkssouveränität und Volksrepräsentation, S. 80.

[51] *Althusius,* Politica 1614, XVIII, §§ 16-24, S. 280ff.

[52] *Althusius,* Politica 1614, XIX, 1, S. 326: „Magistratus hic summus est, qui secundum leges ad salutem et utilitatem universalis consociationis constitutus, jura illius administrat et exsecutioni mandat." Vgl. auch *von Gierke,* Althusius, S. 30f; *Kurz,* Volkssouveränität und Volksrepräsentation, S. 303.

[53] *Althusius,* Politica 1603, S. 8. Zum Verhältnis zu den Fürsten führt er ebenda aus: „Nur soviel räume ich ein, daß diese höchste Gewalt jeweils einem Fürsten oder anderen Träger, gleichsam als ihrem Verwalter, Förderer und Haushalter, anvertraut ist. Das Eigentum und die Nutzung an dieser Gewalt bleibt aber völlig dem Volke, dem sie zusteht. Selbst wenn es wollte, könnte es sich ihrer niemals entäußern, noch darauf verzichten. Es kann sie auch nicht beliebig einem anderen übertragen, so wenig jemand sein eigenes Leben einem anderen mitzuteilen vermag."

[54] *Althusius,* Politica 1614, V, § 23, S. 65.

[55] *Hofmann,* Repräsentation, S. 365.

[56] *Althusius,* Politica 1614, XVIII, § 91, S. 308. Anknüpfend an diese Darstellungen wurde Althusius häufig als ein Vorreiter des föderalistischen Systems angesehen. Vgl. dazu *von Gierke,* Althusius, S. 226ff.

[57] *Althusius,* Politica 1614, VIII, § 40, S. 146. Vgl. dazu *von Gierke,* Althusius, S. 25 und 218.

Staat nicht der Herrscher", sondern das „Volk ist der Staat", der Herrscher hingegen hat nur eine begrenzte Macht; handelt er außerhalb seiner Kompetenz, so ist er absetzbar. Althusius nahm die Notwendigkeit einer ausdrücklichen Verfassung vorweg, auch wenn er selbst sie noch nicht forderte, denn Althusius kompliziertes Kontroll- und Balancesystem kann nur dann dauerhaft existieren, wenn eine Verfassung die Kompetenzen regelt. Insoweit ist der Vertreter der mandatischen Repräsentation auch ein Vorreiter der konstitutionellen Monarchie. Die Stellung der Repräsentanten läßt sich nach ihm durch Ämter und Kompetenzen begrenzen, ohne daß dieselben aufhören, den Willen des Souveräns zu verkörpern.

5. Hugo Grotius (1583-1645)

Die repräsentative Stellung der Ephoren erkannte Hugo Grotius nicht an. Nach ihm wird die Volksgesamtheit vollständig und ausschließlich durch den Herrscher repräsentiert.

Der Satz, daß das Volk die Könige, welche von ihrer Herrschaft einen schlechten Gebrauch machen, mit Gewalt hindern oder strafen dürfe, habe viel Unheil gestiftet[58]. Für ihn liegt die höchste Gewalt nicht stets beim Volke, sondern nur bezüglich eng umgrenzter, einzelner Fragen[59]. Grotius wendete sich damit von der dargestellten mandatischen Repräsentation des Althusius ab und bereitete den Übergang zum Absolutismus mit vor.

6. Die Entwicklung in England

a) Die Entstehung des englischen Parlaments

Kurz vor Ende seiner Herrschaft ließ Wilhelm der Eroberer (1066-1087) im Jahre 1086 ein Grundkataster (Domesday Book) errichten, welches alle Herrschaften nach ihrem jährlichen Ertragswert verzeichnete. Die Untervasallen legten im Untertaneneid von Salisburg ihre Treueverpflichtung gegenüber dem König ab. Dem König stand von nun ab die *curia regis* beratend zur Seite, in welcher die Barone versammelt waren und die sich aus den Witenagemôts[60] entwickelt hatte. Die Barone hatten es verstanden, ein Konsultationsrecht nicht nur in Lehensangelegenheiten, sondern nahezu in allen politischen Fragen durchzusetzen.

---

[58] *Grotius,* De iure belli ac pacis, 1. Buch, Kap. 3, VIII, S. 91.

[59] Siehe *Kurz,* Volkssouveränität und Volksrepräsentation, S. 87. Vgl. zum Repräsentationsverständnis des Hugo Grotius und seiner Schüler auch *Hofmann,* Repräsentation, S. 376ff. Vgl. auch *von Gierke,* Althusius, S. 72 und 68 und *Wolff,* Repräsentation, S. 135.

[60] „Rat der weisen Männer". Vgl. zu dieser Entwicklung *Kurz,* Volkssouveränität und Volksrepräsentation, S. 246.

Im Jahre 1178 entwickelte sich aus der *curia regis* heraus ein ständiger Gerichtshof in Westminster mit 5 Beisitzern und einem geordneten Untersuchungs- und Beweisverfahren. Nachdem Johann I. Ohneland (1199-1216) nach der Schlacht bei Bouvines im Frieden von Chinon alle Gebiete nördlich der Loire verloren hatte, erhob sich der Adel. Daraufhin mußte Johann den Baronen am 15. Juni 1215 in der Magna Charta ihre Rechte verbriefen, auch wurde festgelegt, daß der König an das Gesetz gebunden ist. Sein Nachfolger Heinrich III. (1216-1272) wollte 1258 höhere Steuern erheben, um den Krieg zur Erlangung der sizilianischen und der deutschen Krone finanzieren zu können. Die Barone verweigerten die Zustimmung und erhoben sich erneut. In der Schlacht von Lewes (1264) wurde Heinrich III. geschlagen. Simon von Montfort als der Führer des siegreichen niederen Adels und der Städte rief ein Parlament ein, zu dem außer je zwei Grafschaftsrittern der 37 Grafschaften auch je zwei Bürger jeder Stadt gehörten. Dieses erste Parlament existierte jedoch nur kurze Zeit, da Eduard, der Sohn Heinrichs III., Simon von Montfort 1265 in der Schlacht von Evesham besiegte, wobei Simon von Montfort fiel.

Aber auch König Eduard I. (1272-1307) brauchte die Akklamation der Gentry (niederer Adel) und der Städte, da diese das faktische Monopol der Steuereintreibung besaßen. Im Jahre 1295 mußte er die Idee Montforts wieder aufnehmen und bildete das Model Parliament. Zwei Jahre später sah er sich gezwungen, das Steuer- und Zollbewilligungsrecht ausdrücklich zu bestätigen. Ebenso erhielten von nun an die Petitionen, die das Parlament dem König vortrug, Gesetzeskraft, wenn dieser sie genehmigte.

Tagten 1295 noch die Barone mit dem niederen Adel im Parlament gemeinsam, so setzte mit der zahlenmäßigen Zunahme des niederen Adels im Parlament eine Trennung in das House of Lords (oberstes Gericht) und das House of Commons ein, wobei aber erst im Jahre 1376 die formale Trennung erfolgte.

b) Gedanken zu einer Entwicklungslinie vom weiten mittelalterlichen Sprachgebrauch repraesentare zur curia regis unter Beachtung ihres gerichtsförmigen Verfahrens[61]

Hofmann[62] stellt in seiner umfassenden Untersuchung der Begriffsgeschichte den weiten Sprachgebrauch im frühen Mittelalter dem späteren spezifisch politischen Gebrauch lediglich gegenüber. Rausch[63] hingegen

[61] Die *curia regis* war auch Gerichtshof. Dort wurde in einem förmlichen Verfahren entschieden. Mit der Trennung ging die Gerichtsfunktion auf das House of Lords über. Zum „prozeßrechtlichen Charakter" vgl. *Post,* Plena Potestas, S. 116 und *Müller,* Das imperative und freie Mandat, S. 126f.

[62] Vgl. die Übergänge bei *Hofmann,* Repräsentation, S. 64f. und S. 115f.

[63] *Rausch,* Wort, Begriff, S. 82.

stellt selbst eine von ihm als bloße Vermutung gekennzeichnete These auf, wonach unter Beachtung der Begriffsbedeutung im Sinne von „Sich Einfinden" eine Entwicklungslinie zu sehen sei. Montesquieu postuliert am Ende seines Englandkapitels[64], daß man dann, wenn man das treffliche Werk des Tacitus über die Sitten der Germanen lese, finden werde, daß die Engländer von ihnen das Prinzip ihrer politischen Regierung entnommen hätten. Dieses schöne System, zu dem auch das Repräsentativsystem gehöre, sei in den Wäldern erfunden worden. Wenig später führt er aus: „Als sie in Germanien waren, konnte sich die ganze Völkerschaft versammeln. Nachdem sie sich in der Eroberung zerstreut hatten, konnten sie es nicht mehr. Gleichwohl mußte das Volk über seine Angelegenheiten beratschlagen, wie es das vor der Eroberung getan hatte. Es tat dies durch Repräsentanten. Das ist der Ursprung der gotischen Regierung unter uns."[65] Hintze[66] setzt sich mit dieser These auseinander, Schmid[67] bezeichnet sie bereits als die Montesquieusche Tacitus-Legende.

Gaines Post verdanken wir die Anregung, daß die *plena potestas* der früheren *curia regis* ursprünglich „consultative and judicial, not voluntary and democratic" gewesen sei[68]. Die Stellung der Mitglieder der *curia regis* sieht er als die von Anwälten des Volkes, die die Interessen der Untertanen dem König gegenüber wahrgenommen hätten. Die *curia regis* hatte ein genau definiertes Verfahrensrecht, wenn sie Urteile fällte. Trat sie hingegen in ihrer politischen Funktion auf, so galt keine ausdrückliche Verfahrensordnung. Müller[69] zieht daraus den Schluß, daß die *curia regis,* der ja kein formelles Ablehnungsrecht zustand, auch ihre politischen Voten urteilsförmig abgegeben habe, wie das ganze Petitionsverfahren ebenfalls dergestalt geprägt gewesen sei. Bedenkt man den Ursprung der *curia regis* im Witenagemôt und berücksichtigt man das gerichtsförmige Verfahren derselben, so liegt der Schluß nahe, daß die sich vornehmlich in den Germanenrechten[70] vorgefundene Bedeutung von *repraesentare* als „vor Gericht stellen" und „sich bei Gericht einfinden" über den Weg der Witenagemôts und der prozeßrechtlichen Gestaltung der Ursprünge des englischen Parlamentes zu dem später vorgefundenen Schlüsselbegriff mit politischem Bedeutungsgehalt entwickelt haben könnte. Sollte sich eine solche Entwicklungslinie auf-

---

[64] *Montesquieu,* De l'Esprit des Lois, XI 6, zit. nach der deutschen Übersetzung von Ernst Forsthoff, Vom Geist der Gesetze, Bd. 1, S. 228.

[65] *Montesquieu,* a.a.O., S. 231.

[66] *Hintze,* Weltgeschichtliche Bedingungen, S. 149.

[67] *Schmid,* Repräsentativsystem, S. 25.

[68] *Post,* Plena Potestas, S. 117. Vgl. auch *Pitkin,* Concept of Representation, S. 245: „In the early period the knights and burgesses were regarded as the servants or attorneys or procurators of their communities."

[69] Vgl. *Müller,* Das imperative und freie Mandat, S. 127.

[70] S.o. 1. Kap., III, S. 32f.

zeigen lassen, so wäre die These Montesquieus zu schnell als Legende abgetan worden.

Diese Gedanken können im Rahmen der vorliegenden Abhandlung nur Anstoßfunktion haben, da noch der Nachweis zu erbringen wäre, daß das von Post aufgezeigte und von Müller übernommene prozeßrechtliche Verständnis der *curia regis* mit der Verwendung des Begriffes *repraesentare* einhergegangen ist. Allerdings ist dieser Begriff dem Modus Tenendi Parliamentum im 14. Jahrhundert längst geläufig, wie sich aus seinem Text ergibt[71]. Jedenfalls bleibt festzuhalten, daß die im frühen Mittelalter stark ausgeprägte prozeßrechtliche Bedeutung von *repraesentare* im prozeßrechtlichen Aspekt der *curia regis* eine Fortsetzung findet.

c) *Die Besonderheiten der englischen Entwicklung*

Bereits unter Heinrich I. (1100-1135) erhielt London das Privileg, sich seinen *sheriff,* d. h. das Haupt seiner Lokalverwaltung, selbst wählen zu dürfen[72]. Eine Parallele läßt sich nur zu den durch den Fernhandel reich gewordenen oberitalienischen Städten ziehen, deren Vorbild Marsilius von Padua vor Augen stand. Für die englischen Grafschaften hob Marcuse besonders hervor, daß sie als kommunale Selbstregierungsverbände das Vorbild aller Selbstverwaltung seien[73].

Die Grafschaftsämter wurden niemals erbliche Lehen. Dies hat England im Gegensatz zu den kontinentalen Ländern, die zum karolingischen Reich gehört hatten, vor der Zerstückelung bewahrt[74], so daß eine Repräsentation im englischen Gesamtparlament möglich blieb. Aufgrund der frühen zentralistischen Ordnung Englands bedurfte die Kronverwaltung der Treue vor allem der Barone, aber auch besonders der Gentry und der Vertreter der Städte, denn sie zogen die Abgaben ein. Diese verstanden es aber frühzeitig, sich in der *curia regis* und später im House of Commons Gehör zu verschaffen, wobei sie sich als Beauftragte ihrer Regionen verstanden[75] und vornehmlich Petitionen vorbrachten.

---

[71] Vgl. *Hofmann,* Repräsentation, S. 339, insbes. Anm. 78 und *Rausch,* Wort, Begriff, S. 83.

[72] *Kurz,* Volkssouveränität und Volksrepräsentation, S. 247, er sieht hierin den entscheidenden Schritt zur demokratischen bzw. kollektiven Repräsentation.

[73] *Marcuse,* Die Repräsentativverfassung in Europa bis zum Durchbruch des Absolutismus, S. 54.

[74] *Hintze,* Typologie, S. 135f.

[75] Dieser Gedanke hat sich bis heute erhalten. Dem entspricht auch die Entschiedenheit, mit der England das Mehrheitswahlrecht vertritt, da in diesem Wahlsystem dem Verhältnis des Repräsentanten zum Wahlkreis die alles entscheidende Bedeutung zukommt.

In der *curia regis* und natürlich auch im House of Commons trat anders als in Kontinentaleuropa eine Entwicklung ein, die frühzeitig von der begrenzten Versammlung der Lehensträger zur repräsentativen Versammlung aller Gebietsteile führte. Konsequenz dieser Entwicklung war, daß die Mitglieder des House of Commons dem König gegenüber nicht nur berechtigt waren, ihre Interessen in bestimmten Sachfragen zu vertreten, sondern mit einem Mandat auftraten, welches man im heutigen Sprachgebrauch als „allgemein-politisches Mandat" bezeichnen würde.

Wenn auch den *commoners* keine Entscheidungsbefugnis zustand, so konnten sie doch alle politisch interessierenden Fragen diskutieren und vorbringen. Zwar handelte anfangs die Krone in Einzelverhandlungen mit den Kommunen die Steuerlast, insbesondere die „Woll-customs", aus. Doch als die Kaufleute alsbald versuchten, die Steuerlast durch niedrigere Einkaufspreise abzuwälzen, traf dies vor allem die von der Schafzucht lebenden Magnaten und Barone. Diese erstritten im Parlament ein Zustimmungsrecht, woraufhin die Krone die Separatverhandlungen unterließ. Auch dadurch stärkte sich die Stellung des Parlamentes[76].

Abschließend ist noch ein Unterschied der englischen Entwicklung im Verhältnis zur kontinentaleuropäischen aufzuzeigen. Trotz der erwähnten Aufstände der Barone und der Gentry war es vor allem die Krone, von der die Bildung des Parlamentes und der Kompetenzzuwachs desselben ausging. Insofern ist es berechtigt, von einer evolutionären Parlamentsentwicklung in England zu sprechen. Die Krone war es, die die Abgeordneten lud, deren Anzahl bestimmte und festlegte, welche Gebühren die Abgeordneten für ihre Parlamentstätigkeit von den Kommunen verlangen durften[77]. Die Kronverwaltung benutzte das Parlament als Multiplikator des königlichen Verwaltungshandelns, wobei aber die flächendeckende Kronverwaltung nicht aufgegeben wurde, denn die *sheriffs* blieben königliche Beamte vor Ort.

d) Die weitere Entwicklung des englischen Parlamentes

Brunner sieht den entscheidenden Einschnitt des Überganges vom imperativen zum freien Mandat in der englischen Parlamentsgeschichte mit dem Aufkommen der Idee der *communitas regni Angliae* in der Mitte des 14. Jahrhunderts[78], also mit dem Modus Tenendi Parliamentum, den er aller-

---

[76] Vgl. *Müller,* Das imperative und freie Mandat, S. 139f.: „Der Aufstieg des Parlamentes hängt eng mit dem Ende dieser Verhandlungen zusammen."

[77] *Müller,* Das imperative und freie Mandat, S. 141.

[78] *Brunner,* Land und Herrschaft, S. 422: „Damit hören aber die Abgeordneten der *communitates* auf, ihre *communitas* zu vertreten. Nun repräsentieren alle insgesamt die *communitas regni Angliae.* Damit verschwindet das imperative Mandat, das Unterhaus vertritt England gegenüber dem König und seinem *magnum consilium,* dem Oberhaus." (Hervorhebungen im Original).

dings nicht zitiert. Hofmann erwähnt ebenfalls, wenn auch nur beiläufig, das Verschwinden des imperativen Mandates durch die Idee der Gesamtgenossenschaft aller *communitates*[79]. Diese Beschreibung trifft aber die spezielle Entwicklung in England nur ungenau.

Die Kommunen schickten zwar ihre Vertreter mit vorgegebenen Einzelpetitionen in die *curia regis* und später in das House of Commons, aber den *commoners* stand es frei, die Einzelpetitionen aufzugreifen und im Namen aller *commoners* als *common petitions* einzubringen[80]. Dieses Verhalten hatte jedoch nur eine Anstoß- und Konzentrationsfunktion. Die *commoners* konnten zwar die Einzelpetitionen zusammenfassen und so formulieren, daß sie im Falle der Bestätigung durch den König als Gesetz gelten konnten[81]. Zum freien Mandat gehört jedoch mehr als diese begrenzten Rechte. Auch hatten die *commoners* anfangs keine weitergehenden Entscheidungskompetenzen, auf die sich eine Weisung der Wähler hätte beziehen können. Die parlamentarische Gesetzgebung ist nicht unmittelbar aus dem Recht der Geldbewilligung, sondern vor allem aus den erwähnten *common petitions* gewachsen[82]. Der Krone stand ein rechtlich freies Ermessen zu, ob Petitionen angenommen wurden oder nicht[83]. In politischer Hinsicht zeigte sich jedoch die Neigung der Krone, die gemeinsamen Petitionen in dem Maße wohlwollend zu behandeln, wie sie, insbesondere zur Kriegführung, zusätzliche Geldmittel benötigte. Nur über diese indirekte Verknüpfung stand den *commoners* der *pouvoir législatif* zu.

Man kann somit in der englischen Entwicklung nicht von einem Übergang vom imperativen zum freien Mandat sprechen, da dem Parlament keine eigene Entscheidungsbefugnis zur Gesetzgebung, kein Initiativrecht, zustand. Demzufolge konnten den *commoners* ohnehin keine diesbezüglichen Weisungen erteilt werden. Der Entwicklungsprozeß verlief in England eben im Gegensatz zu den korporativen Ständeversammlungen in Kontinentaleuropa anders. Treibende Kraft zur Bildung des Parlamentes war vor dem Absolutismus die Krone, die sich des Parlamentes in Form eines Bestätigungs- und Verwaltungsorganes bediente.

Die Zeit des Absolutismus blieb auch in England nicht ohne Einfluß. Der König ging dazu über, per *official bills* zu regieren. Das Petitionswesen trat in den Hintergrund. Die königlichen Order hatten ihren Ursprung in der gut

---

[79] *Hofmann*, Repräsentation, S. 341.

[80] *Pitkin*, Concept, S. 244. Vgl auch *Badura*, Art. 38 GG, Rdnr. 2.

[81] Im Jahre 1414 konzedierte Heinrich V. (1413-1422) dem Parlament, in seinen *statutes* nicht ohne die Zustimmung des Parlaments vom ursprünglichen Text der *common petitions* abzuweichen. Allerdings stand es ihm nach wie vor frei, die *common petitions* ganz abzulehnen. Vgl. *Müller*, Das imperative und freie Mandat, S. 156 (Anm. 172).

[82] *Müller*, a.a.O., S. 150.

[83] *Müller*, a.a.O., S. 152.

organisierten Kronkanzlei. Bereits während der Zeit der Rosenkriege (1455-1485) war die Stellung des Parlamentes durch sich ausbreitende Bestechung gesunken. Nach Koenigsberger ist die spätmittelalterliche Partnerschaft zwischen König und Parlament[84] dem Machtkampf[85] zwischen Monarchie und Parlament gewichen. Aber auch er erkennt an, daß bis zum Bürgerkrieg zur Zeit der Leveller (1640-1660) das mystische, einende Bild vom König als Haupt und dem Parlament als Körper tragfähig war, wie es beispielsweise Heinrich VIII. (1509-1547) aus dem Hause Tudor in einer Parlamentsrede im Jahre 1543 dargestellt hatte[86]. Wenn somit auch die Existenz des englischen Parlamentes während der Zeit des Absolutismus nicht generell in Frage gestellt war, sank jedoch seine Bedeutung ganz erheblich.

Aus der begleitenden wissenschaftlichen Diskussion des 16. und 17. Jahrhunderts sind noch zwei Zeugnisse hervorzuheben.

Sir Thomas Smith, Minister und englischer Botschafter in Frankreich, hob die umfassende Gewalt des Parlamentes heraus, wenn er 1565 in der De Republica Anglorum schreibt: „... the Parliament of Englande, which representeth and hath the power of the whole realme, both the haed and the bodie“[87]. Er stellte die Bedeutung des Parlamentes nicht nur dadurch über die des Königs, daß er den Begriff „Kopf“ als Synonym für das Parlament gebrauchte, sondern auch dadurch, daß er den Begriff der Repräsentation nur ein einziges Mal, aber eben gerade in dieser bedeutenden Aussage, verwendete.

Der Staatsrechtler und Politiker Sir Edward Coke (1552-1634) war es, der am Anfang des 17. Jahrhunderts bereits den Gedanken aussprach, jedes einzelne Parlamentsmitglied handele für die gesamte Nation[88]. Hierin zeigt sich, daß das englische Parlamentsverständnis nicht auf kontinentaleuropäischem Gedankengut korporativer Repräsentation beruhte, nach welchem lediglich die Gesamtheit aller Mandatsträger die Gesamtheit repräsentiert. Aufgrund dieser neuen, wenn auch zuerst bloß theoretischen, Sichtweise war jeder Mandatsträger berechtigt, sich aller Angelegenheiten anzunehmen. Das zuvor bestehende partielle Legitimationsdefizit wurde ausgefüllt, welches bestand, wenn z. B. die städtischen Abgeordneten über

---

[84] *Koenigsberger,* Dominium regale or dominium politicum et regale?, S. 45.

[85] *Koenigsberger,* a.a.O., S. 47.

[86] *Koenigsberger,* a.a.O., S. 47.

[87] Sir Thomas Smith, De Republica Anglorum, zit. nach *Pitkin,* Concept, S. 246, wobei die dort angegebene Jahreszahl 1583 offensichtlich ein Druckfehler ist. Vgl. zum Lebenswerk Smiths auch *Elton,* Studies in Tudor and Stuarts Politics and Government, Bd. 2, S. 33ff.

[88] Sir Edward Coke, The Fourth Part of the Institutes of the Laws of England, Kap. 1, Teil 14: „... it is to be observed though one be chosen for one particular county, or borough, yet when he is returned, and sits in parliament, he serveth for the whole realm, for the end of his coming thither as in the writ of his election appeareth, is generall.“, zit. nach *Pitkin,* Concept, S. 245.

Fragen der Landwirtschaft und Abgeordnete der Grafschaften über Fragen des aufstrebenden Bürgertums berieten und entschieden.

Der von Smith aufgeworfenen Frage der umfassenden Repräsentation durch das Parlament kam in England während des Bürgerkrieges nach der Hinrichtung Karls I. (1649) aktuelle politische Bedeutung zu, als die Monarchie abgeschafft worden war. England wurde Republik und vom Rumpfparlament regiert. Dies belebte die Diskussion um die Stellung der Abgeordneten erheblich, wie sich aus der Pamphletistik der Leveller[89] ergibt. Hierfür sei beispielhaft der Pamphletist zur Zeit des Long Parliament Richard Overton (ca. 1630-1665) angeführt, der bereits das dynamische Element der Repräsentation herausarbeitete, indem er die Formel der „Repräsentation als *trust*" prägte, die Gralher ausführlich darstellt[90].

c) Thomas Hobbes (1588-1679)

Während des Bürgerkrieges erschien aber auch Thomas Hobbes bedeutendstes Werk Leviathan (1651). Aufbauend auf dem absolutistischen Gedankengut Jean Bodins (1530-1596) skizzierte er seinen „Leviathan" als den Staat, der durch den Herrschaftsvertrag gegründet worden sei, indem jeder einzelne gleichsam sagt: „Ich gebe mein Recht, über mich selbst zu bestimmen, auf und übertrage es diesem anderen Menschen oder dieser Versammlung – unter der alleinigen Bedingung, daß auch du ihm deine Rechte überantwortest und ihn ebenfalls zu seinen Handlungen ermächtigst."[91] Für Hobbes herrscht im Naturzustand ein egoistischer Krieg „aller gegen alle".[92] Ein Gemeinwille ist für ihn im Naturzustand nicht existent. Nur in der unwiderruflichen Übertragung der Herrschaft auf den Staat könne es Befriedung geben. Die Untertanen werden am vollkommensten in einer Person, dem absolutistischen Monarchen, repräsentiert.

Hobbes ist der Begründer der rein absorptiven Repräsentation[93]. Der Wille des Repräsentanten ist der Wille des Staates[94]. Zur Repräsentation führt er aus, daß nicht die Einheit derjenigen, die vertreten werden, sondern die Einheit des Repräsentanten sie zu einer Person mache. Eine andere Art von Einheit vieler Menschen sei nicht denkbar[95]. Die unorganisierte Masse hat demnach gar kein Gemeinwohlinteresse, welches durch Repräsentanten

---

89 Vgl. hierzu die ausführliche Darstellung bei *Gralher,* Demokratie und Repräsentation in der Englischen Revolution, S. 103ff.

90 *Gralher,* a.a.O., S. 67f. und 73f. Vgl. hier auch die Kapitel zu Thomas Hobbes (S. 99-102) und zum Repräsentationsverständnis John Lilburnes (S. 241-244).

91 *Hobbes,* Leviathan, Kap. XVII, S. 135.

92 *Hobbes,* Leviathan, Kap. XVII, S. 133.

93 *Hobbes,* Leviathan, Kap. XVIII, S. 138.

94 *Kurz,* Volkssouveränität und Volksrepräsentation, S. 266.

95 *Hobbes,* Leviathan, Kap. XVI, S. 130; vgl. *Leibholz,* Wesen, S. 58.

artikuliert werden könnte. Die Einheit kann lediglich im Repräsentanten entstehen. Ist der Repräsentant dann einmal durch den Herrschaftsvertrag als solcher erkoren, so bedarf er der Repräsentierten nicht mehr. Der Repräsentant ist auch aus dem Herrschaftsvertrag nicht verpflichtet, da er nicht Vertragspartner ist. Vertragspartner sind ausschließlich die Repräsentierten untereinander. Damit kann der Repräsentant auch nicht für sein Handeln verantwortlich sein, da sich jeder einzelne aufgrund der ursprünglichen Vollmachtserteilung das Handeln des Herrschers als eigenes zurechnen lassen muß[96]. Diese jede Verantwortlichkeit und Kontrolle ausschließende Sichtweise der Repräsentation kann auch keine Duplizität im Sinne von C. Schmitt und Leibholz kennen, weil das zu Repräsentierende in der unorganisierten Gesamtheit der Masse überhaupt nicht vorhanden ist.

Für das Repräsentativsystem ist diese Konzeption nur in begrenztem Maße fruchtbar. Hobbes ist insoweit beizupflichten, wie der Monarch als handlungsfähiges Organ eine Einheit verkörpert. Aufgrund der Loslösung der Repräsentierten vom Repräsentanten nach Vollzug des einmaligen Vertragsschlusses, an welchem der Repräsentant auch gar nicht beteiligt ist, kann man nicht von einem repräsentativen System sprechen. Hier geht es um die bloße Legitimation des Monarchen auf Dauer. Ein Repräsentationskonzept ohne jegliche rechtliche oder zumindest faktische Rückkopplung stellt kein repräsentatives System dar. Pitkin qualifiziert zwar die Repräsentation als eine Zentralfigur in Hobbes politischem Hauptwerk[97], allerdings kommt auch sie nicht umhin, am Ende ihrer Ausführungen zu Hobbes einzuräumen, daß sein Verständnis von Repräsentation nur einen Teilaspekt[98] dieses Begriffes umfaßt. Dieser Teilaspekt, nämlich die Darstellung einer Einheit, ist aber immer erfüllt, wenn eine artikulationsfähige Gruppe oder ein einzelner verbindlich für die unorganisierte Masse handelt, wie wir bereits am Beispiel der athenischen Demokratie sahen.

f) Edmund Burke (1729-1797)

Edmund Burke[99] wird ganz überwiegend als der klassische Vertreter des freien Mandates geehrt. Dem ist insoweit zuzustimmen, als es um die politische Praxis geht. Die theoretischen Grundlagen liegen jedoch tiefer[100]. Wie bereits ausgeführt wurde, war es Sir Edward Coke, der schon anderthalb Jahrhunderte vor Burke die Stellung des einmal gewählten Repräsentanten

---

[96] *Hobbes,* Leviathan, Kap. XVIII, S. 141.

[97] *Pitkin,* Concept, S. 14.

[98] *Pitkin,* a.a.O., S. 37.

[99] Vgl. vor allem *Eulau/Wahlke/Buchanan/Ferguson,* Role of the Representative, S. 113ff.

[100] Vgl. zur Kritik *Müller,* Das imperative und freie Mandat, S. 21ff. und *E. Schmitt,* Repräsentation und Revolution, S. 125.

von dem konkreten Wahlauftrag des einzelnen Wahlkreises lösen wollte, indem er feststellte, daß jeder Unterhausabgeordnete Repräsentant des ganzen Königreiches sei. Aber es war erst Edmund Burke, der in der politischen Praxis dieses Postulat gegenüber seinen Wählern – wenn auch erst nach erfolgreicher Wahl – vertrat. In seiner Dankesrede an die Wähler von Bristol, die ihn zuvor nicht von Angesicht kannten, griff er am 3. November 1774 im letzten Teil seiner Rede das Thema des freien Mandates plötzlich auf. Er sah sich durch die Dankesrede seines Vorredners und wohl auch Rivalen Henry Cruger, der erklärte, er wolle die Weisungen der Wähler gewissenhaft erfüllen, spontan veranlaßt, sein Verständnis der Repräsentation darzulegen.[101]

Nachdem auch er seinen hohen Respekt gegenüber seinen Wählern zum Ausdruck gebracht hatte, führte er aus:

> „Aber seine unvoreingenommene Meinung, sein reifes Urteil, sein erleuchtetes Gewissen, die darf er ihnen nicht opfern – einem einzelnen ebenso wenig wie irgendeinem Kreis existierender Menschen." ... „Ihr Repräsentant schuldet Ihnen nicht nur seinen Fleiß, sondern sein Urteilsvermögen. Und er verrät Sie, anstatt Ihnen zu dienen, wenn er es Ihrer Meinung zuliebe aufopfern würde." ... „Das Regieren und die Gesetzgebung sind jedoch Angelegenheiten der Vernunft und des Urteils und nicht der Vorliebe. Und was wäre das für eine Art der vernünftigen Einsicht, bei der die Entscheidung der Diskussion vorangeht? Bei der eine Personengruppe verhandelt und eine andere beschließt? Bei der diejenigen, die das Ergebnis formulieren, möglicherweise dreihundert Meilen von denen entfernt sind, die die Argumente hören?" ... „Ein Parlament ist kein *Kongress* von Gesandten verschiedener und miteinander verfeindeter Interessen, deren unterschiedliche Interessen jeder als dessen Agent und Anwalt gegenüber anderen Agenten und Anwälten zu verteidigen hat. Ein Parlament ist vielmehr die *beratende*-abwägende Versammlung *einer* Nation, mit *einem* Interesse, dem des Ganzen. Dort dürfen nicht lokale Zwecke oder lokale Vorurteile die Richtschnur sein, sondern das Gemeinwohl, das aus der allgemeinen Vernünftigkeit des Ganzen resultiert."[102]

Burke hat mit seinen Ausführungen das gebundene-lokale Interesse dem Gemeininteresse gegenübergestellt. Er versteht diese beiden Pole als wesensverschieden. Das gemeine Ganze besteht eben nicht aus der bloßen Summe aller Einzelinteressen. Er skizziert das Bild eines Repräsentanten, der aufgrund der Debatte im Parlament allein zum Kompromiß fähig ist, der nur als einzelner die verschiedenen Einzelinteressen in gegenseitige Beziehung setzen kann. Für diesen Balance- und Integrationsakt ist das eigene und ungebundene Urteilsvermögen des Abgeordneten Voraussetzung. Damit spricht Burke ein Zentralproblem aller späteren Parlamentsdiskussion an. Es geht nicht nur um die pure Handlungsfähigkeit des Parlamentes,

---

[101] *Steffani,* Edmund Burke: Zur Vereinbarkeit von freiem Mandat und Fraktionsdisziplin, S. 112f.; *Badura,* Art. 38 GG, Rdnr. 7 und *Brandt,* Landständische Repräsentation, S. 31f.

[102] Zit. nach der deutschen Übersetzung bei *Steffani,* a.a.O., S. 113f. (Hervorhebungen im Original). Vgl. auch *Röhrich,* Repräsentative Demokratie, S. 154ff.

sondern auch um seine repräsentative und integrative Funktion. Dabei kann man einen jeden Balance- und Integrationsakt eines jeden Abgeordneten als den Versuch eines Wurfes auf eine Zielscheibe betrachten, in deren Mittelpunkt das Gemeininteresse liegt.

7. Die Entwicklung in Frankreich bis zur Französischen Revolution

a) Die Generalstände

In Frankreich wurden seit dem frühen 14. Jahrhundert die Generalstände *(États généraux)*[103] einberufen, um vornehmlich Militärausgaben für die Krone zu bewilligen[104]. Spätestens seit der Mitte des 15. Jahrhunderts waren die Vertreter der Stände an imperative Mandate gebunden[105]. Ihr Mandat war durch *„cahiers"*[106] vorgegeben und begrenzt. Ihre Kompetenzen waren gering[107], da diese durch das Einberufungsprivileg des Königs und durch die Anweisungen der Provinzialstände eingeschränkt waren. Die Generalstände verstanden sich ursprünglich nicht als Vertretung gegenüber dem König, sondern eher als ein technisches Bindeglied in einem Frankreich, welches noch keine landesweit durchorganisierte Kronverwaltung hatte[108]. Die Vertreter der Stände reisten z. B. in aller Eile, wenn sie die Vorschläge des Königs gehört hatten, zu ihren Wählern, den Provinzialständen, zurück, um mit ihnen darüber zu beraten[109].

Seit 1614 riefen die französischen Könige die Generalstände nicht mehr ein. Der Absolutismus wurde durchgesetzt. Damit endete der ohnehin spärliche Einfluß der Provinzial- und Generalstände auf die Politik, die der König in Paris machte[110]. Im Gegensatz zu den Generalständen ließen sich

---

[103] Vgl. *Mitterauer,* Grundlagen, S. 21f. *E. Schmitt,* Repräsentation und Revolution, S. 95, skizziert ihre Funktion als „Organe der politischen Entscheidungshilfe"; vgl. dort auch die sonstigen Ausführungen (S. 89-97) und speziell zur Ständeforschung in Frankreich S. 93 Anm. 12. *Müller,* Das imperative und freie Mandat, S. 166, gibt ihre Entstehung mit dem Jahre 1302 an und sieht den Entstehungsgrund nicht im Zwecke der Geldbeschaffung, sondern in der Mobilisierung der öffentlichen Meinung gegen den Papst durch Philipp IV. (1285-1314).

[104] Bereits im Hundertjährigen Krieg (1339-1453) mit England waren die französischen Könige auf häufige Einberufungen der Stände angewiesen. Vgl. aber auch *E. Schmitt,* Repräsentation und Revolution, S. 96, der den Hauptzweck der Stände in der politischen Konsultation und Akklamation sieht.

[105] *Müller,* Das imperative und freie Mandat, S. 169; *Redslob,* Staatstheorien, S. 109.

[106] „Hefte", in welchen die Anliegen im Sinne von Petitionen und Verhaltensanweisungen für die jeweiligen Abgeordneten enthalten waren. Vgl. auch *Badura,* Art. 38 GG, Rdnr. 8.

[107] *E. Schmitt,* Repräsentation und Revolution, S. 96; *Müller,* Das imperative und freie Mandat, S. 168.

[108] *Müller,* a.a.O., S. 162.

[109] *Redslob,* Staatstheorien, S. 109.

die ständischen Gerichte (Parlamente) nicht einfach durch Nichteinberufung abschaffen.

b) *Die ständischen Gerichte (Parlamente)*

Den *„Cours souveraines"*[111] standen seit alters her gewisse Kompetenzen zu[112]. So hatten sie z. B. das Recht, Urteile mit Verordnungscharakter *(arrêts de règlements)* ergehen zu lassen. Dadurch konnten sie das französische Rechtssystem vereinheitlichen und trugen in dieser Funktion zur Stärkung der Rechtssicherheit bei. Diese höchsten Gerichte[113] besaßen auch die Registerfunktion für die königlichen Gesetze und Verträge. Bevor sie einen königlichen Akt registrierten, prüften sie ihn auf die Vereinbarkeit mit den zuvor registrierten. Die Parlamente waren durch diese Befugnis häufig versucht, politischen Einfluß durch das *„droit de remontrance"* zu nehmen. Die Parlamentsjuristen verstanden es dann auch zunehmend, diese Kontroll- und Registerfunktion zu einem Vetorecht auszubauen[114]. Als die Parlamente während des Siebenjährigen Krieges (1756-1763) ihr Vetorecht gegen die Finanzedikte extensiv ausnutzten, trug dies schon fast den Charakter einer Rebellion mit juristischen Mitteln[115]. Die Parlamente waren selbstbewußt geworden und verstanden sich als die Repräsentanten des Volkes[116], da die wahren Vertreter desselben seit 1614 nicht mehr zusammengetreten waren. Dieser Machtanspruch wurde doppelt zu legitimieren versucht. Einmal berief man sich auf die Tradition, die bis zur *curia regis* zurückführte, andererseits postulierte man, daß die einzelnen Provinzialparlamente mit dem von Paris im Grunde eine einzige unteilbare Körperschaft bilden, deren Aufgabe es sei, in allen Teilen des Königreiches die Rechte der Nation zu

---

[110] Vgl. *Müller,* Das imperative und freie Mandat, S. 202, der darlegt, daß die Könige während der Zeit des französischen Absolutismus aber nicht die Kraft gehabt hätten, die Stände ganz zu unterdrücken.

[111] Neben dem Pariser Parlament bestanden noch Provinzparlamente in: Toulouse, Grenoble, Bordeaux, Dijon, Rouen, Aix-en-Provence, Rennes, Pau, Metz, Douai, Besançon, Nancy, Perpignan und Colmar. Siehe *Egret,* La Pré-Révolution française, S. 204.

[112] Vgl. zum Nachfolgenden *E. Schmitt,* Repräsentation und Revolution, S. 101f.; *Müller,* Das imperative und freie Mandat, S. 195ff. und *Falk,* Montesquieu, S. 54.

[113] Das Parlament von Paris wurde im 13. Jhd. zum obersten Hof- und Appellationsgericht. Die Bezeichnung Parlament blieb jedoch erhalten. Vgl. *Müller,* Das imperative und freie Mandat, S. 195.

[114] Auftretende Divergenzen wurden dadurch beigelegt, daß der König per „Gehorsamsbefehl" *(lettre de jussion)* die Eintragung zu erzwingen versuchte. Mißlang dies, erschien der König selbst im Parlament und überwachte die Eintragung persönlich. Vgl. auch *Loewenstein,* Volk und Parlament, S. 93ff.

[115] Nach dem Staatsstreich des Kanzlers Maupeou im Jahre 1771 wurden die Parlamente aufgelöst; Louis XVI. setzte sie aber bei seiner Thronbesteigung drei Jahre später wieder ein.

[116] Vgl. *Müller,* Das imperative und freie Mandat, S. 196; *E. Schmitt,* Repräsentation und Revolution, S. 104f. und 112.

wahren. Im Zusammenhang mit dieser Argumentation tauchten die Begriffe *„indivisibilité"* und *„unité de la nation"* erstmals auf[117]. Die Parlamente waren sich aber der stellvertretenden Funktion für die Generalstände jederzeit bewußt und forderten deren Wiedereinsetzung, was letztlich auch gelang und bekanntlich zur Französischen Revolution überleitete.

c) Charles Montesquieu (1685-1755)

Der Jurist Montesquieu hielt sich von 1729 bis 1731 in England[118] auf, wo er eine politische Ordnung kennenlernte, die im Gegensatz zur Situation in Frankreich in bedeutendem Maße die Freiheit und die Mitwirkung der Vertretung des gesamten Landes gewährleistete. Nach Frankreich zurückgekehrt, hielt er seine Eindrücke im Essay *De la Constitution d'Angleterre* fest, welches später das 6. Kapitel des XI. Buches des *De l'Esprit des lois* bilden sollte.

Montesquieu hat sich aber nicht nur theoretisch-philosophisch mit Verfassungsfragen beschäftigt, er kannte auch die Funktion und Rolle der französischen Parlamente aus eigenem Erleben, da er nach 1715 dem Parlament in Bordeaux angehörte[119].

Sieben Jahre vor seinem Tode, also 1748, erschien in Genf sein für die Staatsverfassungen der westlichen Welt so bedeutendes Werk: *De l'Esprit des lois*. Nachdem er zu Beginn des 6. Kapitels des XI. Buches seine Gewaltenteilungslehre dargelegt hat, geht er unmittelbar zur Bedeutung der Repräsentation über. Er dokumentiert somit in logischer Anknüpfung und Fortführung dieser Lehre, daß es Gewaltenteilung ohne Repräsentation nicht geben kann. Montesquieu konzipiert das Repräsentativsystem nicht als bloße Legitimationsbrücke bzw. „-krücke", um bestehende Herrschaft mit der Lehre von der Volkssouveränität theoretisch zu verbinden. Er erkannte sehr wohl die Gefahr, in der jeder Repräsentant steht, aufgrund der nichtjustiziablen Rückbindung der Repräsentanten an das Gemeinwohl zum Tyrannen oder Despoten zu werden. Tyrannenherrschaft war für ihn das Schlimmste, was einem Staat widerfahren könnte. Dieses Problem löste er nicht, wie viele Denker vor ihm, indem er dem Volk zumindest theoretisch die Richtergewalt über einen zum Tyrannen gewordenen Herrscher beließ, sondern durch die Idee der konsequenten Gewaltenteilung. Für ihn gibt es keine, auch keine bloß theoretische, Ermächtigung zur Revolution im bestehenden Repräsentativsystem, sondern die funktionale Kontrolle, die aus der gleichen Wurzel, der Volkssouveränität, entspringt. Die Repräsentation im Sinne eines freien Mandates ermöglicht die Gewaltenteilung. Dieser Satz

---

117 Vgl. *E. Schmitt*, Repräsentation und Revolution, S. 107.

118 *Falk*, Montesquieu, S. 69.

119 *Falk*, Montesquieu, S. 54 und 59.

gilt aber auch umgekehrt. Aufgrund der gegenseitigen Kontrolle der Repräsentanten in verschiedenen Funktionen konnten die Gefahren des freien Mandats begrenzt werden. Damit war der Weg geebnet, der die Volksherrschaft auch für große Staaten praktikabel machte[120], wie sich schon bald am Beispiel der entstehenden USA zeigen sollte[121].

Montesquieus Staatsideal ist nur vom Gedanken der Freiheit her zu verstehen. So beginnt er auch das epochemachende XI. Buch mit diesem Gedanken[122]. Freiheit bedeutet für ihn aber nicht Grenzenlosigkeit, sondern das Recht, alles zu tun, was die Gesetze erlauben[123]. Freiheit entsteht nicht durch die Willkür des Volksentscheides, sondern durch die Sicherheit aufgrund genereller Gesetze[124]. Für Montesquieu war Freiheit ohne Gewaltenteilung und damit ohne Repräsentation nicht denkbar.

So innovativ und überzeugend diese Konzeption des Repräsentativsystems für die tatsächliche Entwicklung in Frankreich und der westlichen Welt war, so wenig trugen aber andererseits die Gedanken Montesquieus zur theoretischen Durchdringung des Wesens der Repräsentation bei. Montesquieu reichte zur Begründung des Erfordernisses von Repräsentanten im wesentlichen der pragmatische, ergebnisorientierte Praktikabilitätsansatz[125]. Zur Repräsentation führt er aus:

> „Der große Vorteil der Repräsentanten besteht darin, daß sie fähig sind, die Angelegenheiten zu verhandeln. Das Volk ist dazu keinesfalls geschickt. Das macht einen der großen Nachteile der Demokratie aus.
>
> Es ist nicht nötig, daß die Repräsentanten, die von ihren Wählern eine allgemeine Anweisung erhalten haben, noch eine besondere für jede Angelegenheit bekommen, wie das im deutschen Reichstag üblich ist. Gewiß würde auf diese Weise das Wort der Abgeordneten in höherem Grade der Ausdruck der Stimme der Nation sein. Aber das würde in nicht endende Verzögerungen hineinführen, würde jeden Abgeordneten zum Herren aller übrigen machen, und in den dringendsten Angelegenheiten könnte die ganze Kraft der Nation durch eine Laune gehemmt sein."

---

120 Ob Montesquieu dies schon selbst erkannte, was *Falk,* Montesquieu, S. 68, bezweifelt, war für die weitere Entwicklung nicht entscheidend.

121 Siehe zum großen Einfluß der Montesquieuschen Lehre auf die Auseinandersetzungen um die amerikanische Verfassung den 47. Aufsatz der Federalist Papers, in: *Hamilton/Madison/Jay,* The Federalist, S. 277: „Das Orakel, das bei jeder Diskussion über dieses Thema befragt und zitiert zu werden pflegt, ist der berühmte Montesquieu" (Madison).

122 Siehe den Beginn des XI. Buches, *Montesquieu,* De l'Esprit des lois, S. 211.

123 Siehe 3. Kap. des XI. Buches, *Montesquieu,* a.a.O., S. 212f.

124 *Falk,* Montesquieu, S. 69.

125 Siehe 6. Kap. des XI. Buches, *Montesquieu,* a.a.O., S. 218: „Da in einem freien Staat jeder, dem man einen freien Willen zuerkennt, durch sich selbst regiert sein sollte, so müßte das Volk als Ganzes die gesetzgebende Gewalt haben. Das aber ist in den großen Staaten unmöglich, in den kleinen mit vielen Mißhelligkeiten verbunden. Deshalb ist es nötig, daß das Volk durch seine Repräsentanten das tun läßt, was es selbst nicht tun kann".

„Die Mehrzahl der alten Republiken hatte einen großen Fehler; das Volk hatte nämlich das Recht, aktive Entschließungen zu fassen, die eine Durchführung erfordern, etwas, wozu es ganz und gar unfähig ist. Es soll in die Regierungssphäre nur hineingelassen werden, um die Abgeordneten zu wählen, was seinen Fähigkeiten durchaus entspricht. Zwar gibt es wenige, die den genauen Grad der Fähigkeiten der Menschen kennen; trotzdem ist jeder in der Lage, im allgemeinen zu wissen, ob derjenige, dem er seine Stimme gibt, aufgeklärter ist als die meisten übrigen.

Der repräsentative Körper soll nicht gewählt werden, damit er einen unmittelbar wirksamen Beschluß fasse, sondern um Gesetze zu machen und darauf zu achten, daß die von ihm gemachten Gesetze wohl ausgeführt werden. Dazu ist er sehr geeignet, das kann niemand besser als er."[126]

Diese Gedanken lösten ebensoviel Beifall wie Anfeindungen aus, was Montesquieu noch miterleben sollte und im *Défense de l'Esprit des lois* würdigen konnte. Die Indizierung[127] seines Werkes im Jahre 1751 konnte diese Gedanken nicht unterdrücken, wie sich später in den Verfassungsdebatten der französischen Nationalversammlungen zeigen sollte.

d) Jean-Jacques Rousseau (1712-1778)

Rousseau lehnt jede Form von Repräsentation im Bereich der Gesetzgebung ab: *„la volonté ne se représente point: elle est la même, ou elle est autre; il n'y a point de milieu"*.[128]

Hans Maier bezeichnet es als das Hauptproblem des *Contrat social,* wie die Identität zwischen Einzel- und Gesamtwohl hergestellt werden kann, da Rousseau den Gedanken der Repräsentation ablehnt[129]. Rousseau bedient sich dabei zweier Prämissen. Zum einen existiert die *volonté générale,* die sich letztlich aus den Einzelwillen *(volontés particulières)* ergibt. Die Einzelwillen lassen sich allerdings nicht einfach zum Allgemeinwillen addieren. Vielmehr hebt sich das jeweilige Mehr und Minder, das Sonderinteresse, auf und im Abstimmungsprozeß schält sich die *volonté générale* heraus[130]. Parteien, Interessengruppen, Bürgerbewegungen und Verbände[131] im heutigen Sinne sind dabei für die Integration nicht förderlich, sie sind nach dem Rousseauschen Verständnis vielmehr systembedrohend, denn die wirklichen

---

[126] *Montesquieu,* De l'Esprit des lois, S. 219f.

[127] *Falk,* Montesquieu, S. 62.

[128] *Rousseau,* Contrat social, 3. Buch, Kap. 15, S. 122 (in dt. Übersetzung). Dies bedeutet aber nicht, daß es überhaupt keine Abgeordneten geben dürfe. Auch Rousseau erkennt die Notwendigkeit von handlungsfähigen Organen an; seine Abgeordneten dürfen aber nicht entscheiden, sondern lediglich Gesetze vorbereiten und dem Souverän vorlegen, damit dieser entscheide, ob die Gesetze dem Gemeinwillen entsprechen.

[129] *Maier,* Rousseau, S. 129.

[130] *Rousseau,* Contrat social, 2. Buch, 3. Kap., S. 61.

[131] Vgl. *Rupp,* Die „öffentlichen" Funktionen der Verbände und die demokratisch-repräsentative Verfassungsordnung, S. 1254, der in bezug auf die Identität von Herrschenden und Beherrschten von der „Rousseau'schen Idylle" spricht.

Einzelinteressen als originäre Träger der Ausgangselemente der *volonté générale* würden dabei von Gruppeneinzelinteressen verdrängt. Geht dagegen die Willensbildung unkanalisiert von jedem einzelnen aus, so kann sich der Allgemeinwille nicht irren.

Diesem Axiom seines Systems ist schon frühzeitig das Verdikt der Utopie entgegengehalten worden[132]. Unabhängig davon, ob man sich diesem Urteil anschließen will oder nicht, kann festgehalten werden, daß das Kriterium der *volonté générale* eine formale Konstruktion ist[133]. Sie muß im Volk bereits vorhanden sein, denn Repräsentanten zur Bildung derselben auf integrativem Wege stehen ja gerade nicht zur Verfügung.

Zum anderen muß das Volk bezüglich jeder Frage, die in den täglichen Plebisziten zu entscheiden ist, vollständig unterrichtet sein[134]. An der Fähigkeit des einzelnen zur Aufnahme aller notwendigen Informationen zweifelt aber Rousseau zum Beginn seiner Ausführungen im Kapitel über die Abgeordneten selbst:

> „Sobald die öffentliche Betätigung im Dienste des Staates aufhört, die Hauptangelegenheit der Staatsbürger zu sein, und sie ihm lieber mit ihrem Geld als mit ihrer Person dienen, ist der Staat schon seinem Untergang nahe. Zum Kampf schicken sie Söldner und bleiben zu Hause, zur Beratung ernennen sie Abgeordnete und bleiben wieder zu Hause. Durch ihre Trägheit und ihr Geld haben sie schließlich Soldaten, die das Vaterland unterjochen, und Volksvertreter, die es dann verkaufen."
>
> ... „Man tritt einen Teil seines Verdienstes ab, um desto ungestörter dem Mammon nachjagen zu können."[135]

Ist schon die erste Prämisse der Rousseauschen Theorie mit kritischen Fragen anzugreifen, so unterliegt die zweite grundsätzlichen Bedenken.

Das formale Integrationsmodell durch tägliche Abstimmungen in Einzelfragen führt bei Einführung einer Abstimmungspflicht[136] und gehörigem technischem Aufwand[137] sicherlich zu von der Mehrheit gewollten Entscheidungen in Einzelfragen[138]. Die *volonté générale* ist, betrachtet man sie aber

---

[132] Vgl. *Smend*, Verfassung und Verfassungsrecht, S. 70, der aber selbst der Auffassung ist, daß damit der *volonté générale* Unrecht geschehe.

[133] Vgl. *Maier*, Rousseau, S. 134: „Die *volonté générale* (ist) ein rein formales Prinzip, in das viele und unterschiedliche Interessen eingehen können: welches die objektiv *richtigen* Interessen sind, geht aus der formalen Übereinstimmung der Einzelinteressen nicht hervor (Hervorhebungen im Original).

[134] Diese Voraussetzung durchzieht alle Kapitel des *Contrat social*.

[135] *Rousseau*, Contrat social, 3. Buch, Anfang des 15. Kap., S. 121.

[136] Die Tendenz zur zwangsweisen Durchsetzung des theoretisch konzipierten Allgemeinwillens wird im letzten Teil des *Contrat social* besonders deutlich. Vgl. *Maier*, Rousseau, S. 133.

[137] Auf der Grundlage heutiger Technik denke man an die Möglichkeiten der Breitbandverkabelung und die Einführung von Kontrollcodekarten oder Augennetzhautkontrollen zum automatisierten Nachweis der Abstimmungsberechtigung.

von ihrer Idee her, jedoch mehr, nämlich der Allgemeinwille, der stets das Gute in einem Gesamtsinne wolle. Dies vermögen die Einzelabstimmungen nicht zu leisten, auch dann nicht, wenn häufige „Nachbesserungsabstimmungen" bei festgestellten Unverträglichkeiten mit den Ergebnissen des zuvor Abgestimmten eingeführt würden.

Die integrative Wirkung der Rousseauschen Einzelabstimmungen kann nur soweit reichen, wie jede Einzelfrage reicht. Dieses Abstimmungsverfahren als umfassendes Konzept vermag bei noch so ausgeprägter Kenntnis und Teilnahme eines jeden am politischen Geschehen nicht den Abwägungsprozeß zu ersetzen, der nötig ist, um die Wechselwirkungen und Folgen einzubeziehen, welche zwar vom Allgemeinwillen umfaßt sind, aber in der Abstimmung über vorformulierte Einzelfragen nicht zum Ausdruck kommen können[139].

Zum anderen beraubt das Erfordernis der allumfassenden Informiertheit in jeder politischen Frage den einzelnen jeglicher Freiheit, die gerade Rousseau geschützt sehen will, denn er stellt zum Beginn seines Werkes fest, daß der Mensch frei geboren ist und überall in Ketten liegt. Ein einziges Interesse wird damit für alle Zeit absolut gesetzt. Sein Gemeinwesen ist nur zur Regelung eines engumgrenzten Bereiches fähig. Rousseau versucht dieses Problem dadurch zu lösen, daß er von der These ausgeht, die Summe aller öffentlichen und aller Privatinteressen sei konstant, um in der von ihm bevorzugten mathematischen Diktion zu bleiben.

> „Je vollendeter die Staatsverfassung ist, desto mehr haben in den Augen des Staatsbürgers die öffentlichen Angelegenheiten Vorrang vor den privaten. Es gibt dann sogar weit weniger Privatangelegenheiten, weil von der Summe der allgemeinen Wohlfahrt ein weit beträchtlicherer Teil auf den einzelnen übergeht und er deshalb weniger privat dafür zu sorgen braucht. In einem gut verwalteten Gemeinwesen eilt jeder zu den Versammlungen."[140]

Schon dies ist fraglich. Aber keinesfalls besteht eine indirekte Reziprozität, nach welcher die Summe der privaten Angelegenheiten, um die sich der einzelne kümmern muß, in dem Maße kleiner würde, wie die öffentlichen Angelegenheiten sich vermehrten[141]. Durch Vergesellschaftung wird der einzelne von seinen privaten Belangen und vor allem seinen Interessen nicht befreit. Im Gegenteil, löste das Gemeinwesen umfassend die privaten Sorgen und

---

138 Die Problematik des Initiativrechts, wer zu welcher Zeit welchem Wählerkreis bereits vorformulierte Abstimmungsfragen vorlegen darf, sei hier einmal vernachlässigt.

139 Vgl. *Redslob,* Staatstheorien, S. 106, der in der Verwechselung zwischen dem Willen des Individuums und seinem vernünftigen, wohlverstandenen Interesse den Grundirrtum der Rousseauschen Lehre sieht.

140 *Rousseau,* Contrat social, 3. Buch, 15. Kap., S. 121.

141 Vgl. dazu die von *Forsthoff,* Rechtsstaat im Wandel, S. 20f. aufgezeigte Tendenz zu der Gefangenschaft im modernen Verteilerstaat bei Zunahme der öffentlichen Angelegenheiten.

Belange, so entstehen neue Bedürfnisse der einzelnen, wie man es in den östlichen Gesellschaften beobachten kann, wo die Planwirtschaft ständig komplizierter werden muß, da durch die Befriedigung anstehender Bedürfnisse neue, differenziertere entstehen.

Der Einfluß der Rousseauschen Lehre auf die Französische Revolution ist umstritten. E. Schmitt, der sich sehr ausführlich mit den Repräsentationstheorien dieser Zeit beschäftigte, ist der Ansicht, daß die Gedanken Rousseaus in der Entwicklung des modernen Nationalrepräsentationsgedankens jedenfalls bis in den Herbst des Jahres 1789 hinein[142] keine Rolle gespielt haben, da Rousseau zwar als Autor der Romane *„Emile"* und *„La Nouvelle Héloise"* bekannt war, der *„Contrat social"* hingegen völlig unbekannt gewesen sei. Dies versucht er mit einer Untersuchung Daniel Mornets über den Bestand in Privatbibliotheken im Zeitraum 1750 bis 1780 zu belegen, wo in 500 durchforsteten Bibliotheken nur ein einziges Mal das Traktat Rousseaus zu finden gewesen sei[143].

Da E. Schmitt selbst auf die Existenz der damaligen Zensurbestimmungen hinweist, erscheint diese Argumentation wenig überzeugend. Allein aus der Tatsache der geringen Auffindbarkeit in untersuchten Privatbibliotheken kann schwerlich auf den mangelnden Bekanntheitsgrad geschlossen werden, da gerade unerwünschte Literatur sich im Verborgenen eines größeren Leserkreises erfreut. Ganz überwiegend wird somit auch vom großen Einfluß der Lehre Rousseaus auf die „Inkubationszeit" der Revolution und auf die Diskussionen in der entstehenden Nationalversammlung ausgegangen[144]. Für die vorliegende Untersuchung ist dieser Disput letztlich nicht so entscheidend, da unbestritten das Werk Rousseaus in die französische Verfassung von 1791 einging. Dies gilt vor allem für die Lehre von der Volkssouveränität. Seine ablehnende Haltung gegenüber der Repräsentationskonzeption konnte sich jedoch in der französischen Nationalversammlung – wie noch zu zeigen sein wird – nicht durchsetzen, wenn auch heftig in seinem Namen gegen den Repräsentativcharakter gestritten wurde.

II. Der Kampf um das Repräsentativsystem in der französischen Nationalversammlung

Die Auseinandersetzungen um das Repräsentativsystem in der französischen Nationalversammlung sind bereits so umfassend wissenschaftlich

---

142 *E. Schmitt,* Repräsentation und Revolution, S. 119.

143 *E. Schmitt,* a.a.O., S. 119, Anm. 112.

144 Vgl. z. B. *von Gierke,* Althusius, S. 223, Anm. 38; *Redslob,* Staatstheorien, S. 110; *Loewenstein,* Volk und Parlament, S. 6f., 110ff. und *Maier,* Rousseau, S. 115, der die enge Beziehung zwischen Rousseau und dem glühenden Verehrer seiner Schriften Robespierre erwähnt.

dargestellt und aufgearbeitet worden[145], daß sich eine eigene Wertung fast erübrigt. Auf einige wesentliche Punkte sei jedoch hingewiesen.

Nachdem sich der Dritte Stand *(Tiers-Etat)* am 17. Juni 1789 in Versailles aus eigener Macht zur *Assemblée nationale* erklärt hatte, bedurfte es einer Legitimation der Abgeordneten als verfassungsgebende Versammlung[146]. Die Rousseausche Lehre von der einheitlichen, unteilbaren und unveräußerlichen Souveränität der Nation war relativ unbestrittenes Allgemeingut der Nationalversammlung[147]. Die Frage, ob sich die Vertreter des Dritten Standes für jeden Einzelakt eine spezielle Ermächtigung einholen müssen, löste eine intensiv geführte Kontroverse aus[148]. Zum zweiten hatte in der ersten Phase der Revolution nur eine Konzeption eine Chance, die die Existenz des Königs nicht vollständig in Frage stellte, sondern seine Funktion auf ein Amt mit exekutiver Gewalt reduzierte, welches mit der Volkssouveränität vereinbar war. Zum dritten wollten die Vertreter in der Nationalversammlung die Menschenrechte in Anlehnung an die Virginia Bill of Rights (1776) ausdrücklich verbürgt wissen, was sie dann auch am 26. August 1789 taten. Zumindest das erste und dritte Anliegen war aber bei der reinen Verwirklichung der Lehre Rousseaus nicht lösbar bzw. nicht erforderlich. Nach Rousseau konnten die Abgeordneten keine bindenden Gesetze beschließen, nach ihm haben die Könige die Tendenz, unumschränkt zu regieren[149] und die Menschenrechte brauchen letztlich nicht verbürgt zu werden, da die *volonté générale* nur gute Gesetze schaffen kann, die die Regierung lediglich vollzieht. Die Lehre Montesquieus und auch Denis Diderots (1713-1784)[150] hingegen wies den Weg, um die Abgeordneten der Nationalversammlung zu legitimieren, die Exekutivgewalt zu kontrollieren und Menschenrechte zu verbürgen, die auch gegenüber einem willkürlichen Plebiszit Bestand haben.

Die theoretische Verknüpfung der Volkssouveränitätslehre Rousseaus mit den Repräsentationsvorstellungen Montesquieus gelang dem Abbé Emanuel

---

[145] Vgl. vor allem *Redslob*, Staatstheorien, S. 105-150; *Loewenstein*, Volk und Parlament, S. 3-38 und 200-225; *E. Schmitt*, Sieyes, S. 149-160; *ders.*, Repräsentation und Revolution, S. 177-220; *Hofmann*, Repräsentation, S. 406-409; *Badura*, Art. 38 GG, Rdnr. 4f., aber auch *Krbek*, Repräsentation nach der Doktrin der Volkssouveränität, S. 69ff.

[146] Der Dritte Stand repräsentierte ca. 99 % der gut 25 Millionen Franzosen, vgl. *E. Schmitt*, Repräsentation und Revolution, S. 218.

[147] Vgl. *Redslob*, Staatstheorien, S. 105.

[148] Der Theoretiker Rousseau konnte noch postulieren: „Es bedürfte göttlicher Wesen, um den Menschen Gesetze zu geben", siehe *Rousseau*, Contrat social, 2. Buch, 7. Kap., S. 72. Die Abgeordneten der Nationalversammlung hingegen brauchten ein, wenn auch nur theoretisches, Konzept zu ihrer Legitimation.

[149] Siehe *Rousseau*, Contrat social, 3. Buch, 6. Kap., S. 101. Zum Mißbrauch der Regierung und ihre Neigung auszuarten vgl. 3. Buch, Kap. 10, S. 114f.

[150] Vgl. zu seiner Lehre, welche er in 12 Spalten der 30-bändigen Encyclopédie ou Dictionnaire raisonné des sciences, des arts et des métiers entwickelte, *E. Schmitt*, Repräsentation und Revolution, S. 114-129.

Joseph Sieyès (1748-1836). Der „Vater der Repräsentativverfassung" (Rotteck) untergliederte scharfsinnig die Bildung einer jeden politischen Gesellschaft in drei Stadien[151].

Das erste Stadium, die Bildung der Nation, ist bereits dann durch individuelle Willensakte vollzogen, wenn sich Individuen zu einem Verband zusammenschließen, sie also in Gemeinschaft leben. Besteht diese Einheit, so kann es in der zweiten Phase nicht mehr auf den Willen des einzelnen ankommen, da der Verband durch die Einheit des Willens geschaffen und gekennzeichnet wird, wenn auch die Einheit des Willens ihren Ursprung in den Individualwillen hat, so ist der Gemeinschaftswille jedoch davon verschieden und nunmehr nur noch dieser entscheidend. Im dritten Stadium (Ebene) werden die öffentlichen gemeinschaftlichen Interessen von den Privatinteressen geschieden, da jedes Individuum zwar die Privatinteressen des Verbandes selbst wahrnehmen kann, nicht jedoch die öffentlichen Bedürfnisse. In der zweiten und dritten Ebene bleibt die Nation als Verbund von Individuen im Besitz ihrer Rechte, der Souveränität, den Repräsentanten wird lediglich die Ausübung derselben übertragen. Die Nation bleibt Herrin der Verfassung[152] und aller sonstigen Gesetze. Sie bleibt der Souverän. Sie kann somit grundsätzlich jederzeit und uneingeschränkt die Gesetze und die Verfassung ändern, allerdings nur als Nation, also durch ihre Repräsentanten[153].

Für Sieyès repräsentiert jeder einzelne Abgeordnete die gesamte Nation, denn er vertritt das gemeinschaftliche Interesse des gesamten Verbandes. Verweigert er seine Zustimmung zu einem Gesetz, so kann dies nicht zur Nichtgeltung in seinem Wahlbezirk führen, denn dem einzelnen Abgeordneten kann kein lokales Vetorecht gegenüber den anderen Repräsentanten des Gemeinwillens zustehen.

Sieyès konzipierte die Repräsentation erstmals auch theoretisch nicht als lediglich surrogathaftes Wesen, sondern als eigenständiges Strukturprinzip, welches der arbeitsteilig organisierten bürgerlichen Welt entspricht[154]. Ziel und Zweck ist die Freiheit. Loewenstein weist darauf hin, daß Sieyès „aus der Not eine Tugend" mache, indem er nicht darauf abstelle, daß die unmittelbare Mitwirkung aller nicht möglich sei, sondern daß sie nicht nötig sei: „weil wegen der Identität aller gesellschaftlichen Interessen und der daraus

---

[151] Vgl. zum Folgenden *Loewenstein*, Volk und Parlament, S. 13ff. und bes. *E. Schmitt*, Repräsentation und Revolution, S. 210ff.

[152] Zum *pouvoir constituant* mit unmittelbarerer Teilnahme des Souveräns vgl. *Loewenstein*, Volk und Parlament, S. 32f.

[153] Sieyès hat seine Lehre nicht von Anfang an so umfassend konzipiert, zu den einzelnen Stufen seiner Entwicklung vgl. *Loewenstein*, Volk und Parlament, S. 13f. und 25.

[154] Vgl. *Hofmann*, Repräsentation, S. 407; *E. Schmitt*, Repräsentation und Revolution, S. 210.

abgeleiteten Vertretbarkeit aller gesellschaftlichen Funktionen nicht Alle am Staat teilzunehmen brauchen."[155]

Sieyès stand das Bild einer Aktiengesellschaft vor Augen, wobei die steuerzahlenden Bürger Anteilseigner eines großen Gemeinunternehmens sind, die das Kapital geben und die Herren sind, ihnen stehen die Vorteile daraus zu[156].

Sieyès konnte sich mit seiner Konzeption in den Abstimmungen der Nationalversammlung letztlich gegenüber seinen Kontrahenten durchsetzen, da die junge Nationalversammlung handeln und beschließen wollte, die Rousseausche Konzeption sie aber nicht handlungsfähig machte. Der Sieg gehörte der Repräsentativverfassung[157] vom 3. September 1791, dagegen konnte auch die Revisionsdebatte Ende August 1791 nicht ankommen[158].

---

[155] *Loewenstein*, Volk und Parlament, S. 15.

[156] Siehe *E. Schmitt*, a.a.O., S. 193, Anm. 114, der auf Politische Schriften, Bd. I, S. 283, verweist.

[157] *Redslob*, Staatstheorien, S. 110.

[158] *Loewenstein*, Volk und Parlament, S. 304-372.

Zweiter Teil

Zum Repräsentativsystem unter Beachtung der Theorien der Repräsentation

Viertes Kapitel

Die Ausbreitung des Repräsentativsystems in Deutschland und die begleitende wissenschaftliche Diskussion bis zum 2. Weltkrieg

I. Die Einführung des Repräsentativsystems in die deutschen Verfassungen

Die deutschen Verfassungen haben den Begriff Repräsentation im Gegensatz zu der französischen von 1791[1] und zur belgischen von 1831[2] nie *expressis verbis* gebraucht. Die übernommene Formel des freien Mandates sollte jedoch den unmittelbaren Bezug zum Gedankengut der französischen Verfassung von 1791 herstellen.

Der Bedeutungsgehalt des Art. 13 der Deutschen Bundesakte vom 8. Juni 1815[3]: „In allen Bundesstaaten wird eine Landständische Verfassung statt finden." war mit dem Aufkommen der Restauration stark umstritten[4]. In Preußen versprach König Friedrich Wilhelm III. im Finanzedikt vom 27. Oktober 1810[5] und in der Verordnung über die zu bildende Repräsentation des Volkes vom 22. Mai 1815[6], eine „Landes-Repräsentation" zu schaffen. In dieser Verordnung wurde der Begriff Repräsentation noch ausdrücklich

---

[1] S. Einleitung, S. 20, Anm. 38.

[2] Constitution de la Belgique vom 7. Februar 1831, Art. 32: „Die Mitglieder beider Kammern repräsentieren das Volk und nicht allein die Provinz oder den Teil der Provinz, die sie gewählt haben." Text in: *Franz,* Staatsverfassungen, S. 54ff. Zum Einfluß der belgischen Verfassung von 1831 auf die Entwicklung in Deutschland vgl. *Jellinek,* Staatslehre, S. 529-531.

[3] Text in: *Huber,* Dokumente, Bd. 1, S. 74; auch in: *Dürig/Rudolf,* Verfassungstexte, S. 16 (dort als Art. XIII bezeichnet).

[4] S.u. 4. Kap., II 1, S. 81ff.; vgl. *Reuss,* Geschichte, S. 6; *Huber,* Verfassungsgeschichte, Bd. 1, S. 640ff.

[5] Text in: *Huber,* Dokumente, Bd. 1, S. 42; bekannt auch als erstes Verfassungsversprechen; vgl. *Huber,* Verfassungsgeschichte, Bd. 1, S. 296.

[6] Text in: *Huber,* Dokumente, Bd. 1, S. 56f.; bekannt auch als zweites Verfassungsversprechen; vgl. *Huber,* Verfassungsgeschichte, Bd., 1, S. 302f.

verwendet. Allerdings sollte es dann bis zur (oktroyierten) Verfassungsurkunde für den preußischen Staat vom 5. Dezember 1848[7] (Art. 82) bzw. bis zur (revidierten) Verfassungsurkunde für den preußischen Staat vom 31. Januar 1850[8] dauern, als in Art. 83 festgelegt wurde: „Die Mitglieder beider Kammern sind Vertreter des ganzen Volkes. Sie stimmen nach ihrer freien Überzeugung und sind an Aufträge und Instruktionen nicht gebunden."

Die erste Verankerung des Repräsentativsystems in einer deutschen Landesverfassung findet sich in der Verfassungsurkunde für das Königreich Bayern vom 26. Mai 1818. Wenn dort in Kapitel VI, § 12 festgelegt wurde[9], daß „jedes Mitglied der Kammer der Abgeordneten ohne Rücksicht auf Standes- und Dienstverhältnisse ein selbstständiger Staatsbürger seyn" muß, so kann hieraus noch nicht ohne weiteres auf den Repräsentativcharakter dieser Verfassung geschlossen werden. Dieser wurde vielmehr in der Formulierung des zu leistenden Eides statuiert, in welcher es heißt[10]: „Ich schwöre Treue dem Könige, Gehorsam dem Gesetze, Beobachtung und Aufrechterhaltung der Staats-Verfassung und in der Ständeversammlung nur des ganzen Landes allgemeines Wohl und Beste ohne Rücksicht auf besondere Stände oder Klassen nach meiner inneren Ueberzeugung zu berathen; – So wahr mir Gott helfe und sein heiliges Evangelium." Der bayerischen Verfassung folgte Baden mit der Verfassungsurkunde für das Großherzogtum Baden vom 22. August 1818[11] (§ 48), Württemberg mit der Verfassungsurkunde für das Königreich Württemberg vom 25. September 1819[12] (§ 155), Hessen mit der Verfassungsurkunde für das Kurfürstentum Hessen vom 5. Januar 1831[13] (§ 73) und Sachsen mit der Verfassungsurkunde für das Königreich Sachsen vom 4. September 1831[14] (§ 81).

Die Paulskirchenverfassung von 1849[15], die bekanntlich niemals wirksam wurde, nahm den Repräsentativgedanken in § 96 auf, wonach die Mitglieder beider Häuser (des Staaten- und des Volkshauses, § 85) durch Instruktionen nicht gebunden werden können. Die Reichsverfassung von 1871[16] übernahm zwar die Vertreter-, nicht jedoch die Gewissensformel in Art. 29: „Die Mit-

---

[7] Text in: *Huber,* Dokumente, Bd. 1, S. 391.

[8] Text in: *Huber,* Dokumente, Bd. 1, S. 410.

[9] Text in: *Huber,* Dokumente, Bd. 1, S. 150.

[10] Kap. VII, § 25; Text in: *Huber,* Dokumente, Bd. 1, S. 153.

[11] Text in: *Huber,* Dokumente, Bd. 1, S. 163.

[12] Text in: *Huber,* Dokumente, Bd. 1, S. 190 und in: *Dürig/Rudolf,* Verfassungstexte, S. 49.

[13] Text in: *Huber,* Dokumente, Bd. 1, S. 212.

[14] Text in: *Huber,* Dokumente, Bd. 1, S. 236.

[15] Verfassung des Deutschen Reiches vom 28. März 1849, Text in: *Huber,* Dokumente, Bd. 1, S. 314 und in: *Dürig/Rudolf,* Verfassungstexte, S. 108.

[16] Verfassung des Deutschen Reiches vom 16. April 1871, Text in: *Huber,* Dokumente, Bd. 2, S. 295 und in: *Dürig/Rudolf,* a.a.O., S. 162. S. auch unten 4. Kap., II 3, S. 85ff.

glieder des Reichstages sind Vertreter des gesammten Volkes und an Aufträge und Instruktionen nicht gebunden". Die Zusammenfassung der Vertreter und Gewissensformel findet sich dann in Art. 21 der Weimarer Reichsverfassung[17] und fast inhaltsgleich in Art. 38 Abs. 1 Satz 2 GG.

Die Notwendigkeit der Ausformulierung der Voraussetzungen des parlamentarischen Repräsentativsystems zeigt deutlich, daß der Begriff Repräsentation bzw. die Aussage, eine Verfassung sei repräsentativ, allein noch keine klare Aussage über die tatsächliche Stellung der Repräsentanten zuläßt. Mit dem Aufkommen der Gewissensformel[18] deutet sich ein Umdenkungsprozeß an, wonach nicht notwendigerweise durch die parlamentarische Diskussion der freien Mandatsträger gleichsam automatisch als Ergebnis der wahre Volkswille zu erkennen sei, der keiner zusätzlichen Kontrolle irgendeiner Instanz bedürfe.[19] Im Gewissen des Abgeordneten sah man ein außerrechtliches Korrektiv, welches das ansonsten freie Mandat unberührt läßt.

II. Der Disput um Art. 13 Deutsche Bundesakte und die Entstehung der Bundesverfassungen bis zur Weimarer Reichsverfassung

1. Der Disput um Art. 13 der Deutschen Bundesakte

Auf dem Wiener Kongreß wurde auch darüber verhandelt, ob und in welchem Umfang der Bund die Gliedstaaten verpflichten solle, Verfassungen zu erlassen. Auf eine weitergehende Regelung, als den Ländern vorzuschreiben, daß es überhaupt Verfassungen geben soll und daß die Landstände zu beteiligen seien, konnte man sich nicht einigen[20]. Allerdings war man sich auf dem Wiener Kongreß und auch bis zu den Karlsbader Konferenzen 1819 insoweit bis auf wenige „hartgesottene Konservative"[21] einig, daß der Begriff „Stände" keine Restauration der altständischen Verfassung vorabsolutistischer Zeit bedeutet[22]. Vielmehr verstand die öffentliche Meinung Art. 13 der Bundesakte als Verpflichtung der Fürsten zur Einführung einer

[17] Weimarer Reichsverfassung vom 11. August 1919, Text in: *Huber*, Dokumente, Bd. 3, S. 133 und in: *Dürig/Rudolf*, a.a.O., S. 180.

[18] Zur Gewissensformel vgl. *Abmeier*, Parlamentarische Befugnisse, S. 53ff.

[19] Vgl. *von Mohl*, Staatsrecht, S. 5, wo er François Pierre Guilleaume Guizot (1787-1874) zitiert: „dass nicht der menschliche Wille, sondern die höheren Gesetze der Vernunft, Gerechtigkeit und Sittlichkeit Recht zu machen befugt seien, und dass zu dem Ende die unter den Menschen zerstreuten und ungleich vertheilten Vernunftelemente gesammelt und zur öffentlichen Herrschaft gebracht werden müssen." Als von Mohl 1860 dies kommentiert, fragt er selbst anschließend: „Wo ist irgend eine Sicherheit, dass diese Gewählten gerade die Träger der Vernunftbruchstücke seien?".

[20] *Huber*, Verfassungsgeschichte, Bd. 1, S. 640f.

[21] *Huber*, a.a.O., S. 641.

[22] *Brandt*, Landständische Repräsentation, S. 55.

repräsentativen Vertretung des Volksganzen[23], wobei die nähere Ausgestaltung den souveränen Landesfürsten überlassen bleiben sollte. In diesem Verständnis wurde in Preußen von Staatskanzler Karl August von Hardenberg (1750-1822) und dem Anfang 1819 ernannten Minister für Ständische Angelegenheiten Wilhelm von Humboldt (1767-1835) über die zu schaffende Landesverfassung debattiert[24]. Die Verfassungen Bayerns und Badens[25] beruhen ebenfalls auf dieser Sichtweise. Mit der Verfassung Württembergs kam erstmalig ein Verfassungsvertrag zustande, der das konstitutionelle Repräsentativsystem einführte, wenn auch erst nach längerer Auseinandersetzung mit den altständischen Vertretern[26].

Die Unruhen an den deutschen Universitäten, vor allem die Ermordung des Dichters Kotzebue, veranlaßten Fürst Metternich (1773-1859), vom 6. bis 31. August 1819 in Karlsbad die Minister von zehn deutschen Staaten einzuladen, um in geheimen Konferenzen unter Berufung auf die Bundeskompetenz zur „Erhaltung der inneren Sicherheit Deutschlands" das Universitätsgesetz, das Preßgesetz, das Untersuchungsgesetz und eine Exekutionsordnung vorzubeschließen.

Fürst Metternich erkannte die Gefahr für die Souveränität der Monarchen[27], die in einer Übernahme des französischen Revolutionsgedankengutes in Gestalt von Repräsentativverfassungen steckte. Er beauftragte seinen Publizisten Friedrich Gentz, ein Gutachten gegen die Repräsentativverfassung zu schreiben, welches er 1819 den versammelten Staatsmännern überreichte[28]. Gentz baute seinen Angriff auf die Repräsentativverfassung auf zwei Unterstellungen auf. Zum einen gebiete Art. 13 der Bundesakte eine landständische und damit gerade keine repräsentative Verfassung, denn beide seien zwei unvereinbare Verfassungstypen. Zum anderen hätten die Staatsmänner auf dem Wiener Kongreß bewußt den Ausdruck „landständisch" als Gegenbegriff zur repräsentativen Vertretung gebraucht. Er skizzierte das Bild der landständischen Verfassung als Vertretung der bestehenden Stände und Körperschaften, wie Adel, Klerus, Städte und Universitäten, durch entsandte und gebundene Vertrauensmänner. In Repräsentativverfassungen verkörpere jeder Abgeordnete das ganze Volk. Insoweit brachte Gentz die Unterschiede auf einen knappen und zutreffenden Nenner. Dann geht er aber sofort einen Schritt weiter und stellt das Repräsenta-

---

[23] *Huber*, Verfassungsgeschichte, Bd. 1, S. 642 und *Reuss*, Geschichte, S. 8f.

[24] *Huber*, Verfassungsgeschichte, Bd. 1, S. 304f.

[25] S.o. 4. Kap., I., S. 80.

[26] S.o. 4. Kap., I., S. 80 und *Huber*, Verfassungsgeschichte, Bd. 1, S. 334. Vgl. auch *C. Schmitt*, Verfassungslehre, S. 52 und *Böckenförde*, Konstitutionelle Monarchie, S. 164, Anm. 22, die die Verwirklichung eines Verfassungsvertrages erstmals in der Verfassung von Sachsen-Weimar vom 5. Mai 1816 sehen.

[27] Vgl. *C. Schmitt*, Verfassungslehre, S. 211.

[28] „Über den Unterschied zwischen landständischen und Repräsentativverfassungen", Text bei: *Klüber/Welcker*, Wichtige Urkunden, S. 213ff.

tivsystem als notwendig mit dem „verkehrten Begriff" der Volkssouveränität, also dem „Wahn allgemeiner Gleichheit der Rechte", verbunden dar. Werde an die Stelle natürlicher, gewachsener, historisch fundierter Grundelemente (insbes. Stände) schlicht das Volk gesetzt, so führe dies unausweichlich zum Untergang des Staates. Gentz erkannte auch, daß das Repräsentativsystem verbunden mit der Volkssouveränität notwendig in die parlamentarische Regierungsverantwortlichkeit, in die Öffentlichkeit der parlamentarischen Verhandlungen, in die unbeschränkte Pressefreiheit und umfassende Gewährung des Petitionsrechts führen müsse. Dadurch werde letztlich die Zerstörung der Staatsordnung und die Revolution heraufbeschworen, was aber Geist und Inhalt der Wiener Bundesakte widerspreche[29]. Fürst Metternich wollte auf den Karlsbader Konferenzen die Gentzsche Schrift als authentische Interpretation des Art. 13 Bundesakte durchsetzen, was aber am Einspruch des württembergischen Grafen Wintzingerode scheiterte. Dennoch gelang es Fürst Metternich, für die Phase der Restauration den Vormarsch des Repräsentativsystems in den deutschen Landesverfassungen bis zur französischen Julirevolution 1830 und den sich anschließenden Unruhen in Deutschland aufzuhalten[30]. Mit dem Ende der Restauration war auch der Versuch Metternichs politisch gescheitert, den Vormarsch des Repräsentativsystems aufzuhalten. Es kam zu einer zweiten Welle repräsentativer Landesverfassungen, beginnend mit den Verfassungen von Hessen und Sachsen[31]. Das „Professorenparlament"[32] der „Frankfurter Verfassungsgebenden Nationalversammlung" war sich bereits einig, daß eine konstitutionelle Repräsentativverfassung geschaffen werden sollte[33]; darüber wurde nicht mehr gestritten, sondern um die darauf aufbauenden Fragen, ob ein Zweikammersystem dem Gleichheitsideal widerspreche, wie das Wahlsystem ausgestaltet werden solle und ob und in welchem Umfang dem Kaiser ein Vetorecht zustehen solle.

[29] Vgl. zur Unhaltbarkeit der Gentzschen Auslegung des Art. 13 der Deutschen Bundesakte *Huber,* Verfassungsgeschichte, Bd. 1, S. 644 und *Reuss,* Geschichte, S. 8ff.; vgl. auch *Brandt,* Landständische Repräsentation, S. 51ff.

[30] Vgl. zur zurückhaltenden Interpretation des Art. 13 Bundesakte die Art. 54 bis 57 der Wiener Schlußakte vom 15. Mai 1820, Text in: *Huber,* Dokumente, Bd. 1, S. 88. Vgl. zur Gentzschen Schrift *Brandt,* Landständische Repräsentation, S. 56ff.; *Reuss,* Geschichte, S. 7ff. und *C. Schmitt,* Verfassungslehre, S. 51f. und 211. Vgl. zu den Repräsentationsvorstellungen Friedrich Wilhelm Hegels (1770-1831) *Hočevar,* Stände und Repräsentation beim jungen Hegel, insbes. S. 34ff. und *Brandt,* Landständische Repräsentation, S. 53ff.

[31] S.o. 4. Kap., I., S. 80.

[32] Ihm gehörten insgesamt 586 Abgeordnete an, darunter 223 Juristen, 106 Professoren, 46 Industrielle, 4 Handwerker und kein Bauer, siehe *Kinder/Hilgemann,* Weltgeschichte, Bd. 2, S. 57.

[33] *Huber,* Verfassungsgeschichte, Bd. 2, S. 784.

2. Die Auseinandersetzungen um die Paulskirchenverfassung

In der Debatte der Frankfurter Nationalversammlung wollten die Linken das Prinzip der Volkssouveränität uneingeschränkt in der neuen Reichsverfassung garantiert wissen. Das Volk als Nation und Souverän sollte durch eine einzige Repräsentativkammer, das Parlament, vertreten sein[34]. Weiterhin sei dem Kaiser kein Vetorecht gegen die vom Volk beschlossenen Gesetze einzuräumen, da dies die Souveränität des Volkes beeinträchtigen würde. Drittens sollte auch jedermann wahlberechtigt sein, denn auch der Ausschluß der Unselbständigen verstoße gegen den Grundsatz der Volkssouveränität und der Allgemeinheit und Gleichheit der Wahl. Die Linken konnten sich allerdings mit dieser Sichtweise nicht durchsetzen.

Die Konservativen wollten dem Kaiser ein absolutes Vetorecht geben, da die Nation nicht allein durch das Parlament, sondern vornehmlich durch den Kaiser repräsentiert werde. Sie setzten sich anfangs für die indirekte Wahl des Parlamentes ein und orientierten sich insgesamt nicht am französischen Modell, sondern am englischen, wobei sie grundsätzlich ein Oberhaus forderten, welches allerdings durch die Ländervertreter zu besetzen sei, da sie den politischen Anachronismus der Schaffung eines aristokratischen Oberhauses nach englischem Vorbild nach der Märzrevolution in Deutschland erkannten. Dennoch hofften sie, daß durch die Ländervertreter ein aristokratisches und klerikales Gegengewicht zur Nationalversammlung installiert werden könnte, da sie annahmen, daß das Prinzip der indirekten Entsendung die Gefahr des dominanten Einflusses der Massen bannen würde.

Die Liberalen wollten die Freiheit des einzelnen gesichert wissen, deshalb setzten sie auf Gewaltenbalance. Diese schien ihnen eher im Zweikammersystem gewährleistet zu sein, da sie bei der Verwirklichung der Montesquieuschen Gewaltenteilung in lediglich horizontaler Hinsicht die Dominanz der ersten Gewalt befürchteten, die vertikale Trennung der Bundesgesetzgebung durch zwei Kammern galt ihnen als Garant der Mäßigung und damit der Freiheit. Aus dem gleichen Grund setzten sie sich auch für eine Stärkung der Exekutive ein, indem dem Kaiser prinzipiell ein Vetorecht eingeräumt werden sollte.

An diesen Gegensätzen sollte aber die Verfassungsgebung nicht scheitern, man entschied sich mehrheitlich für Kompromisse. Gemäß § 80 der Frankfurter Reichsverfassung[35] übte der Kaiser die gesetzgebende Gewalt in Gemeinschaft mit dem Reichstage, also dem Staaten- und Volkshaus (§ 85),

---

[34] Vgl. zum Nachfolgenden vor allem *Huber,* Verfassungsgeschichte, Bd. 2, S. 784-791.

[35] Text in: *Huber,* Dokumente, Bd. 1, S. 311 und in: *Dürig/Rudolf,* Verfassungstexte, S. 105.

unter den verfassungsmäßigen Beschränkungen aus. Hierauf konnten sich Liberale und Konservative einigen. Sie wendeten sich damit gegen die Sieyèssche Lehre von der Gleichsetzung des Souveräns, der Nation, mit dem Dritten Stand. Aber auch nicht alle Stände zusammen repräsentierten nach dem Verständnis der Paulskirchenverfassung die Nation, sondern die Volksvertretung im Zusammenwirken mit dem Kaiser. Allerdings konnte der Kaiser theoretisch durch drei aufeinanderfolgende unveränderte Beschlußfassungen des Reichstages überstimmt werden (§ 101)[36]. In der Wahlrechtsfrage entschied man sich für die direkte Wahl unter größtmöglicher Beteiligung der Nation. Das Reichswahlgesetz vom 12. April 1849[37] konnte aufgrund seiner Fortschrittlichkeit von Bismarck 1866 als Wahlgesetz für den konstituierenden Reichstag des Norddeutschen Bundes übernommen werden und die Grundsätze desselben gingen in das Wahlgesetz vom 31. Mai 1869 ein und blieben somit bis 1918 in Geltung[38].

Mit der repräsentativen Konzeption des Reichstages in der Paulskirchenverfassung war in Deutschland die Schlacht für das repräsentative System im wesentlichen[39] geschlagen und gewonnen. Bis auf Österreich und Preußen stimmten fast alle deutschen Staaten dieser Verfassung zu. Die Paulskirchenverfassung scheiterte letztlich auch nicht an den bisher behandelten Fragen, sondern am Problem der Einbeziehung des Vielvölkerstaates Österreich. Die Verfassungsväter von Frankfurt hatten es verstanden, ein gemischtes Repräsentativsystem zu konzipieren, in welchem trotz der Beteiligung des Volkes durch das Volkshaus eine handlungsfähige, monarchische Exekutive erhalten blieb und in welchem das Phänomen der Repräsentation umfassend zur Integration der Nation genutzt wurde.

3. Die Verfassungen des Norddeutschen Bundes und des Deutschen Reiches

Bereits auf dem Frankfurter Fürstentag in der Debatte um die Deutsche Reformakte von 1863 zeigte sich, daß der Grundsatz des konstitutionellen Repräsentativsystems sich vollständig durchgesetzt hatte, denn selbst die konservativen Regierungen wehrten sich nicht mehr gegen die Schaffung

[36] Text in: *Huber,* Dokumente, Bd. 1, S. 314 und in: *Dürig/Rudolf,* Verfassungstexte, S. 108.

[37] Text in: *Huber,* Dokumente, Bd. 1, S. 324.

[38] *Huber,* Verfassungsgeschichte, Bd. 2, S. 791.

[39] Zu den Revisionsbestrebungen der Hochkonservativen nach Erlaß der preußischen Verfassung, die in Preußen die Repräsentativverfassung in eine ständische umwandeln wollten, vgl. *Huber,* Verfassungsgeschichte, Bd. 3, S. 162ff. Für die Provinzialstände gelang dies, nicht jedoch auf der Landesebene. Selbst König Friedrich Wilhelm IV. (1840-1861) wollte seinen königlichen Eid auf die Verfassung ungeschehen machen. Er scheute aber vor dem offenen Verfassungsbruch und forderte seine Nachfolger in einer letztwilligen Mahnung auf, keinen Eid auf die Verfassung abzulegen, was diese jedoch nicht beachteten.

eines gewählten Repräsentativorgans des Bundes[40]. Auch die Abgeordneten des Reichstages des Norddeutschen Bundes stritten nicht mehr um den Grundsatz des konstitutionellen Repräsentativsystems, sondern um speziellere Fragen, die aber auch die Stellung der Repräsentanten betrafen. So stritt man z. B. darüber, ob weisungsgebundene Staatsbeamte gleichzeitig Abgeordnete sein dürfen, was der Entwurf Bismarcks ablehnte, vom Reichstag aber als mit dem Prinzip der Gewaltenteilung vereinbar angesehen wurde. Auch die Frage der Diäten war umstritten. Sollten mittellose Mandatsbewerber wirtschaftlich ausgeschlossen bleiben oder wollte man das Aufkommen des Berufspolitikertums[41] akzeptieren? Auch bezüglich dieses Streitpunktes hatte der Bismarcksche Entwurf ein Verbot vorgesehen. Der Reichstag sprach sich zuerst mit knapper Mehrheit für die Gewährung von Diäten aus. Dagegen legte Bismarck im Namen der verbündeten Regierungen sein Veto ein. Daraufhin gab der Reichstag mit deutlicher Mehrheit nach, um das Verfassungswerk nicht an dieser Frage scheitern zu lassen.

Die Verfassung des Norddeutschen Bundes wurde durch die 22 beteiligten Regierungen der Bundesstaaten zum 1. Juli 1867 in Kraft gesetzt. Bei der formellen Revision der Verfassung des Norddeutschen Bundes zur Reichsverfassung von Dezember 1870 bis April 1871 wurden die Institutionen des Bundesrates und Reichstages lediglich zahlenmäßig erweitert, die Repräsentativstruktur war auch bei der Aufnahme der süddeutschen Staaten nicht mehr umstritten.

Der Reichsverfassung von 1871 war es gelungen, die demokratische und die monarchische Komponente der Verfassung in ein fruchtbares Spannungsverhältnis[42] einzubringen, wobei das Nebeneinander von Demokratie und Monarchie dem Staatssystem ein inneres Gewaltengleichgewicht vermittelte[43]. Sowohl das demokratische als auch das monarchische Element verstanden sich als im Dienste der Nation stehend. Dies führte zur Mehrfachrepräsentation[44]. Nicht nur der Reichstag und der Bundesrat, sondern auch der Deutsche Kaiser waren Repräsentanten der Nation.

Gegenüber der Paulskirchenverfassung läßt sich folgende Entwicklung aufzeigen. Während in Frankfurt noch der Kaiser die gesetzgebende Gewalt in Gemeinschaft mit den beiden Häusern des Reichstages ausüben sollte, sprechen Art. 2 der Verfassung des Norddeutschen Bundes bzw. der Reichsverfassung von 1871 davon, daß der Bund bzw. das Reich das Recht der

---

40 *Huber,* Verfassungsgeschichte, Bd. 3, S. 430.

41 Vgl. *Huber,* Verfassungsgeschichte, Bd. 3, S. 661f.

42 Vgl. aber auch *Böckenförde,* Konstitutionelle Monarchie, S. 155, der das demokratische und monarchische Prinzip als unvermittelt gegenüberstehend betrachtet, wobei der Gegensatz sich gerade nicht in einer höheren Einheit aufhebe.

43 *Huber,* Verfassungsgeschichte, Bd. 3, S. 774f.

44 Vgl. *C. Schmitt,* Verfassungslehre, S. 219f.

Gesetzgebung ausüben[45]. Gemäß Art. 5 dieser Verfassungen[46] wird die Reichsgesetzgebung durch den Bundesrat und den Reichstag ausgeübt. Ein Vetorecht[47] des Kaisers war grundsätzlich[48] nicht mehr vorgesehen, allerdings übte dieser über den Bundesrat mit den Stimmen Preußens einen erheblichen Einfluß auf die Gesetzgebung aus. Seine Stellung war somit im Verhältnis zu der nach der Paulskirchenverfassung *de iure* geschwächt worden. Neues Rechtssubjekt der Gesetzgebung war nunmehr die Gebietskörperschaft Bund bzw. Reich und nicht mehr die Zusammenfassung der einzelnen Organe. Trotz der Gewichtsverlagerung von der monarchischen Komponente zur demokratischen durch das fehlende Vetorecht wurde häufig, insbesondere von linkeren Gruppierungen, die Reichsverfassung von 1871 wegen ihrer zu starken monarchischen Komponente und der nur schwach ausgeprägten Regierungsverantwortlichkeit gegenüber dem Parlament angegriffen und auf die weitergehende französische Verfassung verwiesen. Die Situation Deutschlands im letzten Drittel des letzten Jahrhunderts läßt sich aber nicht mit der Englands und Frankreichs gleichsetzen[49]. In England war das klassische Zweiparteiensystem etabliert, welches stabile parlamentarische Mehrheitsverhältnisse erzeugte und welches in Deutschland nach den gegebenen politischen Verhältnissen nicht vorstellbar war. In Frankreich bestand die konstitutionelle Monarchie nur von 1814 bis 1830. Danach durchlebte es sehr instabile Regierungsverhältnisse, was auch in Deutschland eingetreten wäre, hätte man sich nicht auf eine starke Regierung durch die Inkorporation des monarchischen Momentes stützen können. Das Bismarckreich war Demokratie und Monarchie zugleich[50]. Die Fragen, wer der Souverän während der konstitutionellen Monarchie in Deutschland war und ob die konstitutionelle Monarchie eine eigenständige Staatsform darstellte, sind bis heute umstritten[51]. Für diese Untersuchung

---

[45] Der Wortlaut der beiden Verfassungen ist bis auf den Unterschied von „Bund" und „Reich" identisch, vgl. *Huber*, Dokumente, Bd. 1, S. 228 und 290.

[46] Vgl. Texte bei *Huber*, Dokumente, Bd. 1, S. 229 und 291.

[47] *Laband*, Staatsrecht, Bd. 2, S. 33.

[48] Ausnahmen finden sich in Art. 5, wenn im Bundesrat über Fragen des Militärwesens, der Kriegsmarine und speziellen Abgaben gestritten wird.

[49] Vgl. zur Situation dieser Zeit in England und Frankreich *Hintze*, Monarchisches Prinzip, S. 360ff.

[50] Vgl. *Huber*, Verfassungsgeschichte, Bd. 3, S. 775f.

[51] Die Staatslehre des letzten Jahrhunderts vertrat ganz überwiegend die Ansicht, der Bundesrat verkörpere die oberste Macht im Reich, denn in ihm waren die verbündeten souveränen Regierungen vertreten. Fürst Metternich hatte in Art. 57 der Wiener Schlußakte vom 15. Mai 1820 festschreiben lassen, daß der deutsche Bund aus souveränen Fürsten bestehe, die durch landständische Verfassungen nur in der Ausübung bestimmter Rechte an die Mitwirkung der Stände gebunden werden können.

Folgerichtig kamen dem Reichstag nur begrenzte Kompetenzen zu. Die „Vermutung der Zuständigkeit" bei wirklichen oder vermeintlichen Verfassungslücken wurde somit überwiegend als beim Monarchen liegend betrachtet.

Dennoch hatte Metternich nur halbe Arbeit geleistet. Alle Verfassungen enthielten nämlich Bestimmungen, daß sie nur unter Zustimmung der Parlamente geändert werinteressieren sie jedoch nur am Rande, da die Stellung des Reichstages sich bereits in der konstitutionellen Monarchie unabhängig von der Frage der Souveränität auf das Repräsentativsystem gründete.

4. Die Weimarer Reichsverfassung

Mit dem Zusammenbruch des Kaiserreiches entfiel der Gegenspieler des Repräsentativorgans Reichstag, also der Adressat der Repräsentation. Die Schaffung einer vom Parlament abhängigen Regierung[52] war längst überfällig. Nachdem die Kardinalfrage nach der Novemberrevolution „Räteherrschaft oder parlamentarische Demokratie"[53] im Sinne der letzteren vor allem durch die Ablehnung der Rätediktatur auf dem allgemeinen deutschen Rätekongreß vom 16. bis 18. Dezember 1918 in Berlin entschieden war, wurde die Volkssouveränität umfassend durchgesetzt[54]. In den Beratungen der Verfassung wurden auf der Vorbesprechung vom 9. bis 12. Dezember 1918 im Reichsamt des Inneren viele Stimmen laut, die die Übernahme von Einrichtungen der unmittelbaren Demokratie nach Schweizer Muster forderten. Der Staatssekretär des Inneren Hugo Preuß (1860-1925) wehrte sich jedoch als Vorsitzender entschieden dagegen[55].

Vom Prinzip der Doppelrepräsentation, wie man es aus der konstitutionellen Monarchie kannte, wollte man nicht abrücken. Nur sollte der Reichspräsident ebenfalls gewählt werden[56]. Damit war das parlamentarische Repräsentativsystem um ein plebiszitäres Element ergänzt. Der auf sieben Jahre gewählte Reichspräsident konnte auch vorzeitig durch Volksabstimmung abgesetzt werden[57]. Aber auch die Gesetzgebung erhielt in Art. 73 WRV eine plebiszitäre Komponente in zweifacher Form. Einerseits konnte es zum Volksentscheid aufgrund der Initiative des Volkes (Volksbegehren)

---

den dürfen. Auch damals galt die Lehre vom Gesetzesvorbehalt und für Gesetze bestand das Mitwirkungsrecht des Reichstages. Da nunmehr die zu regelnden Materien sich ständig erweiterten, wobei das Budgetbewilligungsrecht eine bedeutende Rolle spielte, wurde die Stellung des Parlamentes faktisch immer stärker. Vgl. vor allem *Böckenförde,* Konstitutionelle Monarchie, S. 146ff., der sich letztlich gegen ein eigenständiges Formprinzip ausspricht. Die Monarchie habe keine Legitimität mehr gehabt, das „Gottesgnadentum" habe nicht mehr getragen und für die Volkssouveränität habe die Abhängigkeit der Reichsregierung vom Parlament gefehlt (S. 159ff.); *Huber,* Verfassungsgeschichte, Bd. 3, S. 11ff. und S. 849ff.; *Anschütz,* Weimarer Verfassung, Vorbem. zu Art. 20, S. 179; *C. Schmitt,* Verfassungslehre, S. 53ff., 288f. und *Hintze,* Monarchisches Prinzip, S. 359ff.

[52] Vgl. Art. 54 WRV, Text in: *Huber,* Dokumente, Bd. 3, S. 137; und in: *Dürig/ Rudolf,* Verfassungstexte, S. 185 und *Anschütz,* Weimarer Verfassung, S. 318.

[53] Vgl. *Huber,* Verfassungsgeschichte, Bd. 5, S. 720, S. 777ff., auch S. 829: „... Die Ablehnung der Rätediktatur durch das ‚Proletariat' selbst" und S. 847f.

[54] Nach den einleitenden Worten der WRV hat sich „das Volk" diese Verfassung gegeben. Damit avancierte das Volk vom *pouvoir constitué* zum *pouvoir constituant.*

[55] Siehe *Huber,* Verfassungsgeschichte, Bd. 5, S. 1179. Zur Preußschen Denkschrift vom 3. Januar 1919 s. *Fraenkel,* Repräsentative und plebiszitäre Komponente, S. 375.

[56] Art. 41 WRV.

[57] Art. 43 Abs. 2 S. 1 WRV.

kommen, andererseits aufgrund der Initiative des Reichspräsidenten, Reichsrates oder eines Drittels des Reichstages[58]. In der Praxis der Weimarer Republik leiteten in sieben Fällen oppositionelle Gruppen im Reich das Verfahren der Volksgesetzgebung ein, die alle ergebnislos verliefen[59]. Zu einem Volksentscheid durch Initiative eines Verfassungsorgans kam es nicht. Das theoretische Verhältnis von Parlamentsgesetzen zu Volksentscheiden war umstritten[60].

Zusammenfassend läßt sich sagen, daß in der Weimarer Verfassung das hier interessierende Repräsentativsystem lediglich durch plebiszitäre Elemente ergänzt, nicht jedoch durchbrochen werden sollte.

III. Zur wissenschaftlichen Diskussion, die die Weimarer Reichsverfassung begleitete

1. Carl Schmitt

Nach C. Schmitt heißt „Repräsentieren, ein unsichtbares Sein durch ein öffentlich anwesendes Sein sichtbar machen und vergegenwärtigen“[61]. Sein Repräsentationsverständnis ist rein statischer Natur. „Die Repräsentation ist kein normativer Vorgang“, sondern existenziell[62]. In der konstitutionellen Monarchie repräsentierte der Monarch als selbständiger und unabhängiger Chef der Exekutive die politische Einheit, während eine repräsentative

[58] Vgl. *C. Schmitt,* Volksentscheid und Volksbegehren, S. 7-31.

[59] Übersicht dieser Fälle bei *Anschütz,* Weimarer Verfassung, Anm. 11 zu Art. 73, S. 390ff. Drei Anträge wurden nach Art. 73 Abs. 4 abgelehnt, da sie sich mit Fragen der Abgaben und des Haushaltplanes befaßten, worüber nur der Reichspräsident einen Volksentscheid veranlassen konnte. Ein Fall wurde von den Antragstellern nicht weiter verfolgt. Das kommunistisch-sozialdemokratische Volksbegehren auf Enteignung des Fürstenvermögens von 1926 scheiterte im Volksentscheid an der erforderlichen Mindestbeteiligung in Höhe der einfachen Mehrheit der Stimmberechtigten, Art. 75 WRV. Das kommunistische Volksbegehren auf Verbot des Panzerkreuzerbaus von 1928 scheiterte bereits an der Erreichung der 10 %-Klausel zur Ingangsetzung des Verfahrens. Auch das siebente Volksbegehren, betrieben von der Deutschnationalen Volkspartei und der Vereinigung „Stahlhelm“, scheiterte am 22. Dezember 1929 nach Art. 75 WRV.

[60] Vgl. *Anschütz,* Weimarer Verfassung, Anm. 4 zu Art. 73, S. 385ff.; *Huber,* Verfassungsgeschichte, Bd. 6, S. 431f. Ganz überwiegend wurde die jederzeitige Abänderbarkeit eines Volksentscheides angenommen, teilweise nur nach Neuwahlen.

[61] *C. Schmitt,* Verfassungslehre, S. 209. Zu seiner Lehre s. u. a. *Leibholz,* Wesen, S. 32, 39, 41f., 46f., 62, 66f., 69, 73, 76, 79f., 91, 94, 103, 107, 119, 129, 139, 141, 147f., 151, 164, 169, 174, 176, 178, 194 und 197ff.; *Schneider,* Ausnahmezustand und Norm, S. 74-86; *ders.,* Recht und Macht, S. 53; *ders.,* Volk von Brüdern, S. 264-274; *Hofmann,* Repräsentation, S. 15, 17f., 21ff., 37, 100f., 114, 119, 187, 306, 324, 388, 414f., 436, 446 und 456; *E. Schmitt,* Repräsentation und Revolution, S. 11, 124, 131, 133, 200 und 284; *Pollmann,* Repräsentation und Organschaft, S. 19-24; *Mantl,* Repräsentation und Identität, S. 121-149; *Müller,* Das imperative und freie Mandat, S. 41-44 und *Hartmann,* Repräsentation in der politischen Theorie und Staatslehre in Deutschland, S. 199-237 u. 262.

[62] *C. Schmitt,* a.a.O., S. 209.

Volksvertretung, das Parlament, ihm als zweiter Repräsentant gegenüberstand[63]. Das Formprinzip der Monarchie war die Repräsentation[64]. Dabei kann aber nicht jeder beliebige Wert repräsentiert werden, vielmehr ist eine „besondere Art Sein" Voraussetzung[65]. Die Idee der Repräsentation beruht nach C. Schmitt darauf, „daß ein als politische Einheit existierendes Volk gegenüber dem natürlichen Dasein einer irgendwie zusammenlebenden Menschengruppe eine höhere und gesteigerte, intensivere Art Sein hat."[66] Ein Element dieses gesteigerten, höherwertigen Seins ist für ihn die Bildung als persönliche Qualität[67]. Der Besitz hingegen wird für sich genommen nicht repräsentiert[68], die Interessen der Besitzenden werden lediglich vertreten, da hier keine Unabhängigkeit, sondern eine Bindung an die Interessen der Besitzenden vorliegt[69].

Das Formprinzip der Demokratie ist die Identität[70]. C. Schmitt definiert die Demokratie als Identität von Herrschern und Beherrschten, Regierenden und Regierten, Befehlenden und Gehorchenden[71]. Dabei geht er von der Prämisse aus, daß die substantielle Gleichheit die wesentliche Voraussetzung der Demokratie ist[72]. Es kann somit in der Demokratie keine qualitative Verschiedenheit zwischen Regierenden und Regierten geben und damit keine besonders werthaftigen, repräsentierbaren Mitglieder des Volksganzen. Die Regierenden müssen ihrer Substanz nach in der demokratischen Gleichheit und Homogenität verbleiben[73]. Die Identität des Volkes mit seinen Herrschern in der Demokratie beruht auf der Tatsache, daß das Volk sich bereits im Zustand politischer Einheit befindet, da es Träger des *pouvoir constituant* ist[74]. Als solches ist es politisch aktionsfähig und damit eine

---

[63] *C. Schmitt,* a.a.O., S. 288.

[64] *C. Schmitt,* a.a.O., S. 282. S. auch S. 205: „Der Satz: ‚L'Etat c'est moi' bedeutet: ich allein repräsentiere die politische Einheit der Nation."

[65] *C. Schmitt,* a.a.O., S. 210; vgl. dort auch: „Etwas Totes, etwas Minderwertiges oder Wertloses, etwas Niedriges, kann nicht repräsentiert werden".

[66] *C. Schmitt,* a.a.O., S. 210.

[67] *C. Schmitt,* a.a.O., S. 310; s. auch S. 311: „. . . nur der gebildete Mann ist fähig, zwischen seinen persönlichen Interessen und dem Interesse des Ganzen sorgfältig zu unterscheiden und jenes diesem unterzuordnen."

[68] *C. Schmitt,* a.a.O., S. 311.

[69] Hier irrt *Pollmann,* Repräsentation und Organschaft, S. 21 (mit Anm. 42), da C. Schmitt die Repräsentationswürdigkeit von Bildung von der des Besitzes unterscheidet, was Pollmann einfach gleichsetzt.

[70] *C. Schmitt,* Verfassungslehre, S. 204ff.; dabei sieht er aber diese beiden Begriffe nicht als Antagonismen an, sondern als zwei entgegengesetzte Orientierungspunkte (S. 206), wobei jeder Staat auf beiden Strukturelementen beruhe (S. 205), nur überwiege das eine oder andere Element (S. 206).

[71] *C. Schmitt,* a.a.O., S. 234.

[72] *C. Schmitt,* a.a.O., S. 235.

[73] *C. Schmitt,* a.a.O., S. 235.

[74] Vgl. *C. Schmitt,* a.a.O., S. 205. *Schneider,* Ausnahmezustand und Norm, S. 76ff., kennzeichnet die Entwicklung als den Schritt des Volkes „aus dem Zustand politischer Unbewußtheit in den Zustand der politischen Bewußtheit" (S. 76).

politische Einheit, die „mit sich selbst identisch vorhanden" ist und für C. Schmitt nicht repräsentiert werden kann. Vom Idealtypischen her betrachtet geht das „entgegengesetzte Prinzip", also die konstitutionelle Monarchie, davon aus, daß die politische Einheit des Volkes als solche niemals in realer Identität anwesend sein kann und daher immer durch Menschen persönlich repräsentiert werden muß[75].

C. Schmitt baut sein System der Aberkennung der repräsentativen Stellung des Parlamentes in der parlamentarischen Demokratie auf verschiedene Prämissen auf. Für ihn gibt es die Demokratie im Grundsatz nur als unmittelbare Demokratie, denn die „Mittelbarkeit" entstehe nur durch Beimischung repräsentativer Formelemente[76]. Er unterstellt der Demokratie das Idealbild der absoluten Gleichheit bezogen auf alle politischen Teilhabeformen, um anschließend die substantielle Gleichartigkeit des Volkes als Fiktion bewerten zu können[77]. Er setzt die Idealvorstellung der unmittelbaren Demokratie als real, wenn er aus der Tatsache der Inhaberschaft des *pouvoir constituant* auf eine bereits vorhandene politische Einheit des Volkes schließt. Letztlich läßt er ein quantitatives Element in ein qualitätsvernichtendes Element umschlagen, wenn er durch die Gleichheit der Wahl und der theoretisch gleichen Teilhabe aller in der Demokratie die gesteigerte Werthaftigkeit verloren gehen läßt, die zuvor in der Monarchie noch vorhanden war, nun aber nicht mehr repräsentationswürdig sein soll.

Dabei soll nicht verkannt werden, daß er hier nicht allein auf die quantitative Vermehrung des Wahlvolkes abstellt, sondern auf seine neue Qualität als *pouvoir constituant,* dennoch bleibt in seiner Konzeption unstimmig, wieso „Größe, Hoheit, Majestät, Ruhm, Würde und Ehre"[78], Begriffe, die geneigt seien, die Besonderheit gesteigerten und repräsentationsfähigen Seins zu treffen, dadurch verloren gehen, daß dem Volk die verfassungsgebende Gewalt zugestanden und das allgemeine Wahlrecht eingeführt wird. C. Schmitt versucht die Demokratie *ad absurdum* zuführen, indem er sie vom Ideal aus betrachtet, als wesensnotwendig unmittelbar darstellt, um hernach aufzuzeigen, daß sich darauf kein Staat gründen lasse, da dieser aufgrund der angenommenen substanziellen Gleichartigkeit notwendig handlungs- und artikulationsunfähig wäre.

Teilt man das Demokratieverständnis C. Schmitts nicht und versteht man die Gleichheit in der Demokratie nicht als substanzielle Identität aller einzelnen, sondern als gleiche Teilhabemöglichkeit eines jeden, so verbleibt doch ein Repräsentationsbegriff, der wegweisend war und ist, da C. Schmitt

---

[75] *C. Schmitt,* a.a.O., S. 205.

[76] *C. Schmitt,* a.a.O., S. 215.

[77] *C. Schmitt,* a.a.O., S. 215; zu seinem Gleichheitsverständnis s. auch *ders.*, Geistesgeschichtliche Lage, S. 14f.

[78] *C. Schmitt,* Verfassungslehre, S. 210.

den Begriff der Repräsentation nicht als rein juristisch, sondern als einen gesellschaftlich existenziellen, wenn auch nicht dynamischen, Vorgang gezeichnet hat, der geeignet und erforderlich ist, um aus einer partiell erkennbaren Vielheit eine politische Einheit herzustellen.

2. Gerhard Leibholz

Leibholz[79] baut seine Repräsentationslehre auf die Darstellung C. Schmitts auf[80]. Auch er unterscheidet streng zwischen der Identität und der Repräsentation[81]. Die Identität beruht auf der Einheit, die Repräsentation dagegen auf der Zweiheit, der ihr „immanenten Duplizität"[82]. Leibholz grenzt sich hierdurch deutlich gegen die die deutsche Staatslehre seiner Zeit beherrschende Repräsentationslehre Georg Jellineks[83] ab, die im Verhältnis Repräsentant und Repräsentierte eine rechtliche Einheit sah[84], da nach Jellinek das primäre Organ Volk durch das sekundäre Organ Volksvertretung seine Rechte, mit Ausnahme des ihm vorbehaltenen Wahlrechts, ausübt[85].

Durch das Erfordernis der „immanenten Duplizität" ist für Leibholz entwicklungsgeschichtlich erst dann Raum für die Repräsentation, wenn das einzelne Glied der Gruppe aufgehört hat, im Volks- oder Gruppenbewußtsein ausschließlich als Teil der Gruppe zu fungieren, was dann gegeben sei, wenn „das Individuum als selbständiges, eigenberechtigtes Wesen der Gruppe gegenübergestellt wird"[86].

---

[79] Zur Leibholzschen Ableitungstechnik aus dem bloßen Begriff s.o. 1. Kap., I 2, S. 23ff. Zum Leibholzschen Repräsentationsbegriff allgemein s. *Jesch,* 15 DÖV (1962), S. 37f.; *Wolff,* Repräsentation, S. 123ff.; *Schneider,* Recht und Macht, S. 52f.; *Hofmann,* Repräsentation, S. 15, 17ff.; *Köttgen,* Besprechung, S. 74ff.; *Lang,* Repräsentatives Prinzip, S. 22f.; *Müller,* Das imperative und freie Mandat, S. 13ff.; *E. Schmitt,* Repräsentation und Revolution, S. 19ff.; *Pollmann,* Repräsentation und Organschaft, S. 32; *Mantl,* Repräsentation und Identität, S. 149, 188 und *Badura,* Art. 38 GG, Rdnr. 30.

[80] So charakterisiert *Hartmann,* Repräsentation in der politischen Theorie und Staatslehre in Deutschland, S. 267, die Leibholzsche Lehre als Ausbreitung der Schmittschen Thesen in Form einer Wesensschau. Zur „Schmitt-Nähe" s. auch *Pollmann,* Repräsentation und Organschaft, S. 26f.; *Mantl,* Repräsentation und Identität, S. 151 und *Badura,* Art. 38 GG, Rdnr. 26.

[81] *Leibholz,* Wesen, S. 28 und 30.

[82] *Leibholz,* Wesen, S. 28f. und 37.

[83] *Leibholz,* Wesen, S. 29, 110ff. und 124ff.

[84] *Jellinek,* Staatslehre, S. 566: „Unter Repräsentation versteht man das Verhältnis einer Person zu einer oder mehreren anderen, kraft dessen der Wille der ersteren als Wille der letzteren angesehen wird, so daß beide rechtlich als eine Person zu betrachten sind." . . . „Repräsentative Organe sind somit in diesem Sinne sekundäre Organe, Organe eines anderen, primären Organes." Zu seiner Organlehre s. daselbst S. 544ff. und zu repräsentativen Organen S. 584ff.

[85] *Jellinek,* Staatslehre, S. 585.

[86] *Leibholz,* Wesen, S. 31. Diese Einschränkung erscheint aber zumindest insoweit als zweifelhaft, wie auch Individuen, die voll und ganz in der Gruppe verhaftet sind, durch Stammeshäuptlinge nach außen gegenüber anderen Stämmen repräsentiert werden konnten.

Ebenso wie für C. Schmitt kann für Leibholz die Repräsentation nur in einer ideell bestimmten Wertsphäre, „einer höheren Art Sein", stattfinden[87]. Die Wertsphäre muß aber nicht – wie bei C. Schmitt – personengebunden sein, sachliche Werte, wie z. B. die Idee der Gerechtigkeit, können ebensogut repräsentiert werden[88]. Repräsentanten können allerdings nur Personen, nicht Sachen sein[89]. Einig sind sich C. Schmitt und Leibholz hingegen unter Ablehnung der Ansicht von Glum[90] in der Frage, daß wirtschaftliche Werte nicht repräsentiert werden können, da ihnen die besondere Werthaftigkeit fehle. Die Vertreter eines jeden Verbandes sind für Leibholz keine Repräsentanten, sondern bloße Interessenvertreter[91]. Ebensowenig gehören zum Repräsentationsbegriff die Reflexion[92], das Symbol[93], die Darstellung[94], der Solidaritätsgedanke[95] und die Organschaft[96].

Ein Adressat der Repräsentation ist für das Wesen derselben grundsätzlich nicht erforderlich. Der Monarch war Repräsentant unabhängig davon, ob er der Gegenspieler des Parlamentes war[97]. Obwohl ein Adressat der Repräsentation nicht erforderlich ist, kann dennoch in der Demokratie das Volk sich nicht durch seine Repräsentanten vor sich selbst repräsentieren[98]. Die grundsätzliche Adressatenlosigkeit bedeutet nämlich nicht, daß die Repräsentation nicht finalorientiert ist. Leibholz entnimmt der teleologischen Sinndeutung der Repräsentation, daß sie einen Zweck erfüllen soll[99].

Weiterhin ist eine Ableitung der Stellung eines Repräsentanten von der eines anderen unmöglich. Nach der Leibholzschen Lehre gibt es keine mittelbare Repräsentation[100]. Kennzeichen der Repräsentation ist hingegen ein

---

87 *Leibholz,* Wesen, S. 32.

88 *Leibholz,* Wesen, S. 32.

89 *Leibholz,* Wesen, S. 35.

90 *Glum,* Begriff und Wesen der Repräsentation, S. 113ff.

91 *Leibholz,* Wesen, S. 32 und 182ff. Zur Repräsentation in Verbänden vgl. *Scheuner,* 18 DÖV (1965), S. 577ff., insbes. S. 580: „Interessenverbände als solche können nicht als Repräsentanten angesprochen werden." und *Rupp,* Die „öffentlichen" Funktionen der Verbände und die demokratisch-repräsentative Verfassungsordnung, S. 1251ff., der davor warnt, den Verbänden öffentliche Funktionen zu geben (S. 1266f.). Vgl. andererseits *Glum,* Begriff und Wesen der Repräsentation, S. 113ff. und zum Erfordernis von Berufsvertretungen im Parlament bereits *Herrfahrdt,* Das Problem der berufsständischen Vertretung, S. 15ff.

92 *Leibholz,* Wesen, S. 35.

93 *Leibholz,* Wesen, S. 36.

94 *Leibholz,* Wesen, S. 27.

95 *Leibholz,* Wesen, S. 30.

96 *Leibholz,* Wesen, S. 124ff.

97 *Leibholz,* Wesen, S. 41 und 43. Vgl. zur gegenteiligen Ansicht *Tütsch,* Die Repräsentation in der Demokratie, S. 30f.

98 *Leibholz,* Wesen, S. 42. Bereits hier verläßt Leibholz die von ihm eingangs angekündigte reine „Wesensschau".

99 *Leibholz,* Wesen, S. 39f.

100 *Leibholz,* Wesen, S. 38f.

„spezifisches Näheverhältnis", was z. B. im Verhältnis vom Volk zu einem Parlamentsausschuß nicht gegeben sei[101].

Die Befugnis, den Repräsentierten die Handlungen der Repräsentanten zuzurechnen, ergibt sich nach Leibholz aus der Sinnfunktion der Repräsentation, die darin bestehe, die ideellen Einheiten noch einmal in der Person des Repräsentanten zu produzieren, wobei die Repräsentierten als selbst handelnd gegenwärtig gedacht werden[102].

Ebenso wie C. Schmitt sprach Leibholz dem Reichstag die repräsentative Funktion im Grundsatz ab. Allerdings ist der Ansatz des liberal denkenden[103] Leibholz dabei nicht so radikal, wie der C. Schmitts, der die Repräsentation in einen prinzipiellen theoretischen Gegensatz zur Demokratie stellt[104]. Ist für jenen die Demokratie schlechthin durch die Identität gekennzeichnet und somit das Volk in ihr nicht repräsentierbar, so ist für Leibholz das Parlament nach 1918 deshalb kein Repräsentativorgan, weil er das konstituierende Merkmal der Unabhängigkeit der Repräsentanten, also der Abgeordneten, als nicht erfüllt ansieht.

Nach seiner Lehre vom Parteienstaat, die Leibholz vor dem 2. Weltkrieg noch etwas zurückhaltender formulierte[105], ist der „heutige Parteienstaat bei Lichte besehen"[106] „eine Erscheinungsform der unmittelbaren Demokratie"[107]. Leibholz versteht die Wähler im Parteienstaat als die unmittelbar Agierenden, denn „sie fühlen sich den Parteihierarchien in etwa im Sinne eines Vereins zugehörig", wobei die Abgeordneten von diesen vollständig

---

101 Vgl. aber auch *Leibholz,* Wesen, S. 199, wonach ein Botschafter oder Gesandter durch den Auftrag des repräsentierenden Monarchen einen Teil der Würde und des Wertes, die dem repräsentierten Monarchen selbst zukommt, übertragen erhält.

102 *Leibholz,* Wesen, S. 37ff. Zur Legitimierung der politischen Repräsentation s. S. 140ff.

103 *Mantl,* Repräsentation und Identität, S. 153, sieht in der völlig verschiedenen Bewertung der liberalen Tradition den Hauptunterschied zwischen C. Schmitt und Leibholz.

104 Vgl. *Müller,* Das imperative und freie Mandat, S. 17; *Mantl,* Repräsentation und Identität, S. 152.

105 Zur Lehre vom Parteienstaat in den 50- und 60iger Jahren s. insbes. *Leibholz,* Der moderne Parteienstaat, S. 68ff.; *ders.,* Repräsentation, in: EvStL, Bd. 2, Sp. 2986ff., bes. Sp. 2991; *ders.,* Parteienstaat und repräsentative Demokratie, 66 DVBl. (1951), S. 1ff.; *ders.,* Volk und Partei, S. 71ff.; *ders.,* Wesen, S. 224ff.; *ders.,* Strukturwandel der modernen Demokratie, S. 171ff., insbes. S. 187f., S. 193ff. und *ders.,* Neues deutsches Verfassungsrecht, S. 34. Zur Parteienstaatslehre vgl. die in Anm. 79 (S. 108) zitierten Autoren.

106 Auffällig an seiner Argumentation ist auch in diesem Zusammenhang, daß Leibholz zur Begründung nur auf die „Eigentlichkeit" seiner Behauptung verweisen kann. Vgl. dazu *Hartmann,* Repräsentation in der politischen Theorie und Staatslehre in Deutschland, S. 274.

107 *Leibholz,* Wesen, S. 118. Auch die weiteren Ausführungen verlassen diesen Rahmen nicht (S. 118): „Es besteht kein innerer Unterschied, ob die Aktivbürgerschaft selbst wie etwa bei der Volksinitiative und dem Volksreferendum oder eine unmittelbar von der Wählerschaft oder den Parteiorganisationen abhängige Volksvertretung die maßgeblichen politischen Entscheidungen trifft."

abhingen. Auf dieser Argumentation baut sich seine gesamte Lehre vom Parteienstaat auf. Dabei versteht Leibholz die Identität zwischen der Aktivbürgerschaft und den Abgeordneten und damit letztlich auch der Regierung[108] nicht im Sinne einer wirklichen Einheit, sondern im Sinne der Identifikation[109]. Die Einheit der Nation stellt sich für ihn gedanklich durch den Identifikationsprozeß her, in welchem der Parteimehrheitswille mit dem überparteilichen Gesamtwillen vom Volk identifiziert wird. Hartmann kritisiert das auf Identifikation beruhende Leibholzsche Identitätsprinzip als „Verflüchtigung in eine Geistigkeit, die sich als Unbestimmtheit erweist“[110].

Diese Identifikationslehre läßt sich nur nachvollziehen, wenn man sie mit dem theologischen Glaubenssatz der Dreieinigkeit[111] vergleicht. Nicht Gott Vater, Sohn und Heiliger Geist werden durch Identifikation zu einer identischen Einheit, sondern Volk, Parteien und Staat. Im Wege eines „Kunstgriffes“ wird Identifikation, welche letztlich solange als vom Volk täglich neu vollzogen gedacht wird, wie es nicht im Wege der Revolution dem Parlament und der Regierung das Vertrauen entzieht, hergestellt und damit die gerade nicht bestehende Identität überdeckt. Die Kritik an diesem Verfahren ist zumindest in dem Umfange berechtigt, wie die Begriffe Identifikation und Identität nicht einfach gleichgesetzt werden können.

Das dogmatische Problem der Bildung und Artikulierung des Gemeinwohls in der Demokratie stellt sich dann für Leibholz gar nicht mehr.

Unterstellt man den tatsächlichen Vollzug der Identifikation, so stellt das Handeln von Gesetzgeber und Regierung zugleich immer die Verwirklichung der *volonté générale* dar, die zwar nicht vor den jeweiligen Handlungen der Entscheidungsträger besteht bzw. zu verifizieren ist, aber im Wege der Identifikation sofort ins Gemeinwohl aufgenommen wird[112]. Neu ist diese Idee nicht, denn sie unterscheidet sich in der Konsequenz nicht von der Theorie Hobbes[113], für welchen die Repräsentierten global im voraus zustimmen. Die Repräsentierten sind dabei jeweils von der Formung des Volkswillens inhaltlich ausgeschlossen, da hier gleichsam „automatisch“ und bei Hobbes global der Wille der Handelnden vom Volk übernommen wird. Im Gegensatz zur Theorie Hobbes kommt deshalb den Handelnden im

---

[108] Vgl. *Leibholz,* Wesen, S. 119.

[109] *Leibholz,* Wesen, S. 119: „Der Parteimehrheitswille muß vom Volke mit der *volonté générale,* dem überparteilichen Gesamtwillen identifiziert werden, ...“ (Im Original keine Hervorhebung).

[110] *Hartmann,* Repräsentation in der politischen Theorie und Staatslehre in Deutschland, S. 274. Siehe dort auch: „Entweder es handelt sich um Identifizierung oder um Identität. Identifizierung, die Identität ist, und Identität, die nur als Identifizierung faßbar ist, ist ein Unding.“

[111] *Rupp,* Verhältnis von Verfassungsrecht und -wirklichkeit, S. 785.

[112] Bis zur Grenze der Revolution handelt demnach jeder Tyrann oder Diktator im Einklang mit dem Gemeinwohl.

[113] S.o. 3. Kap. I 6 e, S. 65 ff.

Parteienstaat gerade nicht die Qualität von Repräsentanten zu, was aber die Parallelität der Auffassungen in bezug auf die Verwirklichung des Volkswillens nicht aufhebt.

Nachdem Leibholz bereits 1928 diese grundsätzlichen Gedanken zum Parteienstaat dargelegt hatte, wollte er dennoch nicht vollständig mit dem Parlamentarismus brechen[114]. Auch wenn nach seiner Vorstellung die Regierungen in der Demokratie das Volk nicht als politisch ideelle Einheit repräsentieren könnten, so könne doch eine partielle Repräsentation stattfinden[115]. Zur Repräsentation komme es nämlich dann, wenn sich der einzelne „Parteiminister" von den Direktiven seiner Partei löst[116] oder wenn das Volk den notwendigen Identifikationsprozeß nicht mehr täglich neu vollzieht[117]. Dann kommt es nach Leibholz zur autoritär repräsentativen Diktatur einer Partei.

Der umfangreichen Kritik seiner Identifikationslehre hat sich Leibholz nicht gestellt. Auffällig an der Entwicklung seines Werkes ist, daß er anfangs stark den Gegensatz zwischen Repräsentation und Identität problematisierte. Später hingegen verwendet er vornehmlich andere Begriffe, wie Parlamentarismus und Parteienstaat[118]. Eine inhaltliche Korrektur seines Repräsentationsverständnisses kann darin jedoch nicht erblickt werden, sondern nur eine gewisse Zurückhaltung gegenüber dem Begiffspaar Repräsentation und Identität. Zeitlebens löste er sich nicht von der Grundannahme, daß das Volk sich der Parteien zur unmittelbaren Durchsetzung seiner Interessen bediene. Diese Annahme war aber bereits in den 20iger Jahren problematisch, da die Parteien, die in Deutschland schon fast 100 Jahre existierten, ein Eigenleben entwickelt hatten. Konnte man zu Beginn der Weimarer Zeit und nach dem 2. Weltkrieg noch eher als heute davon ausgehen, daß singuläre Interessen des Volkes im Wege der Identifizierung mit kleineren Parteien direkt vom Volk im Parlament durchgesetzt werden sollten, so zeigte sich bereits damals und erst recht seit den späten 50iger Jahren, daß die Parteien nicht bloß der „verlängerte Arm"[119] oder das

---

[114] Vgl. *Mantl,* Repräsentation und Identität, S. 152.

[115] *Leibholz,* Wesen, S. 121. Zusammenfassend geht er dann sogar noch einen Schritt weiter, wenn er feststellt: „Die parlamentarische Körperschaft kann nämlich auch die Stätte sein, in der der Gemeinwille der modernen Massendemokratie sich ebenso wie in der sog. unmittelbaren Demokratie mit Hilfe des Identitätsprinzips bildet.", wobei aber auch hier der Gedanke der adaptierenden Identifikation zugrunde liegt.

[116] *Leibholz,* Wesen, S. 121.

[117] *Leibholz,* Wesen, S. 122. Das Kriterium, wonach zu beurteilen ist, ob das Volk und vor allem in welchem Umfange es den Identifikationsprozeß vollzieht, muß auch Leibholz bezeichnenderweise offenlassen.

[118] *Hartmann,* Repräsentation in der politischen Theorie und Staatslehre in Deutschland, S. 275f.

[119] *Leibholz,* Wesen, S. 257.

„Sprachrohr“[120] des Volkes sind[121]. Leibholz erwähnt die Integrationslehre Rudolf Smends[122] in durchaus positivem Sinne, vollzieht aber nicht den zweiten Schritt, den Integrationsgedanken auf die Parteihierarchien anzuwenden. Für ihn leisten die Parteien keine originäre Integrationsaufgabe, da der Parteimehrheitswille durch den postulierten Identifikationsprozeß als identisch mit dem Volkswillen, der *volonté générale,* zu sehen sei und das Volk der Idee nach vollständig aus Parteimitgliedern bestehe. Die Parteien verstand Leibholz als Fremdkörper im Repräsentativsystem und nicht als eine erste Stufe der Integration.

Die Parteien als verfassungsrechtlich garantierte und der demokratischen Ordnung unterworfene[123] Organisationen sind es aber gerade, die als „organisierte Hilfsmittel“ den politischen Dialog des Volkes mit sich selbst ermöglichen[124]. Dieser Dialog ist ein dynamischer Prozeß. Hier kommt den Parteien die Funktion zu, durch Denkanstöße Integrationsbruchstücke bzw. -bausteine in die öffentliche Diskussion einzubringen, die dann in das Gebäude „Gemeinwohl bzw. Gemeininteresse“ Eingang finden oder aber sich nicht durchsetzen können, wenn sich nach der öffentlichen Diskussion keine Mehrheit findet. Volk und Parteien sind Gegenspieler im modernen Parteienstaat, wobei den Parteien und vor allem ihren Abgeordneten die Anstoßfunktion zur öffentlichen politischen Diskussion zukommt. Sie greifen Themen auf, formulieren Antworten vor, um nach Abschluß der öffentlichen Diskussion Vorschläge für Änderungen zu unterbreiten, wobei sie in der Lage sind, die Auswirkungen auf das Gesamtsystem und die Betroffenheit des einzelnen zu untersuchen. Aus diesen Funktionen der Parteien wird ersichtlich, daß Leibholz die Sichtweise entschieden verkürzt und wichtige

---

[120] *Leibholz,* Wesen, S. 118.

[121] Der rein theoretische Charakter der Leibholzschen Prämisse, daß sich die Aktivbürgerschaft der Parteien als verlängertem Arm bediente, wird offensichtlich, wenn man die etwas salopp formulierte „Gretchen-Frage“ stellt, ob die Aktivbürgerschaft spontan die Grenze zwischen „wir hier unten“ und „die da oben“ diesseits oder jenseits der Parteien zieht.

[122] *Leibholz,* Wesen, S. 57f. und 63.

[123] Art. 21, Abs. 1, S. 2 GG: „Ihre innere Ordnung muß demokratischen Grundsätzen entsprechen“.

[124] Wenn *Leibholz,* Volk und Parlament im neuen deutschen Verfassungsrecht, S. 76, feststellt: „Die Gegenüberstellung von Volk und Partei ist irreführend, weil es das Volk in dem zur politischen Wirklichkeit gewordenen massendemokratischen Parteienstaat liberaler Prägung überhaupt nicht gibt“ wird er zum Sklaven seiner Identifikationslehre, denn das Volk gibt es evidenterweise auch noch im Zeitalter des Parteienstaates. Sicherlich ist ihm grundsätzlich darin zuzustimmen, daß das Volk – zumindest außerhalb revolutionärer Umbruchszeiten – nur in einem organisierten Zustand handlungsfähig ist. Dies gilt aber nicht in dem Sinne, daß das Volk unorganisiert gar nicht existiere. Das Volk nimmt nämlich z. B. gerade dann in unorganisiertem bzw. nicht parteimäßig organisiertem Zustand am politischen Willensbildungsprozeß teil, wenn es durch Verbände, Berufsstände, Petitionen, verwaltungsgerichtliche und verfassungsgerichtliche Klagen bei Betroffenheit, Bürgerinitiativen, Versammlungen, Demonstrationen und als Adressat von Meinungsumfragen auftritt.

Voraussetzungen für das Funktionieren des parlamentarischen Repräsentativsystems verdeckt, wenn er das Volk mit den Parteien gleichsetzt.

Gerade am wesentlichen Beispiel des Gemeinwohlverständnisses läßt sich der Bruch im Leibholzschen System besonders plastisch darstellen. Ist für Leibholz das Gemeinwohl unter dem Regime von Repräsentanten, also im 19. Jahrhundert, ein statisches Gebilde, so wird es plötzlich durch die Einführung des Parteienstaates und der Demokratie dynamisiert. Die besonders hoheits- und würdevollen Repräsentanten zur Zeit der konstitutionellen Monarchie brauchten nur präsent zu machen, was bereits im Sinne der „notwendigen Duplizität" existiert habe, wenn auch unartikuliert. Zur Zeit der Demokratie „produzieren" die politisch Handelnden solange selbst das Gemeinwohl, wie das Volk sie gewähren läßt[125]. Das Gemeinwohl war aber zu keiner Zeit ein rein statisches Gebilde. Es ist nicht nur zeitlich im Fluß, sondern auch der Intensität nach. Es gibt „latente" und „aktuelle" Gemeinwohlinteressen. Eine Unterscheidung, für die in der Leibholzschen Identifikationslehre kein Raum ist, da es hier nicht darauf ankommt, ob sich das Volk mit einem aktuellen Parteienmehrheitswillen identifiziert, oder aber mit all jenen grundlegenden Fragen, die nicht jederzeit in der aktuellen Diskussion sind.

Die Leibholzsche Identifikationslehre klammert ein wesentliches Problem, das der Integration der Ansichten des Volkes letztlich aus, denn dazu bedarf es nach Leibholz gar keiner speziellen einheitsstiftenden Aktivitäten der Mandatsträger, denn das Volk vollzieht allein die Identifikation.

3. Hermann Heller

Ebenso wie Leibholz[126] will auch Hermann Heller die verengte Sichtweise der Staatslehre seiner Zeit erweitern, die während der konstitutionellen Monarchie eingetreten sei. Nach der Abdankung des Deutschen Kaisers kritisierte Heller die beschränkte Funktion der Staatslehre dieser Zeit, die sich darin erschöpft habe, das monarchische Prinzip zu untermauern, indem die gesamte Staatsgewalt als im Monarchen vereinigt angesehen wurde. Somit habe sich die Staatslehre nicht dem „uralten Problem der Volks- oder Fürstensouveränität" in dem Maße stellen können, wie es der Zeit der demokratisch-nationalen Legitimation entsprochen hätte[127].

Heller beklagt nicht nur die „Blutleere"[128] des Staatsbegriffes der deutschen Staatslehre seiner Zeit, sondern auch die Krisis, die im liberalen

---

[125] Dabei bleibt offen, auf welche Weise dem Volk die zuvor unabhängig von den Repräsentanten existente *volonté générale* mit dem Ende der Monarchie abhanden gekommen ist, obwohl das Volk mit sich selbst identisch geblieben ist.

[126] *Leibholz,* Wesen, S. 15f.

[127] *Heller,* Souveränität, S. 70.

Rechtsstaatsrationalismus gelegen sei, der die Begriffe „Staat, Volk, Repräsentation usw. allesamt denaturiert“ habe[129].

Heller begreift die Repräsentation als ein Phänomen, welches nicht definiert zu werden braucht, sondern *per se* existiert. So nimmt es nicht wunder, daß sich bei ihm keine Definition oder grundsätzliche Auseinandersetzung um das Wesen der Repräsentation findet. Nähere Ausführungen sind hingegen bei der Darstellung der Funktion der Repräsentanten und in der Frage der rechtlichen Bindung ihrer Stellung anzutreffen.

So sieht er den „juristisch präzisen Unterschied zwischen der aristokratischen oder monarchischen Autokratie und der Demokratie“ in der Stellung der Repräsentanten begründet[130]. Während der souveräne Repräsentant in der Autokratie in der Ausübung der dem Repräsentationsbegriff untrennbar immanenten Entscheidungsgewalt nur durch die letztlich freiwillig gewährte Verfassung beschränkt sei[131], sei der demokratische Repräsentant zusätzlich an die *volonté générale* gebunden, welche er in der Volksdemokratie als den entscheidenden Maßstab zur Interpretation der die Abgeordneten betreffenden Artikel der Verfassung ansieht[132]. Durch die Verpflichtung der Repräsentanten auf die *volonté générale* werden dieselben zu juristisch abhängigen Magistraten. Dies setzt natürlich die reelle Existenz einer *volonté générale* voraus[133]. Der Mangel der objektiven Erkennbarkeit derselben steht der reellen Existenz dabei grundsätzlich nicht entgegen[134]. Heller hält die juristische Rückkopplung des magistratischen Volksrepräsentanten an die *volonté générale* deshalb für erforderlich, weil nur so der überstimmten Minderheit bei Anwendung des Integration bewirkenden Majoritätsprinzipes Gehorsam gegenüber den Mehrheitsbeschlüssen abverlangt werden könne. Ziel der magistratischen Repräsentation sei es, durch Willensvereinheitlichung das Volk zu befähigen, als Einheit über das Volk als Vielheit zu herrschen[135].

Heller wendet sich entschieden gegen die Vorstellung, daß diese Einheit eine bloße Fiktion sei. Er sieht in der real gegebenen, potentiell unbeschränkten Handlungsfähigkeit der Einheit Staat die wesentliche Grundlage seiner Souveränitätslehre, die in ihren Grundfesten erschüttert würde,

---

128 *Heller*, a.a.O., S. 70.

129 *Heller*, a.a.O., S. 73. Vgl. zur Möglichkeit des Liberalismus, eine vom Volke abgeleitete Einheit darzustellen: „Dem Liberalismus wird mit dieser Vorstellung allerdings etwas ‚logisch Unmögliches‘ zugemutet. Für ihn ‚bleibt das Volk die begrifflich zusammengefaßte Summe der Einzelnen‘.“ (S. 74).

130 *Heller*, a.a.O., S. 75.

131 *Heller*, a.a.O., S. 75.

132 *Heller*, a.a.O., S. 76.

133 *Heller*, a.a.O., S. 75.

134 *Heller*, a.a.O., S. 76.

135 *Heller*, a.a.O., S. 75 und S. 76.

erwiese sich seine Vorstellung von der Einheit des Staates als bloße Fiktion. Dem Wesen dieser Einheit und damit der Repräsentation, versucht er durch folgende Frage auf den Grund zu gehen: „Mit anderen Worten: wie ist der Staat als vielheitlich bewirkt und doch einheitlich wirkend zu verstehen?“[136] Der Schlüssel zur Lösung dieser Frage liegt für ihn im Begriff der Organisation, welchen er scharf vom Begriff des Organs unterscheidet[137]. Mit der Metapher einer organisierten Feuerlöschaktion versucht er, den Sprung zur neuen Qualität deutlich zu machen, der durch das Medium der Organisation eintrete[138]. Wenn auch den Organen die entscheidende Koordinierungsaufgabe zukomme, so bleibt doch für ihn die Organisation die den Staat bildende Wirkungseinheit[139]. Die organisierte Wirkungsmacht sei aufgrund des Prinzipes der Arbeitsteilung niemals identisch mit der Summe der einzelnen Machtquanten[140], vielmehr stelle sich regelmäßig eine Potenzierung der eingesetzten Einzelkräfte ein. Technische Mittel, durch die die Willensvereinheitlichung erfolge, seien das Mehrheitsprinzip und die Repräsentation. Nur dadurch könne das Volk zum Subjekt der Souveränität werden und als Einheit über das Volk als Vielheit herrschen[141].

Für Heller hängen somit Staatswille und Repräsentation unauflösbar zusammen. Da für ihn der Staat nur dadurch und in dem Maße existiert, wie das planmäßig organisierte Handlungsgefüge[142] reicht, sind zur Staats- und vor allem zur Staatswillensbildung notwendigerweise Repräsentanten erforderlich oder umgekehrt, da der Mensch naturhaft[143] auf das Zusammenleben angelegt sei[144], schaffe er sich eine solche Organisation, deren handlungsfähige Akt- oder Aktionszentren zwangsläufig die Stellung von Repräsentanten einnehmen.

So sehr dem Ergebnis dieser funktionalen Betrachtungsweise des Repräsentationsphänomens beigepflichtet werden kann, so wenig erhellen sich durch diese Ausführungen das Wesen der Repräsentation und die rechtliche Würdigung der Stellung der Repräsentanten in der repräsentativen Demokratie. Zwar lehnt Heller die abschließende juristische Qualifizierung der Repräsentation als bloße Fiktion ab, meint aber gleichzeitig, die Stellung der Repräsentanten in juristische Kategorien fassen zu können, wenn er behauptet, die *volonté générale* stelle das bindende, juristische Regulativ-

---

[136] *Heller,* Staatslehre, S. 229.
[137] *Heller,* a.a.O., S. 228-237, insbes. S. 230 und 88ff.
[138] *Heller,* a.a.O., S. 229.
[139] *Heller,* a.a.O., S. 231.
[140] *Heller,* a.a.O., S. 232.
[141] *Heller,* Souveränität, S. 75.
[142] *Heller,* Staatslehre, S. 237.
[143] *Heller,* Souveränität, S. 78 und 82.
[144] So auch bereits *Althusius,* Politica 1614, I § 4, S. 2 f., s.o. 3. Kap., I 4, S. 56.

und Rückkopplungsglied dar, durch welches sich das Überstimmen der Minderheit rechtfertige. Die *volonté générale* läßt sich aber juristisch nicht fassen und normieren. Heller hat somit nur eine Fiktion durch eine andere ersetzt, nämlich die der Repräsentation schlechthin gegen die etwas versteckter liegende Fiktion einer Repräsentation, die durch die *volonté générale* vollständig mit juristischen Mitteln rückkoppelbar sei.

4. Rudolf Smend

Zum Abschluß der Betrachtung der Repräsentationsdiskussion nach Weimar[145] darf ein Verfasser nicht unerwähnt bleiben, dessen Staatslehre eine beachtliche Reihe von Anhängern fand: Rudolf Smend. Sein so anders gelagerter Ansatzpunkt im Wesen des Staates als Integration[146] verspricht bei einer ersten Betrachtung eine Befreiung von der engen Sichtweise[147] des Rechtspositivismus durch die Erschließung von Ebenen, die sich allein mit juristischer Interpretation nicht durchdringen lassen. Seine Integrationslehre[148] braucht dabei im Rahmen dieser Abhandlung nur insoweit dargestellt zu werden, wie sie neue Aspekte des Repräsentationsverständnisses erhellen kann.

Smend beruft sich zwar in seinen methodischen Grundlagen auf das Werk Theodor Litts[149], wählt aber dann doch einen eigenen Ausgangspunkt, nämlich die für sich genommen wenig dezidierte Aussage[150], daß Integration lediglich „den einigenden Zusammenschluß“[151] meine.

Die Integration als grundlegender Lebensvorgang[152] des Staates untergliedert er in drei Typen, die persönliche, die funktionelle und die sachliche Integration. Allerdings versteht er diese Integrationstypen nicht als rein und abgeschlossen, sondern eben gerade nur als typisch für gewisse Erscheinungsformen[153].

---

[145] Die Darstellung der Lehren dieser Zeit muß notwendig unvollkommen bleiben. S. z.B. auch *M. Weber*, Wirtschaft und Gesellschaft, S. 171ff., der die Typen der Herrschaft untersucht.

[146] *Smend*, Verfassung und Verfassungsrecht, 1928.

[147] Er selbst spricht von der Krisis der Staatslehre, s. *Smend*, Verfassung und Verfassungsrecht, S. 1.

[148] Allg. zur Interpretation der Smendschen Integrationslehre s. *Bartlsperger*, Die Integrationslehre Rudolf Smends als Grundlegung einer Staats- und Rechtstheorie, 1964.

[149] *Smend*, Verfassung und Verfassungsrecht, Vorbemerkung S. VII und S. 6ff.

[150] *Hartmann*, Repräsentation in der politischen Theorie und Staatslehre in Deutschland, S. 241, spricht in diesem Zusammenhang davon, daß „die Aussage, das Wesen des Staates sei Verbindung, von wahrhaft geringem Erkenntniswert“ ist.

[151] *Smend*, a.a.O., Vorbemerkung S. VIII.

[152] *Smend*, a.a.O., S. 18.

[153] *Smend*, a.a.O., S. 25 und S. 44.

Als ersten Integrationstyp führt er die Integration durch Personen an, also das „Führertum“[154]. Für ihn gibt es kein geistiges Leben ohne Führung[155]. Der Führer habe nicht nur die Funktion als Techniker objektivierter außen- und innenpolitischer Zwecksetzungen zu handeln, sondern sich über diese sachliche Funktion hinausgehend und inhaltlich unabhängig davon, als der Führer vor den von ihm Geführten zu bewähren[156]. Die integrative Wirkung trete dabei bereits dadurch ein, daß die Geführten den Führer als solchen[157] akzeptierten, gleichsam des vereinigenden Momentes der Anhängerschar eines Idols oder der Wirkung von Symbolen. Eine Handlung ist dabei offensichtlich nicht erforderlich. Handlungsweisen gehören hingegen zum zweiten Typ, der funktionellen Integration[158].

Diese basiere in ihrer integrativen Wirkung auf dem formalen Aspekt der „kollektivierenden Lebensform“[159], also auf Vorgängen, deren Sinn eine „soziale Synthese“[160] sei. Beispiele hierfür seien Demonstrationen, aber auch der Gleichschritt einer marschierenden Truppe[161]. Das unabhängig vom sachlichen Inhalt bestehende Gruppengefühl[162] ist demzufolge das entscheidende Moment.

Sowohl die persönliche als auch die funktionelle Integration beleuchtet also lediglich die formale Seite. Diese nicht inhaltsbezogenen Momente haben vor Smend in der juristischen Repräsentationsdiskussion kaum Beachtung gefunden.

Für die Betrachtung der repräsentativen Demokratie, also der Verschmelzung von Repräsentation und demokratischer Legitimation, ist eine weitere These der Smendschen Lehre besonders bedeutsam, nämlich seine Ausführungen zu Wahlen und Abstimmungen. Für Smend sind dies „rein geistige Integrationsweisen“, folgerichtig subsumiert er sie auch unter den Typus der funktionellen Integration[163]. Auch diese Sichtweise ist neu. Nicht das Ergebnis der Wahlen steht im Vordergrund, sondern die Wahlvorbereitung und die Handlung des Wahlvorganges als funktionell integrierende Momente.

---

[154] *Smend*, a.a.O., S. 25f.

[155] *Smend*, a.a.O., S. 26.

[156] *Smend*, a.a.O., S. 27.

[157] Führer in diesem Sinne können dabei nicht nur die großen Staatenlenker, sondern auch Richter und Verwaltungsbeamte sein, s. *Smend*, a.a.O., S. 30.

[158] Vgl. hierzu auch *Hartmann*, Repräsentation in der politischen Theorie und Staatslehre in Deutschland, S. 242.

[159] *Smend*, Verfassung und Verfassungsrecht, S. 32.

[160] *Smend*, a.a.O., S. 33.

[161] *Smend*, a.a.O., S. 33.

[162] Von dieser integrativen Funktion lebt in starkem Maße nicht nur der Zusammenhalt von Burschenschaften, sondern auch der von basisdemokratischen Gruppierungen, von Vereinen und nicht zuletzt von Chören, lebt die Liturgie, das Ritual und der gemeinsame Tanz, wobei häufig das Gemeinschaftserlebnis vor das Bekenntnis inhaltlicher Aussagen tritt.

[163] *Smend*, Verfassung und Verfassungsrecht, S. 34.

Die Smendschen Ausführungen zu den Wahlen und Abstimmungen lassen sich in einem Bilde zusammenfassen, welches sich als Grundvorstellung durch seine Abhandlung zu ziehen scheint und doch nicht *expressis verbis* ausgesprochen wird, nämlich das Bild eines Fußballstadions als Entsprechung zur politischen Arena. Wahlen sind Kämpfe[164] im Sinne von Spielen[165]. Zu den Spielregeln dieser Kämpfe gehört es, daß die allseits von der Gemeinschaft akzeptierten Grundwerte[166] unangetastet bleiben, um die Grundlage solcher Kämpfe bilden zu können. Wird der „Zuschauer"[167] beim sportlichen Kampf durch die vorgegebenen Spielparteien vor die Alternative gestellt, zu welcher der vorhandenen Parteien er halten will, so muß sich der Wähler für eine vorgegebene politische Partei entscheiden. Setzt er sich überhaupt mit der Frage von Wahlen auseinander oder nimmt er sogar an ihnen teil, vollzieht sich schon von selbst ein wesentlicher Integrationsvorgang. Allein das Gemeinschaftserlebnis, „für eine Partei zu stehen", wirkt integrierend. Könnte man im sportlichen Wettkampf für den Zuschauer meinen: „Dabeisein ist alles!", so ist es für die funktionelle Integration des Staatsbürgers ausreichend, daß die Wähler Adressaten von Wahlkämpfen sind und wie Zuschauer am Kampf um politische Entscheidungen, z. B. durch Zeitungslektüre, teilhaben[168].

Aber nicht nur der Vorgang der Wahl, sondern auch das Ergebnis hat funktionell integrative Wirkung. Diese stellt sich allerdings nicht durch das sachliche Ergebnis[169] ein, sondern durch das Erlebnis der Teilnahme an einer Entscheidungsfindung aller Wähler. Eine politische Gesamthaltung wird herbeigeführt, „das Wahlrecht wirkt zunächst parteibildend und dann mehrheitsbildend"[170].

Dergestalt in die Sichtweise Smends eingeführt, ist man geneigt, mit dem Typus der sachlichen Integration wieder stärker zur juristischen Betrachtung zurückzufinden. Obwohl Smend selbst noch im Übergang von der formalen Ebene der Integration zur sachlichen einen scharfen Gegensatz[171] ankündigt, verläßt er dann doch nicht seine spezifische Sichtweise, die des Sinnerlebens und der Sinnverwirklichung[172]. Die sachliche Integration tritt

---

164 *Smend*, a.a.O., S. 34ff. und 38ff.

165 *Smend*, a.a.O., S. 36.

166 *Smend*, a.a.O., S. 40.

167 *Smend*, a.a.O., S. 41.

168 Das Zeitungslesen als typisches Kommunikationsmittel zur Zeit Smends, s. *Smend*, a.a.O., S. 41, müßte heute um Rundfunk und Fernsehen erweitert werden.

169 Vgl. *Hartmann*, Repräsentation in der politischen Theorie und Staatslehre in Deutschland, S. 243f.

170 *Smend*, Verfassung und Verfassungsrecht, S. 39, s. auch S. 91, wo der Mehrheitswahl gegenüber der Verhältniswahl eine höhere Integrationskraft bescheinigt wird.

171 *Smend*, a.a.O., S. 45.

172 *Smend*, a.a.O., S. 45.

also nicht durch die inhaltliche Erkenntnis von zugrundeliegenden, die gegensätzlichen Positionen verbindenden, Strukturelementen oder durch den schlichten Kompromiß ein, sondern durch die Prädestination der Gruppenmitglieder zur Gründung, Festigung und Steigerung der Gemeinschaft, die regelmäßig mit der Realisierung der ideellen Sinngehalte der Gemeinschaft einhergeht.

Hartmann charakterisiert diesen Typus von Integration als „Erlebnisqualität von Sachen"[173], besser wäre es, von „Erlebnispartizipation" zu sprechen. In diesem Zusammenhang gebührt jedoch Hartmann das Verdienst, eindrucksvoll und sehr ausführlich auf die entscheidende Schwachstelle der Smendschen sachlichen Integration hingewiesen zu haben. Wenn die sachliche Integration dadurch eintritt, daß der einzelne im Sinne eines Zuschauers den Staat „mitlebt", wobei der Staat in seiner Wertfülle etwas Überindividuelles, eine Totalität[174] ist, so muß der Staat unabhängig von dem Miterleben des einzelnen bereits existieren. Die Staatseinheit, die durch Integration entstehen soll, wird somit gerade vorausgesetzt. Damit kann nach Hartmann die zentrale Frage, ob die Einheit im Wege der Repräsentation entsteht, nicht mehr gestellt und einer Klärung zugeführt werden. Sachliche Integration ist also letztlich doch nur eine durch das Medium der Sachentscheidung erzielte Erlebnisintegration.[175]

Die Sichtweise, daß die Staatswillensbildung durch bloße Erlebnisintegration entstehe, letztlich also doch unabhängig von wirklich sachlicher Integration, steht in der Gefahr, die Verfassungsordnung mit ihren Kompetenzzuweisungen aufzulösen und objektive Werte, wie z. B. Grundrechte, zweitrangig werden zu lassen, da sie hinter dem Erlebniswert zurücktreten müssen.

Sicherlich ist Smend zuzustimmen, wenn er das ideengeschichtliche System des Repräsentationsgedankens als „verwickelt"[176] bezeichnet. Auch er erkennt den Sinn der Repräsentation in der Erlangung der politischen Einheit. Für ihn läßt sich die Repräsentation ebenso stufenweise auf- bzw. abbauen[177] wie die Integration. Dabei bezieht er sich auf den Hellerschen Begriff der „magistratischen Repräsentation" als untere Stufe[178]. Das Parlament nimmt dann nach Smend eine höhere Stufe ein. Zur Begründung folgt der bloße Verweis, daß das ganze Repräsentationsproblem auf dem Gebiet

---

[173] *Hartmann,* Repräsentation in der politischen Theorie und Staatslehre in Deutschland, S. 245.

[174] *Smend,* Verfassung und Verfassungsrecht, S. 47.

[175] Zu diesen Folgewirkungen vgl. mit ausführlichen Nachweisen *Hartmann,* Repräsentation in der politischen Theorie und Staatslehre in Deutschland, S. 247ff.

[176] *Smend,* Verfassung und Verfassungsrecht, S. 93.

[177] *Smend,* a.a.O., S. 94.

[178] *Smend,* a.a.O., S. 95.

der sachlichen Integration liege[179]. Eine weitere Erhellung der Repräsentationsidee sucht man in seiner Verfassungslehre vergeblich, vielmehr ergeht er sich zum Abschluß des Themas Repräsentation in einem polemischen Angriff auf die Wiener Staatslehre, welche die „geistige Wirklichkeit möglichst weitgehend in Fiktion, Illusion, Verschleierung und Betrug aufgelöst habe"[180].

---

179 *Smend,* a.a.O., S. 95.
180 *Smend,* a.a.O., S. 95.

Fünftes Kapitel

Das Grundgesetz und die heutige Repräsentationsdiskussion

I. Die Entstehungsgeschichte des Art. 38 Abs.1 S. 2 GG und die Diskussion im Parlamentarischen Rat

Der Herrenchiemseer Verfassungskonvent, der einen unverbindlichen Verfassungsentwurf vorlegen sollte[1], übernahm als Art. 46 wörtlich Art. 21 WRV[2]. Diese Feststellung könnte fast als selbstverständlich unerwähnt bleiben, hätte der Verfassungskonvent nicht zugleich vor der Aufgabe gestanden, durch Einfügung der Parteien in das Verfassungsgefüge Neuland im normierten deutschen Verfassungsrecht zu betreten. Der Verfassungskonvent wollte durch die systematische Stellung der Regelung über die Parteien in Art. 47 HChE den engen Bezug dieser beiden Vorschriften deutlich machen. Ein unauflösbares Spannungsverhältnis zwischen ihnen sah er jedoch nicht. Am historischen Bezug des Repräsentativsystems sollte durch die wörtliche Übernahme des Art. 21 WRV vielmehr uneingeschränkt festgehalten werden.

Auf der 2. Sitzung des Ausschusses für Organisationsfragen des Parlamentarischen Rates wandte sich der Abgeordnete Dr. Strauß (CDU) gegen die Aufnahme des Art. 46 HChE in das Grundgesetz. Er erklärte, daß das freie Mandat einen nur historischen Gesichtspunkt wiedergebe und außerdem im Hinblick auf die Wirklichkeit zur Kritik herausfordere; man solle es weglassen, sei es als selbstverständlich, sei es als mißverständlich[3]. Die Abgeordneten Lehr (CDU), Dehler (F.D.P.), Löwenthal (SPD) und Schwalber (CSU) traten für die Beibehaltung ein, denn nur dadurch könnten die Abgeordneten vor den Parteiapparaten geschützt werden[4]. Die SPD-Abgeordneten Frau Dr. Selbert und Heiland vertraten hingegen die These vom

---

[1] Allg. zur Entstehungsgeschichte und besonders zum Stellenwert der historischen Interpretation s. *Immesberger,* Unabhängigkeit der Abgeordneten, S. 20ff.; *Badura,* Art. 38 GG, Entstehungsgeschichte; *Gerstein,* Das Funktionieren der unmittelbaren Demokratie in rechtsvergleichender Sicht, S. 187ff. und *Dömming/Füsslein/Matz,* Entstehungsgeschichte, 1 JöR (1951) N. F., S. 346-355.

[2] „Die Abgeordneten sind Vertreter des ganzen Volkes. Sie sind nur ihrem Gewissen unterworfen und an Aufträge nicht gebunden." Zur Entstehung der Weimarer Verfassung s.o. 4. Kap., II 4, S. 88f. Zur Übernahme durch den Verfassungskonvent s. *Badura,* Art. 38 GG, Entstehungsgeschichte, Ziff. 1.

[3] Parlamentarischer Rat, Drucks. Nr. 63 vom 16. September 1948.

[4] S. *Badura,* Art. 38 GG, Entstehungsgeschichte, Ziff. 6.

uneingeschränkten Fraktionszwang, damit Abgeordnete nicht unter dem Schutz einer solchen Bestimmung aus „dunklen Motiven" den Fraktionszwang brechen könnten[5].

Im Hauptausschuß des Parlamentarischen Rates wurde für kurze Zeit einem Antrag zur Konkretisierung[6] von Süsterhenn (CDU) gefolgt, um dann aber bedingt durch die Einwände des Allgemeinen Redaktionsausschusses wieder zur ursprünglichen Fassung zurückzukehren.

Das Kernstück des Repräsentativsystems, die Formulierung, die Abgeordneten sind Vertreter des *ganzen* Volkes, war relativ unbestritten. Lediglich der Abgeordnete Schwalber (CSU), der sich dennoch für das freie Mandat einsetzte, sprach sich für eine Streichung des Wortes „ganz" aus[7]. Die Abgeordneten Dehler (F.D.P.), Löwenthal (SPD) und Wirmer (CDU) traten dem entschieden entgegen und machten deutlich, daß die Abgeordneten Vertreter aller seien und nicht nur ihres speziellen Wahlkreises. Dabei wurde auch darauf hingewiesen, daß so dem Einfluß von Interessengruppen entgegengewirkt werden könnte.

Faßt man diese Entwicklung zusammen, so ist festzuhalten, daß trotz der Inkorporation der Parteien in die geschriebene Verfassung die historisch vorgefundene Stellung eines jeden Abgeordneten als Repräsentant beibehalten werden sollte. Ein Interpretationsversuch, der aus der Formulierung des historischen Verfassungsgesetzgebers „Die Abgeordneten" nur dem Bundestag als Ganzes die repräsentative Stellung zubilligen will und nicht auch jedem einzelnen Abgeordneten, findet in den Beratungen keine Bestätigung.

Wie bereits dargelegt, fand in den Beratungen des Parlamentarischen Rates keine intensivere Auseinandersetzung um das Thema der repräsentativen Demokratie statt. Das bedeutet allerdings nicht, daß die Abgeordneten eine geschlossene Konzeption von der Vereinbarkeit bzw. Abgrenzung der Stellung der Parteien und Fraktionen und der der Abgeordneten hatten. Eine solche Durchdringung war angesichts der Kürze der Zeit und des Umfangs der zu behandelnden Fragen auch kaum zu erwarten.

II. Institutionalisierte Debatten

Der Ruf nach stärkerer „Beimischung" plebiszitärer Elemente auf Bundesebene ist nie verstummt. Im Rahmen dieser Abhandlung soll aber nicht

---

[5] Parlamentarischer Rat, Drucks. Nr. 102 vom 24. September 1948.

[6] Süsterhenn beantragte folgende Formulierung: „Jeder Abgeordnete folgt bei Reden, Handlungen, Abstimmungen und Wahlen seiner Überzeugung und seinem Gewissen."

[7] 6. Sitzung des Organisationsausschusses vom 24. September 1948; s. Drucks. 102 des Parlamentarischen Rates.

auf jeden Reformvorschlag eingegangen werden, da dies den Rahmen sprengen würde[8].

Drei Diskussionsforen, die sich mit der repräsentativen Demokratie befaßten, sollen hingegen besonders behandelt werden: die Verhandlungen der deutschen Staatsrechtslehrer zu Berlin am 10. und 11. Oktober 1957, die Jahrestagung derselben vom 2. bis 5. Oktober 1974 in Bielefeld und die Enquête-Kommission Verfassungsreform des 7. Deutschen Bundestages (1973-1976).

1. Die Staatsrechtslehrertagung 1957

Nachdem der Deutsche Bundestag in zwei Legislaturperioden seine „Bewährungsprobe" bestanden hatte, konnte von seiten der deutschen Staatsrechtslehrer eine tiefergehende Bilanz gezogen werden. Zu dem äußerst weit gefaßten ersten der beiden Beratungsgegenstände der Staatsrechtslehrertagung 1957 „Parlament und Regierung im moderenen Staat" gehört selbstverständlich die Grundlagenfrage der repräsentativen Demokratie und die Erörterung des Verhältnisses von Art. 38 Abs. 1 S. 2 zu Art. 21 GG. Der Erstberichterstatter Ernst Friesenhahn nahm sich dieser Themen besonders an.

Friesenhahn hebt sich deutlich vom Leibholzschen Postulat ab, nach welchem sich die auf „völlig verschiedenen Strukturprinzipien"[9] beruhenden Elemente des massendemokratischen Parteienstaates und des klassisch repräsentativ-parlamentarischen Systems nicht verbinden lassen, sondern unversöhnlich seien. Für Friesenhahn dagegen – und er drückt damit die ganz überwiegende Meinung der Staatsrechtslehrer seiner Zeit aus – steht Art. 38 Abs. 1 S. 2 GG nicht in unlösbarem Widerspruch zu Art. 21 GG, vielmehr liegt in Art. 38 GG die bewußte Entscheidung für die freie Abgeordnetenpersönlichkeit[10]. Art. 21 GG hingegen normiert gerade nicht den umfassenden Parteienstaat im Sinne von Leibholz, denn die Parteien wirken lediglich an der politischen Willensbildung des Volkes mit. Den Abgeordneten bleibt es allerdings vorbehalten, ob sie einer in freier Diskussion und Abstimmung getroffenen Fraktionsentscheidung im Plenum folgen; tun sie dies, so verletzen sie jedenfalls nicht das Gebot des Art. 38 Abs. 1 S. 2 GG.[11]

---

[8] S. z. B. *Roßnagel*, Demokratische Kontrolle großtechnischer Anlagen durch Verwaltungsreferendum, 1 KritV (1986), S. 343-365, s. dazu o. Einleitung, S. 16f., Anm. 20; *Steinberg*, Standortplanung, 15 ZRP (1982), S. 113ff. und *Obst*, Chancen direkter Demokratie, 1986.

[9] *Leibholz*, Volk und Partei, S. 73.

[10] *Friesenhahn*, Parlament und Regierung, 16 VVDStRL (1958), S. 66, Leitsatz I 3 und s. dort auch S. 22.

[11] *Friesenhahn*, a.a.O., S. 66, Leitsatz I 4 und s. dort auch S. 24, Anm. 37.

Durch die Formel „Vertreter des ganzen Volkes" in Art. 38 GG werden für Friesenhahn die Parteien angehalten, nur solche Kandidaten zur Wahl zu stellen, die diesen Anforderungen genügen[12]. Hiermit spricht er ein bedeutsames Problem an, das der Kandidatenauslese. Art. 38 Abs. 1 GG stellt danach inhaltliche Anforderungen auf, die mit Verfassungsrang von den Beteiligten zu beachten sind. Nun kann zwar eingewendet werden, was nützt ein solches Postulat, wenn doch keine konkreten Kriterien verifizierbar und keine Kontrollinstanz vorhanden ist. Auf der wissenschaftlichen Ebene sind diese Ausführungen Friesenhahns jedoch bedeutsam, denn sie sind geeignet, ein vieldiskutiertes Problem zu erhellen, das Problem der „identitären Gleichheit" im Leibholzschen Sinne. Die „politische Seite" der Kritik von Leibholz setzt nämlich genau in dem Punkte der Kandidatenauslese an. Die fachliche Qualität, die „höhere Werthaftig- und Würdigkeit" meint Leibholz den Repräsentanten in der Demokratie absprechen zu müssen, da auf dem Boden der egalitären Gleichheit nur solche Kandidaten von den Parteien angeboten werden können, die aus dem gleichen Holz sind. Man kann sich des Eindrucks nicht erwehren, daß Leibholz befürchtete, daß letztlich die Mittelmäßigkeit zum Durchbruch kommen müßte. Aber die „Spezies" der Repräsentanten ist auch in der Demokratie eine eigene. Sicherlich hat prinzipiell jeder Bürger ab 18 Jahren die potentielle Qualität eines Repräsentanten[13]. Die Gleichheit bedeutet aber gerade nicht, daß nicht doch ganz erhebliche, weit überdurchschnittliche Anforderungen an die Kandidaten gestellt werden könnten und müßten. Der Ausleseprozeß der Kandidaten findet nicht im Losverfahren statt. Nach Friesenhahn ist jeder Kandidat aus Art. 38 Abs. 1 GG verfassungsrechtlich verpflichtet, die Bereitschaft mitzubringen, auch Vertreter des gesamten Volkes sein zu wollen, und die Parteien sind aus Art. 38 GG verpflichtet, nur solche Kandidaten aufzustellen.

In der anschließenden Diskussion der namhaftesten deutschen Staatsrechtslehrer trafen die Ausführungen Friesenhahns auf keine Kritik. Leibholz war nicht anwesend. Wilhelm Merk aus Tübingen griff diese Ausführungen speziell auf und erklärte seine volle Übereinstimmung.[14]

2. Die Enquête-Kommission Verfassungsreform

Am 8. Oktober 1970[15] beschloß der 6. Deutsche Bundestag, eine Enquête-Kommission Verfassungsreform einzusetzen. Bedingt durch die vorzeitige Auflösung des 6. Deutschen Bundestages am 22. September 1972 erlosch

[12] *Friesenhahn*, a.a.O., S. 23.
[13] Art. 38 Abs. 2 GG i.V.m. § 2 BGB.
[14] *Merk*, Beitrag, 16 VVDStRL (1958), S. 127.
[15] Dt. Bundestag, Sten. Protokoll, 6. Wahlperiode, S. 3893ff.

auch der Auftrag dieser Kommission vorzeitig. Doch der 7. Deutsche Bundestag griff das Thema alsbald wieder auf und beschloß am 22. Februar 1973[16] erneut die Einsetzung einer Enquête-Kommission Verfassungsreform.[17]

Fanden sich die Aussagen zur repräsentativen Demokratie im anfänglich erarbeiteten Themenkatalog noch an ziemlich untergeordneter Stelle[18], so trug doch die Enquête-Kommission Verfassungsreform alsbald der grundsätzlichen Stellung dieser Fragen Rechnung. Der Schlußbericht der Kommission setzte sich demgemäß vor allen anderen Themen mit diesen Fragen auseinander.

a) Erweiterung der plebiszitären Elemente

Im Kapitel 1 der Empfehlungen unter dem Titel „Stärkung der politischen Mitwirkungsrechte der Bürger" wird ausgeführt, daß eine Einführung von Volksbegehren, Volksentscheid und Volksbefragung über Art. 29 GG[19] hinaus nicht empfohlen wird. Dadurch lasse sich das demokratisch-repräsentative System auf der Bundesebene nicht festigen und auch nicht in seiner Legitimationskraft verstärken[20]. Zur Begründung wird einerseits auf die „wenig ermutigenden Erfahrungen" verwiesen, die in der Zeit der Weimarer Republik mit Volksbegehren, Volksentscheid und mit der Direktwahl des Reichspräsidenten gemacht worden sind[21]. Neben diesem historischen Aspekt wurden aber auch andererseits die theoretischen Schwierigkeiten und Gefahren genau gesehen. Wer soll wann, mit welcher Frageformulierung den Souverän anrufen dürfen? Wäre eine bloß informatorische Befragung nach österreichischem Beispiel[22] mit dem Souveränitätsprinzip vereinbar[23]? Welche Gegenstände können generell einem Volksentscheid oder Volksbegehren nicht zugänglich sein[24]? Die Gefahr der Emotionalisierung,

---

[16] Dt. Bundestag, Sten. Protokoll, 7. Wahlperiode, S. 799A.

[17] Zu deren Zusammensetzung s. *Presse- und Informationszentrum des Deutschen Bundestages* (Hrsg.), Zur Sache 3/76, S. 11f. (im folgenden als: Zur Sache 3/76 zitiert): Sie bestand aus 21 Mitgliedern, sieben Mitgliedern des Bundestages, sieben von den Ländern zu bennenenden Persönlichkeiten und sieben Sachverständigen.

[18] A VI 2 und A VII des Themenkatalogs, s. Zur Sache 3/76, S. 275f.

[19] Die Volksbefragung nach Art. 118 S. 2 GG darf hier vernachlässigt werden, da sie sich historisch überholt hat.

[20] Zur Sache 3/76, S. 19. Empfohlen wird vielmehr die sehr begrüßenswerte Einführung einer dritten, wenn auch fakultativen, Variante zur innerparteilichen Kandidatenaufstellung durch Briefwahl der wahlberechtigten Parteimitglieder.

[21] Zur Sache 3/76, S. 52.

[22] Nach Art. 41 Abs. 2 der österreichischen Verfassung hat eine erfolgreiche Volksinitiative nur die Wirkung, daß das Parlament sie auf seine Tagungsordnung setzen muß. Danach kann sie sofort abgelehnt werden, vgl. *Walter/Mayer*, Österreichisches Bundesverfassungsrecht, S. 142.

[23] Die Kommission sprach sich entschieden dafür aus, daß eine bloß informatorische Befragung mit der Stellung des Souveräns nicht vereinbar sei.

der Eröffnung eines weiteren Aktionsfeldes für Randgruppen und für Demagogen sind aus unserer jüngsten Geschichte hinlänglich bekannt. Aber auch die Gefahr der Desintegration darf nicht übersehen werden, denn den Parteien würde die Möglichkeit – und in Konsequenz daraus natürlich auch die Verantwortlichkeit – für eine in sich stimmige Politik genommen.

b) Das parlamentarische Mandat

Die Kommission empfahl, Art. 38 GG unverändert zu lassen[25]. Das Spannungsverhältnis zwischen repräsentativem Parlamentarismus und parteienstaatlicher Demokratie wurde ausdrücklich anerkannt und inhaltlich akzeptiert. Ein solches Spannungsverhältnis läßt sich im übrigen auch nur leugnen, wenn man es durch Absolutsetzung einer der beiden Verfassungsnormen „wegzudiskutieren" versucht. Die Verfassungsväter wollten aber offensichtlich keiner der beiden Vorschriften einen absoluten Vorrang einräumen.

Das freie Mandat wird als „zum Kernbereich der parlamentarisch-repräsentativen Demokratie" gehörig bezeichnet[26]. Durch Meinungs- und Interessenausgleich trägt es im Wege der Integration[27] zur Konsensbildung bei.

---

[24] Vgl. *Greifeld*, Volksentscheid durch Parlamente, S. 58ff. und Art. 73 Abs. 4 WRV: „Über den Haushaltplan, über Abgabengesetze und Besoldungsordnungen kann nur der Reichspräsident einen Volksentscheid veranlassen."

Eine Begrenzung des freien, plebiszitären Initiativrechts scheint unerläßlich. Die Steuergesetze, die Besoldungshöhe der staatlichen Bediensteten und letztlich auch die Subventionen können sinnvollerweise nicht im Wege des Plebiszits geregelt werden. Da der Reichspräsident der Weimarer Republik einen solchen Volksentscheid nie veranlaßt hatte, blieb ihr diese Erfahrung praktisch erspart. Von jedem einzelnen Haushaltsposten hat in der Regel nur eine kleine Minderheit einen Vorteil. Vorteile der Allgemeinheit treten nur in sehr mittelbarem Sinne auf, wie z. B. bei der Verteidigung und Forschungsförderung, wogegen die Rüstungsindustrie bzw. allgemein die Industrie und die Mitarbeiter von Forschungsinstituten in diesen Fällen wirtschaftlich unmittelbarer interessiert sind. Nur im Wege einer Gesamtbetrachtung kann der einzelne erkennen, daß es auch für ihn von Vorteil ist, wenn in Fragen seiner Begünstigung nicht unmittelbar die steuerzahlende Mehrheit gefragt wird, denn im Moment des Plebiszits dürfte einem jeden die eigene Steuerbelastung näher sein als eine solche Gesamtbetrachtung.

[25] Kap. 2 des Schlußberichts, Zur Sache 3/76, S. 20f. und 72ff.

[26] Zur Sache 3/76, S. 75.

[27] Auch wenn die wesentlichen Entscheidungen schon hinter den verschlossenen Türen der Fraktionen gefallen sind, kann die öffentliche Debatte, wenn auch in eingeschränktem Maße, noch integrierend wirken. Besonderer Motor dafür ist der Druck der Öffentlichkeit. Die Fraktionsredner werden so gezwungen, auf die oft schon längst bekannten Argumente des politischen Gegners einzugehen, um Zustimmung oder wenigstens Akzeptanz in der Öffentlichkeit und bei ihrer Parteibasis zu finden. Diese unter dem Eindruck der gegnerischen Argumente und vor allem der Erwartungshaltung der Öffentlichkeit geführten Debatten stellen eine erste Interpretation der Beschlüsse und Gesetze dar. Solche Interpretationen sind später nicht selten für den Vollzug und die richterliche Kontrolle von außerordentlicher Bedeutung. Sollten im Einzelfall wirklich einmal dem Gemeinwohl widersprechende Motive hinter den

Durch die verfassungsrechtlich verbürgte Unabhängigkeit des Abgeordneten wird die Artikulation partikulärer Interessen in der Partei erleichtert, gleichzeitig sind aber die Parteigremien und die Fraktionen gezwungen, einen „breiten parteiinternen Konsens“[28] herzustellen[29].

3. Die Staatsrechtslehrertagung 1974

Parallel zur Arbeit der Enquête-Kommission Verfassungsreform nahm sich die Vereinigung der Deutschen Staatsrechtslehrer auf ihrer Jahrestagung 1974 in Bielefeld erneut des Problemes der Repräsentation im ersten Beratungsgegenstand: „Das parlamentarische Regierungssystem des Grundgesetzes“ an. Der Berichterstatter Oppermann vertrat die These, daß es in der kurzen Zeit der Existenz der Bundesrepublik zu einer bemerkenswerten „Distanzschrumpfung“ zwischen den Wählern und ihren Abgeordneten gekommen sei. Nicht nur die Egalisierung des Bildungsniveaus, sondern auch die totale militärische und moralische Niederlage von 1945 seien die Komponenten dieser Entwicklung gewesen[30]. Seine Darstellung lebt von dem Unterschied der Gegenpole von Identität und Repräsentation im Schmittschen und Leibholzschen Sinne. Die Egalisierung verlangt nach seiner Sicht nach Identität und begünstigt damit den Prozeß der „partiellen Unglaubwürdigkeit der Repräsentation“[31].

Trotz dieser Egalisierung in den Ausgangsbedingungen etablierte sich nach Oppermann ein Expertentum und eine Professionalisierung aufgrund der Arbeitsteiligkeit der modernen Gesellschaft. Die heutige Legitimation der Repräsentation liegt für ihn in der Fähigkeit des Repräsentativsystems,

---

verschlossenen Fraktionstüren entscheidend gewesen sein, so kann durch die anschließende parlamentarische Debatte eine erste „Läuterung“ durch die Interpretation in Richtung der Erwartungen der Öffentlichkeit eintreten.

[28] Zur Sache 3/76, S. 78.

Geht man diesem Gedanken tiefer auf den Grund, so erkennt man, daß dem Abgeordneten das freie Mandat nicht zur persönlichen Willkür überlassen ist, auch nicht zum Zwecke der „Kapitalisierung“ desselben im Zusammenhang mit einem Partei- oder Fraktionsübertritt, sondern darum, daß jeder einzelne Abgeordnete in der Lage ist, eine ihm besonders wichtige *Gewissen*sentscheidung mit seiner „Vertrauensfrage“ zu verknüpfen. Denn gerade in Zeiten schwacher Mehrheiten, also der geringsten Repräsentation des Volkes in der parlamentarischen Mehrheit, erwächst aus dem freien Mandat einem jeden Abgeordneten eine außerordentliche Macht, die er in den allermeisten Fällen ebenso wie der Bundeskanzler bei dessen Vertrauensfrage als Drohmittel dazu einsetzen kann, um seine Gewissensentscheidung seiner Fraktion gegenüber deutlich zu machen. Ein Parteiwechsel, der mit Ablauf der Legislaturperiode sehr schnell zum parlamentarischen Aus des Fraktionswechslers führen kann, wird die *ultima ratio* bleiben.

[29] Vgl. allg. zur Arbeit der Enquête-Kommission Verfassungsreform *Böckenförde,* Cappenberger Gespräche, S. 23-50.

[30] *Oppermann,* Parlamentarisches Regierungssystem, 33 VVDStRL (1975), S. 62 und *ders.,* Parlamentarische Repräsentation, 28 DÖV (1975), S. 763f.

[31] *Oppermann,* Parlamentarisches Regierungssystem, 33 VVDStRL (1975), S. 43.

dieser Arbeitsteiligkeit im politischen Prozeß zu entsprechen. Ferner legitimiere sie sich sozialethisch durch die Unaufgebbarkeit des Individuums auf der parlamentarischen Ebene[32].

Der Mitberichterstatter Hans Meyer bedauerte eingangs die Entwicklung zum „Kampfbegriff" der Repräsentation. „Weder der ‚Angreifer' hat ein Interesse daran, den Begriff präzise zu fassen, da er möglichst viele Verhaltensweisen des Gegners damit diskreditieren will, noch der ‚Verteidiger', dessen Taktik es sein muß, den Begriff als solchen zu akzeptieren und zu behaupten, daß man fest auf seinem Boden stehe."[33] Die Theorie der Repräsentation sei nicht ohne Raffinement. „Aus der Not, daß das Volk sich nicht selbst regieren kann, macht sie die Tugend, bei einigen Autoren sogar die Wohltat, daß es bei diesem Geschäft repräsentiert wird."[34]

Eine nähere Untersuchung des Phänomens der Repräsentation meint Meyer wegen „des Bezugs zum Magischen" beiseite lassen zu können und greift zwei Aspekte heraus, die Repräsentation des Volkes als Einheit und die höhere demokratische Qualität des Parlaments als Repräsentativorgan gegenüber der Regierung[35]. An das Parlament würden heute unerfüllbare Forderungen gestellt, da es sich von der Vertreterfunktion des Volkes gegenüber der Regierung zur tragenden Basis derselben entwickelt habe, wobei dieser Funktionswandel durch das Weiterleben der Repräsentationsvorstellung verdeckt sei. Meyer möchte den Begriff der Repräsentation wenigstens auf Zeit nicht gebraucht wissen. Vielmehr könne der Wert unmittelbarer Volksentscheide nicht bestritten werden[36]. Deshalb fordert er den Ausbau von Volksbegehren und Volksentscheiden auf der Ebene des Bundes als Korrektiv[37].

Zusammenfassend läßt sich festhalten, daß die Berichte der beiden Berichterstatter auf der Staatsrechtslehrertagung 1974 nur in sehr begrenztem Maße zur Klärung und Erforschung des Wesens der Repräsentation und des Repräsentativsystems beigetragen haben.

---

32 *Oppermann*, Parlamentarisches Regierungssystem, 33 VVDStRL (1975), S. 43f. und *ders.*, Parlamentarische Repräsentation, 28 DÖV (1975), S. 765f.

33 *Meyer*, Parlamentarisches Regierungssystem, 33 VVDStRL (1975), S. 75, bes. Anm. 20.

34 *Meyer*, a.a.O., S. 79f.

35 *Meyer*, a.a.O., S. 80.

36 *Meyer*, a.a.O., S. 81, hier irrt Meyer, s.u. 5. Kap., III 6, S. 135f.

37 *Meyer*, a.a.O., S. 115, These 28. Zur umfangreichen Kritik an seinen Ausführungen s. die Diskussionsbeiträge in der Aussprache z. B. von *Scheuner*, Beitrag, 33 VVDStRL (1975), S. 121f.; *Kaiser*, Beitrag, 33 VVDStRL (1975), S. 124; *Friauf*, Beitrag, 33 VVDStRL (1975), S. 129; *Böckenförde*, Beitrag, 33 VVDStRL (1975), S. 133f.; *Rauschning*, Beitrag, 33 VVDStRL (1975), S. 165f. und *Stern*, Beitrag, 33 VVDStRL (1975), S. 169f.

III. Zur heutigen Repräsentationsdiskussion

1. Einführender Überblick

Einen bedeutenden Einfluß auf die Repräsentationsdiskussion der Nachkriegszeit nahmen Gerhard Leibholz, sowohl als Wissenschaftler als auch als Verfassungsrichter (1951-1971), und die Lehre von C. Schmitt[38]. Im Sinne einer Bestätigung ihrer Lehre gilt dies allerdings nur eingeschränkt, da ihr statischer Ansatz umfangreichen Widerspruch durch eine Fülle von Lehren provozierte, die die Repräsentation als Prozeß sehen. Aber auch die Gedanken Smends und Hellers wirkten fort[39].

Die Repräsentationsdiskussion hat eine solche Ausuferung erfahren, daß eine ordnende Auswahl fast unmöglich erscheint. In allen möglichen Zusammenhängen werden im Brustton der Überzeugung Teilaspekte herausgehoben, die sich äußerst schwer systematisieren lassen. Der Charakter der vorliegenden Untersuchung muß sich diesem Problem stellen, indem eine Bestandsaufnahme der wesentlichen Aussagen vorgenommen wird, wobei den Autoren der Vorzug der näheren Betrachtung gebührt, die sich umfassender und nicht nur *en passant* mit dem Problem auseinandersetzen. In beachtenswerter Weise geschieht dies in der Gruppe der Autoren, die die Repräsentation historisch aufgearbeitet haben. Von den bereits Vorgestellten entwickelten allerdings Hofmann[40], Kurz[41] und Hartmann[42] keine eigene ausgeprägte Konzeption der Repräsentation und des Repräsentativsystems, während E. Schmitt und Rausch[43] über den jeweiligen historischen Aspekt hinausgehend zur eigenen Konzeption fanden.

E. Schmitt[44] beschreibt die Repräsentation als soziopolitisches Phänomen, also als soziale Beziehung. Hauptaufgaben der Repräsentanten sind die Meisterung anstehender Sachaufgaben und die Integration der Mitglieder des Gemeinwesens[45]. Durch Integration wird Handlungsfähigkeit erreicht, was zugleich Sinn und Zweck der Repräsentation ist[46]. Auch E. Schmitt unterscheidet im Anschluß an Voegelin und Hättich[47] das dynamische vom stati-

---

[38] Zu ihrer Lehre s.o. 4. Kap., III 1 und 2, S. 89ff.

[39] S.o. 4. Kap., III 3 und 4, S. 98ff. Zur bereits angesprochenen Organlehre Jellineks s.o. 4. Kap., III 2, S. 92.

[40] *Hofmann*, Repräsentation, 1974.

[41] *Kurz*, Volkssouveränität und Volksrepräsentation, 1965.

[42] *Hartmann*, Repräsentation in der politischen Theorie und Staatslehre in Deutschland, 1979.

[43] Da Rausch sich von den historisch orientierten Interpreten am umfangreichsten mit der Frage des Wesens der Repräsentation auseinandergesetzt hat, sollen seine Thesen gesondert behandelt werden, s.u. 5. Kap., III 4, S. 127ff.

[44] *E. Schmitt*, Repräsentation und Revolution, S. 43.

[45] *E. Schmitt*, a.a.O., S. 46.

[46] *E. Schmitt*, a.a.O., S. 47.

[47] Zur Lehre Voegelins und Hättichs s.u. 5. Kap. III 2, S. 119ff.

schen Element der Repräsentation, wobei aber die Abgrenzung verschwommen bleibt[48]. Mit dem Postulat der Notwendigkeit einer „Vertrauen-Verantwortung-Beziehung" zwischen Repräsentant und Repräsentierten deutet er bereits einen Aspekt an, den Böckenförde[49] zum zentralen Punkt seiner inhaltlichen Repräsentation ausbaut. Ob ein Repräsentant zum Despoten herabsinkt, entscheidet sich demnach nicht durch die Frage seiner Legitimation, also die der Bestellungsweise, sondern durch die Art und Weise der Lösung der vom Gemeinwesen gestellten Aufgaben[50], wobei diese Aufgaben für den Repräsentanten offenbar präexistent sind. Entscheidend kommt es dabei darauf an, welche Erwartungen vom Volke allgemein an die Repräsentanten gestellt werden, wobei sich diese nach E. Schmitt in Muß-, Soll- und Kannerwartungen abstufen[51]. Geraten diese Erwartungen und die Realität in zu starkem Maße auseinander, so ist der Boden für eine Revolution bereitet.

Als weiterer Vertreter der Repräsentation als Prozeß ist Pollmann zu nennen. Er wählt den Einstieg über den Zweck der Repräsentation, da alle menschliche Tätigkeit zweckorientiert und der Zweck der Motor aller menschlichen Sozialbezüge sei[52]. Die Repräsentanten haben in der Wechselwirkung mit den Repräsentierten die innerhalb einer Gruppe verfolgten Ziele und Bestrebungen zu bündeln und zu koordinieren. Repräsentation erschöpft sich aber nicht in polarer Wechselwirkung[53], sondern führt auch nach Pollmann zum Prozeß der Selbstvergütung, also zur „bessernden Funktion" im Krügerschen Sinne[54]. Der Leibholzschen Vorstellung der Repräsentanten als Werteelite setzt er den Begriff der Funktionselite entgegen[55]. Dialektisch betrachtet, vollzieht sich nach Pollmann der Repräsentationsprozeß in einem dreiphasigen Vorgang. Zuerst existiert der diffuse Volkswille, dem der vollkommenere, da rationalere und reflektiertere Repräsentantenwille gegenübertritt. Schließlich wird im Wege einer Synthese eine höhere Einheit erreicht, die der repräsentativen Entscheidung[56]. Repräsentant ist dabei in einer funktionalen Betrachtungsweise immer derjenige, der die Funktion der Willensbildung übernimmt. Macht sich also ein Repräsentant vom Willen anderer, z. B. einer Führerfigur, abhängig, so degeneriere er zum Willensvollstrecker eines anderen Repräsentanten. Führertum und Repräsentation seien aber dennoch nicht identisch, da sich der

[48] Vgl. *E. Schmitt*, Repräsentation und Revolution, S. 47f.

[49] S.u. 5. Kap., III 5, S. 130ff.

[50] *E. Schmitt*, Repräsentation und Revolution, S. 50.

[51] *E. Schmitt*, a.a.O., S. 58f.

[52] *Pollmann*, Repräsentation und Organschaft, S. 34.

[53] *Pollmann*, a.a.O., S. 37.

[54] *Pollmann*, a.a.O., S. 38, vgl. *Krüger*, Staatslehre, S. 238 und s.u. 5. Kap., III 2 b, S. 122, Anm. 108.

[55] *Pollmann*, a.a.O., S. 40.

[56] *Pollmann*, a.a.O., S. 41.

Diktator bzw. Tyrann außerhalb des notwendigen dialektischen Prozesses begebe[57].

Ernst Fraenkel gilt das Verdienst, frühzeitig den Widerspruch erkannt zu haben, der zwischen der Funktion der Darstellung einer Einheit durch Repräsentation und der Pluralität der Meinungen in den westlichen Demokratien gesehen werden kann. Das Repräsentativsystem stellt für ihn soziologisch den „politischen Überbau einer Gesellschaft dar, die sich ihres pluralistischen Charakters bewußt ist“[58]. Ausgangspunkt seiner Ausführungen ist der Volkswille. Er lasse sich in zweifacher Weise erfassen, zum einen als hypothetischer Volkswille, der der Idealtypus des repräsentativen Systems ist. Nach diesem Typus ist das Gesamtinteresse vorgegeben und objektiv feststellbar, wobei der Wille des Volkes als auf die Förderung des Gemeininteresses gerichtet anzusehen ist[59]. Allerdings finden sich auch bei Fraenkel keine konkreten Ausführungen, wie der hypothetische Volkswille realiter objektiv festzustellen ist. Der empirische Volkswille, der Stoff also, aus dem Plebiszite gemacht sind, drücke sich durch die Ansichten der Volksmehrheit aus. Jedes Repräsentativsystem muß nach Fraenkel bestrebt sein, den empirischen Volkswillen zu beachten, um das Gemeinwohl zu fördern. Seine Repräsentationsvorstellung folgt damit der früher ausschließlich vertretenen statischen Konzeption, denn der Volkswille ist für ihn objektiv vorgegeben und gelangt in den Repräsentanten unabhängig vom weiteren Einwirken der Repräsentierten zur Darstellung. Bei einer Divergenz zwischen hypothetischem und empirischen Volkswillen gebühre aber nicht der empirischen Mehrheitsmeinung, sondern dem hypothetischen Volkswillen der Vorzug[60], da dieser das objektiv feststellbare Gesamtinteresse verkörpere. Beide Typen seien Idealtypen, wobei der hypothetische Volkswille von Fraenkel mit der *volonté générale* gleichgesetzt wird und das Parlament diesen repräsentiere[61], während das Ideal des plebiszitären Regierungsprinzipes der empirische Volkswille sei. Als Idealtypen ließen sie sich nicht rein verwirklichen, vielmehr wohne beiden die Tendenz zur Selbstauflösung inne. Die Repräsentanten stünden in der Gefahr, durch Isolation und Korruption zu einer Clique zu erstarren und so den repräsentativen Charakter zu verlieren[62], während die Anhänger des plebiszitären Regierungssystems in der Tendenz den empirischen Volkswillen eher in einer Einzelperson verkörpert sähen, als in einer Versammlung und damit die Gefahr der „zäsaristischen Diktatur“[63] bestehe. Ein überlebensfähiges Regierungssystem läßt sich nach Fraenkel somit nur durch die Mischung beider Komponenten erreichen.

---

57 *Pollmann,* a.a.O., S. 44.

58 *Fraenkel,* Repräsentative und plebiszitäre Komponente, S. 331.

59 *Fraenkel,* a.a.O., S. 330.

60 *Fraenkel,* a.a.O., S. 331.

61 *Fraenkel,* a.a.O., S. 332.

62 *Fraenkel,* a.a.O., S. 335.

Nachdem einführend drei verschiedene Sichtweisen exemplarisch vorgestellt wurden, zum einen die teildynamisierte in der Sicht E. Schmitts, zum zweiten die rein prozeßhafte in der Konzeption Pollmanns und zum dritten eine statische in den Vorstellungen Fraenkels, die je einen anderen Ausgangspunkt wählen, das soziopolitische Phänomen, den Zweck bzw. den Volkswillen in der pluralistischen Gesellschaft, sollen im zweiten Teil dieses einführenden Überblickes noch kurz anders gelagerte Ansatzpunkte und Betrachtungsweisen aufgezeigt werden.

Wilhelm Hennis hat zwei Einzelaspekte des Repräsentativsystems ausführlich untersucht: Die Problematik der Meinungsforschung durch „Befragungstechniker“ und den für ihn die repräsentative Demokratie prägenden Amtsgedanken.

Meinungsumfragen sind zu einem anerkannten Instrument des politischen Kampfes avanciert[64]; gerade die oppositionelle Minderheit versucht dadurch den scheinbaren Eindruck einer Mehrheit zu erwecken. Aber auch ein zweiter Aspekt muß nach Hennis bei der Bewertung von Meinungsumfragen berücksichtigt werden, nämlich der meinungsbildende Effekt der Meinungsforschung[65]. In der politischen Praxis der Bundesrepublik spielt sie in Wahlkämpfen eine besondere Rolle. Eine förmliche Mitwirkung des „Gemeinbewußtseins“ findet sich jedoch nicht innerhalb der ersten und zweiten Gewalt im Staat[66], in der dritten, der Judikative, dürfte dieser Gedanke hinter den Institutionen der Schöffen und der ehrenamtlichen Richter stehen.

Die Funktion der öffentlichen Meinung erschöpft sich nach Hennis im Bejahen oder Mißbilligen politischer Akte[67]. Die Gefahr der Prinzipienlosigkeit und Unberechenbarkeit derselben sei nicht zu übersehen. Wollte man die politisch Agierenden an sie binden, so hieße dies „nicht den Kompaß, sondern den Wetterhahn zur Richtschnur zu nehmen“[68]. Die Gefahren der Austragung des politischen Kampfes durch selektierte Meinungsumfragen bestehen nach Hennis nicht nur darin, daß durch scheinplebiszitäre Argumente die repräsentativen Verfassungsinstitutionen beeinträchtigt würden, sondern daß vielmehr die staatsmännische Führungs- und Verantwortungsbereitschaft der Politiker, also das Amtsverständnis abgebaut werde[69]. Hennis versteht demgemäß auch das Amt und nicht die Volkssouveränität oder

---

[63] *Fraenkel,* a.a.O., S. 336.

[64] *Hennis,* Meinungsforschung und repräsentative Demokratie, S. 9.

[65] Diesen Aspekt spart Hennis allerdings aus.

[66] Die Verbände, die versuchen, auf die Gesetzgebung Einfluß zu nehmen, können schwerlich unter diese Kategorie gefaßt werden.

[67] *Hennis,* Meinungsforschung und repräsentative Demokratie, S. 27.

[68] *Hennis,* a.a.O., S. 29.

[69] *Hennis,* a.a.O., S. 42.

den Willen als den zentralen Begriff der repräsentativen Demokratie[70]. Nur die repräsentative Demokratie ermögliche die Begrenzung und Kontrolle durch verfassungsmäßige Kompetenzen, die nicht nur berechtigen, sondern im Sinne eines Trusts, einer Treuhand, auch verpflichten. Damit wird die Amtsgewalt zum Zwecke der Förderung der Belange des Gemeinwesens verliehen. Nach Hennis kann alle staatliche Gewalt nur vom Amtscharakter aus verstanden werden, wobei schon Art. 1 Abs. 1 GG den repräsentativen Charakter des Grundgesetzes vorab festlege[71]. Die Bilderwartungen des Volkes, die später von E. Schmitt und Rausch angesprochen wurden, sieht Hennis ebenfalls als gegeben an, allerdings in der Vorstellung der Allgemeinheit von bestimmten Pflichten und Aufgaben eines jeden Amtswalters. Stehe das Amt im Mittelpunkt des politischen Denkens, so sei das Vertrauen das entscheidende Kriterium und nicht die Frage des identisch reproduzierbaren Volkswillens. Persönliche Ehre, Bildung, Weitsicht und Integrität sind für ihn also nicht die Voraussetzungen zur unfehlbaren Erkenntnis des Volkswillens, sondern die Voraussetzungen des Vertrauens. Ein Politiker sollte nach seiner Wahl nach Hennis nicht sagen: „Ich will Euren Willen tun", sondern: „Ich will Euer Vertrauen nicht mißbrauchen". Korrespondierend dazu kann es nur durch das Amt Verantwortlichkeit geben, in einer auf dem Prinzip der Identität aufgebauten Demokratie gebe es keine Verantwortung[72].

Während Hennis die Institution des Amtes als bestehend betrachtet, untersuchte Heinrich Triepel den Geltungsgrund näher, wobei er die Begriffe Delegation und Mandat sorgsam getrennt wissen wollte[73]. Unter Delegation im Sinne des öffentlichen Rechts versteht er „den Rechtsakt, durch den der Inhaber einer staatlichen oder gemeindlichen Zuständigkeit, also der Staat, die Gemeinde selbst oder eines der Staats-, der Gemeindeorgane seine Kompetenz ganz oder zum Teil auf ein anderes Subjekt überträgt."[74] Durch den Begriff der Delegation wird klargestellt, daß es sich, im Gegensatz zum Mandat, um die Ausübung einer fremden Kompetenz handelt. Der Begriff der Repräsentation tritt für Triepel zurück, das Volk delegiert den Regierenden die eigene Befugnis[75]. Repräsentation bedeutet dann aber statische Übertragung der Befugnis zum Zwecke der Ausübung derselben.

Andererseits hat der Gedanke der „nur" repräsentativen Demokratie die Repräsentationsdiskussion nie verlassen. So wird ganz allgemein vom „Sur-

---

[70] *Hennis,* Amtsgedanke, S. 54. Vgl. zum Amtsbegriff in der Demokratie auch *Kriele,* Staatslehre, S. 112; *Kielmansegg,* Quadratur des Zirkels, S. 21ff. und *Isensee,* Demokratie – verfassungsrechtlich gezähmte Utopie, S. 45ff.

[71] *Hennis,* Amtsgedanke, S. 55.

[72] Vgl. *Hennis,* Amtsgedanke, S. 58.

[73] *Triepel,* Delegation und Mandat, S. 22.

[74] *Triepel,* a.a.O., S. 23.

[75] *Triepel,* a.a.O., S. 69ff. S. dort auch die Berufung auf Hobbes und Locke.

rogatcharakter" des Repräsentativsystems gesprochen[76]. Selbst Scheuner[77] bewegte sich letztlich auf dem Boden dieses Gedankens, wenn er das „nicht absolut zu verstehende plebiszitäre Element" als Ergänzung und Verbesserung des repräsentativen Prinzips stärker ausgeprägt sehen will[78].

Letztlich ist kurz auf die Untersuchungen zur unmittelbaren bzw. direkten Demokratie hinzuweisen[79], auch wenn es das Anliegen dieser Abhandlung ist, zentral das Repräsentativsystem und das Verständnis von Repräsentation zu untersuchen. Beschäftigt man sich mit der Literatur zur direkten Demokratie, so ist am auffälligsten, daß diese Titel teilweise nicht halten, was sie versprechen, denn man kann höchstens von der „halb-" oder „semi"-direkten Demokratie[80] sprechen. Zutreffender wäre es, auch das System der Schweiz und z. B. das der deutschen Länder mit ihren plebiszitären Elementen als repräsentative Demokratien mit stärkerem oder geringerem plebiszitären Einschlag zu bezeichnen[81].

2. Eric Voegelin und Manfred Hättich

a) Eric Voegelin

Voegelin untersucht das Problem der Repräsentation in drei Erkenntnisschritten. In einer ersten Betrachtung postuliert und analysiert er den elementar-deskriptiven Typus[82] der Repräsentation. Als Methode wählt er dabei ein Verfahren, das die Realität und die theoretischen Begriffe, öfter auch als Symbole bezeichnet, streng zu scheiden sucht, wobei der Erkenntniswert der gewonnenen Begriffe daraufhin geprüft wird, ob er sich in größere theoretische Zusammenhänge einfügen läßt. Voegelin bezeichnet dieses Vorgehen als aristotelisches Verfahren[83].

---

[76] Vgl. vor allem *Drath,* Entwicklung der Volksrepräsentation, S. 260f.

[77] *Scheuner,* Repräsentatives Prinzip, S. 405 und *ders.,* Politische Repräsentation und Interessenvertretung, 18 DÖV (1965), S. 577ff.

[78] Vgl. auch *W. Weber,* Mittelbare und unmittelbare Demokratie, S. 765ff. und *ders.,* Spannungen und Kräfte, S. 175ff.

[79] Vgl. vor allem *Gerstein,* Das Funktionieren der unmittelbaren Demokratie in rechtsvergleichender Sicht, 1969; *Hernekamp,* Formen und Verfahren direkter Demokratie, 1979 und *Obst,* Chancen direkter Demokratie, 1986.

[80] Zur Entwicklungstendenz in der Schweiz s. *Eichenberger,* Entwicklungstendenzen, S. 92ff., der differenzierend von der halb- und von der semi-direkten Demokratie spricht.

[81] Zu den dt. Ländern s. *Gerstein,* Das Funktionieren der unmittelbaren Demokratie in rechtsvergleichender Sicht, S. 219ff.

[82] *Voegelin,* Neue Wissenschaft der Politik, S. 57ff., bes. S. 59; vgl. aber auch daselbst, S. 77, die Gleichsetzung des deskriptiven Typus mit der Repräsentation im konstitutionellen Sinne. Zur Kritik an seiner Lehre s. vor allem *Rausch,* Repräsentation und Repräsentativverfassung, S. 38ff.

[83] *Voegelin,* Neue Wissenschaft der Politik, S. 54.

Der elementar-deskriptive Typus der Repräsentation beleuchtet das Repräsentationsphänomen als ein Symbol in der politischen Realität[84]. Dabei wird auf das rein formale Funktionieren von Repräsentationsmechanismen abgestellt, ohne daß es zu einer inhaltlichen Teilnahme der Gesellschaft kommen müßte, also zu einer Selbstinterpretation derselben. Ein Vergleich mit der formellen Seite der Repräsentation bei Smend[85], aber auch mit der Repräsentation im formalen Sinne Böckenfördscher Prägung[86] liegt nahe.

Für diesen Typus der Repräsentation macht es keinen Unterschied, ob Einheits- oder konkurrierende Parteien eine Mittlerfunktion im Repräsentationsprozeß übernehmen. In diesem Sinne kann nach Voegelin auch die aus dem Einheitsparteisystem hervorgegangene sowjetische Führung als Repräsentant angesehen werden[87].

Als zweiten Ansatzpunkt seiner „Wesensschau" bedient er sich des Artikulationsbedürfnisses einer jeden Gesellschaft. Die sich artikulierende Gesellschaft lasse sich in dem Symbol „Volk" fassen[88]. Artikulierung sei jedoch zugleich die Bedingung der Repräsentation, denn um zur Existenz zu gelangen, müsse eine Gesellschaft sich artikulieren, indem sie einen Repräsentanten hervorbringe, der für sie handele[89]. Dieser müsse aber, wolle er nicht verdrängt werden, die Idee der Institution durch den zweiten Typus, den der existentiellen Repräsentation, verwirklichen[90]. Voegelin verbindet diese Erkenntnis mit der Mahnung: „Wenn eine Regierung lediglich im konstitutionellen Sinn repräsentativ ist, wird ihr früher oder später durch einen repräsentativen Herrscher im existentiellen Sinn ein Ende bereitet; und sehr wahrscheinlich wird der neue existentielle Herrscher nicht allzu repräsentativ im konstitutionellen Sinn sein."[91]

Auch dieser Gedanke ist nicht ganz neu; der existentielle Typus der Repräsentation soll die Ebene beleuchten, auf welcher es durch inhaltliche Integration zur Werteverwirklichung kommt.

Nach der Abschichtung dieser beiden Aspekte setzt Voegelin dann noch zu einem weitergehenden dritten Schritt an. In seinem Kapitel „Repräsentation und Wahrheit"[92] verläßt er den Boden der uns vertrauten griechischen

---

[84] *Voegelin,* a.a.O., S. 55.

[85] S.o. 4. Kap., III 4, S. 101f.: unter persönlicher und funktioneller Integration.

[86] S.u. 5. Kap., III 5, S. 130f.

[87] *Voegelin,* Neue Wissenschaft der Politik, S. 60f.

[88] *Voegelin,* a.a.O., S. 66.

[89] *Voegelin,* a.a.O., S. 67.

[90] *Voegelin,* a.a.O., S. 77.

[91] Vgl. auch *Voegelin,* a.a.O., S. 79: „Wenn ein Repräsentant seine existentielle Aufgabe nicht erfüllt, wird ihn keine konstitutionelle Legalität seiner Stellung retten können."

[92] *Voegelin,* a.a.O., S. 81ff.

Polis, der Entwicklung des christlichen Abendlandes und den der repräsentativen Demokratie. Er führt aus, daß alle früheren Reiche des Nahen wie des Fernen Ostens sich als Repräsentanten einer transzendenten Ordnung, der Ordnung des Kosmos, aufgefaßt haben[93]. Diese Reiche verstanden sich als das Spiegelbild der kosmischen Ordnung, deren Existenz angesichts des praktischen Funktionierens der Welt nicht hätte bestritten werden können. Die weiteren geschichtlichen Bestrebungen der Verwirklichung anderer transzendentaler Wahrheiten auf Erden sind hinlänglich bekannt. Beispielhaft soll die Berufung auf die transzendentalen Ordnungen der antiken Götter, Dschingis-Kahns, Allahs oder aber auch des dreieinigen Gottes der Christenheit genannt werden. Aber noch eine weitere imperiale Ordnung ist hier zu erwähnen, die der marxistischen Dialektik als Spiegelung einer kosmischen Ordnung basierend auf der Wahrheit einer historisch immanenten Ordnung[94], also der vorherbestimmten historischen Entwicklung von der Urgesellschaft über Sklavenhaltergesellschaft, Feudalismus und Kapitalismus zur Auflösung im Weltkommunismus mit dem östlichen Sozialismus als dessen erster Stufe.

Betrachtet man diese Ausprägung der „monadischen Repräsentation", fordert man also die imperiale Wahrheit heraus, so erhebt man sich nach Voegelin selbst zum Repräsentanten der Wahrheit[95].

Diese Erkenntnis hindert Voegelin allerdings nicht, ein Postulat aufzustellen, daß zum existentiellen Sinn der Repräsentation der Sinn hinzugefügt werden muß, „nach welchem die Gesellschaft der Repräsentant einer transzendenten Wahrheit ist"[96]. Zwei Aspekte desselben Problems sind dabei nach Voegelin zu beachten. Erstens ist der existentielle Repräsentant einer Gesellschaft deren handelnder Führer in der Repräsentation der Wahrheit und zweitens artikuliert die auf Konsens der Bürgerschaft beruhende Regierung die aktive Teilhaberschaft eines jeden einzelnen Bürgers, wie sie ihn durch Überredung *(Peitho)* an der Wahrheit teilhaben läßt[97]. Die Fähigkeit zur Erkenntnis dieser transzendentalen Wahrheit wurde dabei zur Zeit der athenischen Demokratie vor allem durch die *Politeia* des Platon geschaffen, indem er die Psyche als Teil der Seele des Menschen als das „Sensorium der Transzendenz" erkannte[98]. Der neue Mensch als Strukturelement der neuen Gesellschaft „ist nicht der Mensch schlechthin, sondern der Mensch, sofern er durch die Differenzierung seiner Psyche zum Repräsentanten der göttlichen Wahrheit geworden ist."[99]

---

[93] *Voegelin,* a.a.O., S. 83.
[94] Vgl. *Voegelin,* a.a.O., S. 90.
[95] *Voegelin,* a.a.O., S. 91.
[96] *Voegelin,* a.a.O., S. 110.
[97] *Voegelin,* a.a.O., S. 110f.
[98] *Voegelin,* a.a.O., S. 111, 93 und 100f.
[99] *Voegelin,* a.a.O., S. 101.

Die athenische Demokratie sei zwar untergegangen, diese Lehre sei aber durch die Philosophen erhalten geblieben.

b) *Manfred Hättich*

Manfred Hättich baut seinen Exkurs zur Repräsentation teilweise auf die Sichtweise Voegelins auf[100].

Zuvor setzt er sich aber kurz mit der Schmittschen Theorie der Gegenpole von Repräsentation und Identität[101] kritisch auseinander[102]. Für ihn fallen diese beiden Erscheinungsformen als „selbstverständliche Existenzbedingungen aller politischen Gemeinwesen[103] zusammen, da sie sich gegenseitig bedingen. „Die Repräsentation ist in dem Maße aktualisierbar, wie die Identität real gegeben ist; zur Aktualisierung der Identität kommt es aber nicht ohne die Repräsentation."[104]

Repräsentation kann für Hättich nur auf dem Hintergrund der durch Aktualisierung eintretenden Integration verstanden werden[105]. Die Chance zur Integration liege dabei in der Wesensintention einer jeden Gemeinschaft, die zugleich mit ihrer Existenz sich sowohl gegenüber anderen wie auch gegenüber sich selbst darstellen wolle. Allerdings sei das Volk als Gemeinschaft nur in geistig-seelischen Akten existent, es sei nie anders real als eben in der Weise der Repräsentation[106]. Um dies zu verdeutlichen, sucht er die Analogie zur darstellenden Kunst. Der darstellende Künstler wolle nicht im Sinne einer Photographie kopieren, sondern mittels seiner notwendig subjektiven Anschauung vom dargestellten Gegenstand dessen geistige Wirklichkeit vergegenwärtigen[107]. Das eigene Bild des darstellenden Künstlers werde eben erst und nur auf solche Weise gegenwärtig.

Hättich liebäugelt mit der These Krügers, wonach das Repräsentationsphänomen die zweite Triebkraft der menschlichen Gesellschaft neben der des Wettbewerbes darstelle[108]. Danach verlange die Idee der Repräsentation „vom natürlichen Menschen eine spontane innere Wandlung mindestens im

---

100 *Hättich,* Herrschaftsordnung, S. 178 und 183.

101 S.o. 4. Kap., III 1, S. 90f.

102 *Hättich,* Herrschaftsordnung, S. 37 und 179.

103 *Hättich,* a.a.O., S. 37; s. auch S. 38, wo er von den zwei Seiten von ein und derselben Sache spricht und S. 179: „Repräsentation ist gerade der Ausdruck von Identität."

104 *Hättich,* a.a.O., S. 37.

105 *Hättich,* a.a.O., S. 178.

106 *Hättich,* a.a.O., S. 180.

107 *Hättich,* a.a.O., S. 180.

108 *Krüger,* Staatslehre, S. 238. Man könnte die „Selbstvergütungslehre" in etwa wie folgt zusammenfassen: So wie der Zwang des Wettbewerbes, der gleichfalls auf überindividueller Ebene stattfindet, die materielle Bedürfnisbefriedigung des Menschen ermöglicht und sichert, erzieht die Repräsentation den „natürlichen", also unsozialisierten Menschen zur politischen Gemeinverträglichkeit.

Maße einer ersten Selbsterhebung und Selbstberichtigung über seine natürliche Natur hinaus". Durch Kombination und Steigerung solcher Selbsterhebungen und Selbstberichtigungen könne durch die Idee der Repräsentation das Höchstmaß von Richtigkeit erreicht werden, was überhaupt für den Menschen erreichbar sei[109]. Hättich greift zwar die Vorstellungen Krügers auf, daß die Repräsentation zu einem „Selbstvergütungsprozeß" des Menschen führe, versucht dann aber doch wieder durch Berufung auf die Relativität aller Richtigkeit und durch Bezweifelung der vom Ursprung aus betrachteten unsozialisierbaren Wolfsnatur des Menschen etwas Abstand zu gewinnen.[110]

Als den entscheidenden Aspekt seines Repräsentationsverständnisses greift er zum Abschluß seines Exkurses noch einmal die These von Voegelin auf, daß Artikulierung die Bedingung der Repräsentation sei[111]. Diese stellt er noch pointierter dar, wenn er ausführt, daß die Artikulierung der politischen Gemeinschaft eben ausschließlich als Repräsentationsvorgang möglich ist.

Trotz seiner exkurshaften Ausführungen kann festgehalten werden, daß für ihn der Hauptnutzen der Repräsentation darin besteht, daß allein durch sie das politisch-soziale Gebilde Staat als Ergebnis der Integration vermittelbare Realität wird, denn nur durch Repräsentation könne der Staat „in anschaubare Gegenwart gesetzt werden"[112].

3. Marek Sobolewski

Nicht nur in Westeuropa und den USA wurde das System der repräsentativen Demokratie wissenschaftlich untersucht, sondern auch in Osteuropa. Bereits im Jahre 1962 legte Marek Sobolewski aus Krakau eine eingehende Studie vor[113].

Getreu den „sozialistischen Denkstrukturen" stellt er eingangs fest: „Jeder Staat ist eine Repräsentation objektiver Interessen der herrschenden Klasse"[114], widmet sich dann aber dennoch umfassend und ganz allgemein

---

[109] *Hättich*, Herrschaftsordnung, S. 182.

[110] S. *Hättich*, a.a.O., S. 184: „Die ‚bessernde' Funktion der Repräsentation kann man glauben, sie evident zu machen gelingt auch Krüger nicht."

[111] S.o. 5. Kap., III 2 a, S. 120.

[112] *Hättich*, Herrschaftsordnung, S. 184.

[113] S. *Sobolewski*, Politische Repräsentation, S. 419ff. und *ders.*, The voters political opinions and elections, S. 345ff. Seine polnische Dissertation erschien mit einer englischen Zusammenfassung 1962 in Krakau. Tony Westermayr übersetzte diese Zusammenfassung ins Deutsche. Sobolewski entwickelte seine Theorie punktuell noch etwas weiter, diese Ausführung machte er in englischer Sprache in der Festschrift für Gerhard Leibholz zum 65. Geburtstag dem deutschen Publikum 1966 zugänglich.

[114] *Sobolewski*, Politische Repräsentation, S. 420.

dem „Teilaspekt“ dieser als allgemeines Prinzip ausgegebenen These, nämlich der Einflußmöglichkeit der Staatsbürger, der Massen, auf die Repräsentanten in den westlichen Demokratien.

Anschließend zeichnet er die Entwicklung einer neuen Strömung in der deutschen und englischsprachigen Literatur nach, die nach seiner Sicht den klassischen Begriff der Repräsentation durch den Begriff der verantwortlichen Regierung (responsible government) zu ersetzen versucht habe[115].

Als Ausgangspunkt seiner eigenen Abhandlung wählt er eine soziologische Definition als Idealtypus im Sinne Max Webers: „Repräsentieren heißt eine – auf Korrelation – beruhende Übereinstimmung zwischen politischen Entscheidungen der regierenden Elite und der öffentlichen Meinung (letztere verstanden als die in der Gemeinschaft vorherrschenden Meinungen).“[116] Statische Elemente, wie z. B. die für eine bestimmte Zeit dauerhafte Legitimation staatlicher Machtausübung, kennt sein Repräsentationsverständnis nicht. Er spricht ausnahmslos vom dynamischen Prozeß der Repräsentation. Dieser Prozeß wird von beiden Seiten, also von den Repräsentanten und Repräsentierten, in Gang gehalten. Erstere können sich dabei verschiedener Mittel bedienen, nämlich „allgemeiner Wahlen, Referenda, Petitionen, Kundgebungen usw.“[117] So sehr es zu begrüßen ist, daß Sobolewski alle Mitwirkungsformen des einzelnen am staatlichen Willensbildungsprozeß untersucht, so muß aber bereits hier Kritik angemeldet werden, da der soziologische Ansatzpunkt eine wesentliche Unterscheidung überdeckt. Zwischen den Wahlen und den sonstigen Teilhabeformen ist klar und unmißverständlich zu unterscheiden. Der Vorgang der Wahl läßt sich umfassend juristisch normieren, die anderen Teilhabeformen lediglich partiell. Bei den Wahlen ist der Erfolgswert der Entscheidung garantiert, bei den sonstigen Teilhabeformen besteht nur die Chance dazu, falls diese Anliegen andere Mitstreiter finden und konsensfähig werden. Auch der Einflußnahme durch von einzelnen erstrittener verwaltungs- und verfassungsrechtlicher Urteile, die ja grundsätzlich nur *inter partes* gelten, kommt nicht die gleiche rechtliche Qualität wie den Wahlen zu. Stellt man aber diesen nicht unbedeutenden Einwand zurück, so bleibt doch festzuhalten, daß die Repräsentierten ständig, und nicht nur durch Wahlen, Einfluß auf die Repräsentanten nehmen.

Ausgehend von dieser faktischen Teilhabeform der Repräsentierten leitet Sobolewski auf seiten der Repräsentanten und auch des Staates ganz allgemein die rechtliche Pflicht ab, jeder gesellschaftlichen Gruppe wenigstens

115 *Sobolewski*, a.a.O., S. 421, insbes. Anm. 3. S. dazu auch *Böckenförde*, Demokratie und Repräsentation, S. 24 und *Eulau/Wahlke/Buchanan/Ferguson*, Role of the Representative, S. 111ff. Zur responsiven Demokratie s. auch *Uppendahl*, Repräsentation und Responsivität, 12 ZParl (1981), S. 123ff.

116 *Sobolewski*, a.a.O., S. 422.

117 *Sobolewski*, a.a.O., S. 423.

ein Minimum an Freiheit und Chancengleichheit einzuräumen und auf Dauer zu gewährleisten[118]. Auch hier ist klarstellende Kritik angezeigt, denn die soziologische Gesamtbetrachtung der Repräsentation führt unvermittelt zu einer rechtlichen Aussage, die nicht die Repräsentation schlechthin, sondern die Symbiose der repräsentativen Demokratie betrifft. Wenn Sobolewski auch eingangs die Notwendigkeit betont, den klassischen Repräsentationsbegriff durch eine andere Konstruktion zu ersetzen, die besser geeignet ist, die vorhandene Situation empirisch wiederzugeben[119], so fördert es doch gerade nicht das Verständnis, wenn rechtliche Schlußfolgerungen, die die Frage der demokratischen Legitimation betreffen[120], als wesensnotwendige Folge der Repräsentation und nicht der repräsentativen Demokratie ausgegeben werden. Festzuhalten bleibt zugleich an dieser These, daß nach Sobolewski der Vorgang der Wahl allein nicht dazu ausreicht, damit die Gewählten zu Repräsentanten werden, vielmehr komme den Wahlen die gleiche Rolle wie den sonstigen Teilhabeformen zu.

Auf diesen Voraussetzungen aufbauend untersucht Sobolewski den Repräsentationsprozeß noch unter einem anderen Aspekt, dem der Aufnahmefähigkeit der Repräsentierten. Dabei weist er auf das Phänomen hin, daß die Informationsfähigkeit der Bürger nicht in gleichem Maße steigt wie die Aufgabenbereiche des Staates[121]. Diesem Gedanken ist sicherlich zuzustimmen. Denkt man tiefer darüber nach, so läßt sich darüber hinausgehend die These aufstellen, daß die Informationsfähigkeit der Bürger sich sogar umgekehrt proportional zum Umfang des Aufgabenbereiches des Staates verhält. Mit jeder neuen Aufgabe des Staates, deren Übernahme häufig genug von den Bürgern ausdrücklich verlangt wurde, tritt nicht einfach eine einzelne neue Aufgabe hinzu. Vielmehr verlangt jede neue Aufgabe, daß sie in das Gesamtgefüge der Interdependenzen „eingepaßt" wird. Damit steigt der staatliche Aufwand nicht linear, sondern exponentiell.

Da die Informationsfähigkeit der Bürger begrenzt ist, findet nach Sobolewski der gesellschaftliche Prozeß der Meinungsbildung zwischen den sogenannten „kleinen" und „großen" Gruppen statt[122]. Den Repräsentanten wächst die Aufgabe von Meinungsführern[123] zu, die sie in der Rolle von Parteifunktionären[124] wahrnehmen. Über die Medien geben sie vorformulierte Meinungen vor, die Reaktion der Repräsentierten erhält somit immer Ant-

---

118 *Sobolewski,* a.a.O., S. 436 und 440.

119 *Sobolewski,* a.a.O., S. 419.

120 Die demokratische Legitimierung des Systems will Sobolewski zwar nach seiner Darstellung gerade nicht untersuchen, s. *Sobolewski,* a.a.O., S. 435, dies macht aber die erforderliche Unterscheidung nicht hinfällig.

121 *Sobolewski,* a.a.O., S. 423.

122 *Sobolewski,* a.a.O., S. 423.

123 *Sobolewski,* a.a.O., S. 423.

124 *Sobolewski,* a.a.O., S. 424.

wortcharakter. Dabei stößt das Meinungsangebot der Meinungsführer nach Sobolewski auf zwei Einschränkungen[125], die Grenze des eigenen Lebenserfahrungsbereiches der Repräsentierten und auf den Einfluß örtlicher Meinungsführer in den „kleinen" Gruppen[126]. Wenn auch die Elite durch die „Meinungsmacher" die Themen vorgibt, so ist dennoch Repräsentation nicht nur innerhalb der Machtelite vorhanden, vielmehr nimmt durch den Prozeß der Repräsentation das ganze Volk am Regierungsprozeß teil[127].

Dieser dialektische Prozeß ist die Mindestbedingung für das Vorhandensein von Repräsentation[128]. Die Wechselbeziehung setzt dadurch ein, daß die Meinungen der Regierten (Repräsentierten) unter dem Einfluß der regierenden Elite stehen, die Regierenden fassen hingegen ihre Entscheidungen unter dem Einfluß der antizipierten Reaktion der Regierten[129]. Es entwickelt sich ein organisierter Anpassungsprozeß. Dabei ist jedoch für Sobolewski die völlige Übereinstimmung unmöglich, sie ist lediglich das politische Ideal[130]. Daher kann die Nichtfeststellbarkeit des Volkswillens nicht als Gegenkriterium dienen, da es gerade nicht um die volle Übereinstimmung geht, sondern um den Angleichungsprozeß[131]. Sobolewski stellt weiterhin fest, daß nur die Gruppe am Angleichungsprozeß teilnimmt, die an der betreffenden Frage positiv oder negativ interessiert ist. Dem schweigenden Teil, in der Regel also wohl der Mehrheit, unterstellt er „eine Art stummer Zustimmung"[132].

Bis zu diesem Punkte erscheint die Konzeption Sobolewskis in sich schlüssig. Wenn er dann allerdings behauptet, der Haupttrend der Repräsentation ziele in der Demokratie westlicher Prägung darauf ab, die politischen Entscheidungen der Elite der öffentlichen Meinung anzugleichen und nicht umgekehrt[133], so mag dies eine soziologische Erkenntnis sein, die den westlichen Repräsentanten hohe Reverenz erweist. Bedingen sich aber die Fragen der Repräsentanten, die die Antworten der Repräsentierten antizipieren, und die tatsächlichen Antworten der letztgenannten in dem aufgezeigten Maße, so ist diese Feststellung ebenso begründet bzw. unbegründet, wie die, daß zuerst die Henne bzw. das Ei dagewesen sei.

Trotz aller Nachvollziehbarkeit der Sobolewskischen Thesen muß abschließend nochmals der Hauptkritikpunkt an der Konzeption Sobolewskis

125 Diese Einschränkungen wären besser als „Filter" oder „Katalysatoren" zu bezeichnen. Zu der Vorstellung, daß der Repräsentationsprozeß ohnehin nur „eine im Regierungsprozeß angewandte Technik" ist, s. *Sobolewski*, a.a.O., S. 433.

126 *Sobolewski*, a.a.O., S. 424.

127 *Sobolewski*, a.a.O., S. 426.

128 *Sobolewski*, a.a.O., S. 430.

129 *Sobolewski*, a.a.O., S. 429.

130 *Sobolewski*, a.a.O., S. 429.

131 *Sobolewski*, a.a.O., S. 431.

132 *Sobolewski*, a.a.O., S. 432.

133 *Sobolewski*, a.a.O., S. 430.

hervorgehoben werden. All die aufgezeigten Teilhabeformen können weder politisch noch rechtlich mit dem Wahlakt gleichgesetzt werden. Sie können ergänzend hinzutreten[134]. Doch dadurch bleibt die Frage offen, ob sie wesensnotwendig zur Repräsentation oder zum Formprinzip der Demokratie gehören. Noch ein weiterer bedeutsamer Aspekt fällt dieser Gleichsetzung zum Opfer. Die Elite, also die Repräsentanten, haben nach der soziologischen Betrachtungsweise offenbar die uneingeschränkte Möglichkeit und letztlich auch die Pflicht, sich aller Wünsche und Belange der Mehrheit der Repräsentierten anzunehmen, unabhängig davon, ob die Repräsentanten im föderalen Bundesstaat dadurch ihre Kompetenzen überschreiten müssen oder ob das Verlangen der Repräsentierten schlicht verfassungswidrig ist, da eine Bindung der Elite an eine Verfassung[135] im Konzept Sobolewskis nicht vorgesehen ist.

4. Heinz Volker Rausch

Die tiefgreifenden Untersuchungen Rauschs[136] beschäftigen sich nicht nur mit dem historischen Aspekt der Repräsentation; er stellt vielmehr auch sein Verständnis des politischen Begriffes der Repräsentation und der Repräsentativverfassung vor, wobei er den Begriff des repräsentativen Regierungssystems vorzieht[137].

Bezüglich der Repräsentation muß nach Rausch streng zwischen dem Vorgang der Repräsentation und der dadurch verliehenen Handlungsbefugnis unterschieden werden[138]. Der Vorgang der Repräsentation begründet eine psychologische Beziehung zwischen den Repräsentierten und dem Repräsentanten, deshalb kann er auch nicht normiert werden[139]. Die verliehene Handlungsbefugnis ist hingegen normierbar und damit juristisch faßbar. In bezug auf dieses Handeln ist der Repräsentant immer Stellvertreter[140].

Von Gadamer[141] übernimmt er die Sichtweise, daß ein Repräsentant nur dann als solcher akzeptiert wird, wenn er dem bei den Repräsentierten bereits vorhandenen Bild eines Repräsentanten entspricht, also etwas dar-

---

134 S.u. 6. Kap., III 1, S. 140.

135 Vgl. für die Bundesrepublik Deutschland Art. 1 Abs. 1 und 3 GG.

136 Siehe *Rausch,* Der Abgeordnete, 1965; *ders.,* Einleitung, 1968; *ders.,* Repräsentation, 1970; *ders.,* Wort, Begriff, 1977; *ders.,* Repräsentation und Repräsentativverfassung, 1979 und *ders.,* Grundlagen – Einleitung, Bd. 1, 1980.

137 *Rausch,* Repräsentation und Repräsentativverfassung, S. 262.

138 *Rausch,* a.a.O., S. 246 und *ders.,* Einleitung, S. IX.

139 *Rausch,* Repräsentation, S. 431 und *ders.,* Repräsentation und Repräsentativverfassung, S. 246.

140 *Rausch,* Einleitung, S. IX und *ders.,* Repräsentation und Repräsentativverfassung, S. 257.

141 *Gadamer,* Wahrheit und Methode, S. 134f.

stellt[142]. Daraus leitet er auch das Erfordernis eines Dritten ab, vor dem sich die Repräsentation vollzieht[143], wobei der Dritte auch die Öffentlichkeit schlechthin sein kann. Auch hierbei sind zwei Vorgänge auseinander zu halten, die „Seinsvalenz", die darin besteht, daß das Repräsentierte im Repräsentierenden[144] in Erscheinung tritt, und der „Akt der Zurechnung", daß der Repräsentant tatsächlich mit dem vorgestellten Repräsentierten übereinstimmt[145]. Allerdings macht Rausch nicht deutlich, ob irgendwelche Konsequenzen aus dieser Unterscheidung zu ziehen sind.

Durch das Wechselspiel Bilderwartung – Bild – korrigierte Bilderwartung geht nach Rausch die Repräsentation in die Identität über[146]. Dies ist der integrative Angleichungsprozeß. Dennoch wird dadurch kein statisches psychologisches Repräsentationsverhältnis geschaffen, vielmehr stellt die Repräsentation – wie schon Marek Sobolewski, den er zitiert, ausführte – einen dynamischen Prozeß dar. Sie unterliegt den Bewegungen des Repräsentierten und verliert demgemäß mit dessen Untergang seine Existenz[147].

Abschließend gibt Rausch eine in sieben Punkten zusammengefaßte, umschreibende Definition der Repräsentation, die kurz wiedergegeben werden soll:[148]

„1. Repräsentation (ist) eine ontologische Kategorie, mit deren Hilfe menschliches Vorstellungsvermögen umschrieben wird;

2. dem Wort (ist) ursprünglich kein politischer Inhalt immanent, so daß es von Wort und Begriff her keinen originären politischen Begriff der Repräsentation gibt;

3. (verbinden) sich im Vorgang der Repräsentation psychologische und soziokulturelle Einflüsse, wobei ein Dritter erforderlich ist, ohne den der Vorgang der Repräsentation bedeutungslos bleibt;

4. (im Vorgang der Repräsentation wird) ein zeitlich oder räumlich nicht Gegenwärtiges oder auch nur dadurch bewirktes Vorstellbares – sei es Person oder Symbol – gegenwärtig;

5. im Vorgang der Repräsentation eingeschlossen sind das Repräsentationsobjekt (das Repräsentierte, Person oder Sache oder Symbol), das Repräsentationssubjekt (der Repräsentant, auch hier Person oder Gegenstand) und der Dritte (Per-

---

142 *Rausch,* Repräsentation und Repräsentativverfassung, S. 246f.

143 *Rausch,* Einleitung, S. VIII und *ders.,* Repräsentation und Repräsentativverfassung, S. 247.

144 Da das Repräsentierende nach Rausch auch ein Symbol sein kann, kann man nicht allgemein vom Repräsentanten sprechen.

145 *Rausch,* Repräsentation und Repräsentativverfassung, S. 248. Hier berührt Rausch die Darstellung E. Schmitts, welcher die Erwartungen des Volkes in Muß-, Soll- und Kannerwartungen differenziert. S.o. 5. Kap., III 1, S. 115.

146 *Rausch,* Repräsentation und Repräsentativverfassung, S. 247.

147 *Rausch,* Einleitung, S. X und *ders.,* Repräsentation und Repräsentativverfassung, S. 240 und 258.

148 *Rausch,* Repräsentation und Repräsentativverfassung, S. 253f.

son, Personenvielzahl), vor dem repräsentiert wird, selbst im Falle der phänomenologischen oder erkenntnistheoretischen Repräsentation;

6. nicht hierher gehört die Darstellung einer Einheit und

7. durch die Repräsentation (wird) nichts über den Wert des Repräsentierten oder des Repräsentanten ausgesagt."

Das Repräsentativsystem versteht er als einen bloßen Unterfall des allgemeinen Repräsentationsphänomens[149]. Aber alle Aspekte der „politischen Teilhabe der Herrschaftsunterworfenen in einer Vertretungskörperschaft" gründen zwar auf dem Repräsentationsphänomen, sind mit ihm aber nicht identisch[150]. Die Bestimmung des politischen Repräsentativsystems zweigt dabei alle organisatorischen und technischen Elemente aus, wie die Art und Weise des Zustandekommens der Repräsentation durch Wahl, Erbfolge, Ernennung oder Delegation[151]. Dies sind im übrigen Elemente, die normierend in die Beziehung zwischen Repräsentant und Repräsentierten eingreifen. Die Repräsentation als rein psychologische Beziehung im Sinne eines geistigen Bandes entzieht sich aber gerade jeder rechtlichen Normierung[152]. Ebenso ist für ihn das freie Mandat eine rein technische Vorschrift, die mit der Repräsentation nichts zu tun hat[153].

So sehr es zu begrüßen ist, daß Rausch dem Phänomen der Repräsentation entkleidet von allen „Überfrachtungen" des politischen Verständnisses auf den Grund geht, so bleibt doch die entscheidende Frage nach der Handlungsbefugnis bei der Übertragung der allgemeinen Idee auf bzw. in die repräsentative Demokratie offen. Gleichsam wie Phönix aus der Asche tritt neben oder durch das rein psychologische Band der Bilderwartung und -entsprechung die juristisch normierbare Handlungsbefugnis. Betrachten wir diese Passage noch etwas näher:[154]

„Vom Phänomen her ist das politische Repräsentativsystem nichts anderes als jede andere politische Repräsentation auch: die Vergegenwärtigung des abwesenden Repräsentierten (das an der politischen Herrschaft teilhabende Volk) durch den und im Repräsentanten vor einem beobachtenden Dritten und die *dadurch begründete* Handlungsbefugnis des Repräsentanten für den Repräsentierten. Darüber hinaus beinhaltet das Repräsentativsystem aber Faktoren, die nicht der Repräsentation zuzurechnen sind, ihm aber als Bestandteile eignen. Hierher ist zu rechnen, daß das Volk durch seine Repräsentanten, die es vorstellen, teilhat am Regiment des Gemeinwesens." ... „Entscheidend ist ja allein, daß der repräsentative Vor-

[149] *Rausch*, a.a.O., S. 254.

[150] *Rausch*, a.a.O., S. 259. Leider führt Rausch auch hier den genaueren Unterschied nicht aus.

[151] *Rausch*, a.a.O., S. 260.

[152] Hieraus könnte man ableiten, daß für Rausch die Handlungsbefugnis als normierbare Größe ebenfalls nicht zum Repräsentationsphänomen gehören kann.

[153] *Rausch*, a.a.O., S. 260. Aufgrund des freien Mandates wird nach Rausch der Abgeordnete gerade dazu befähigt, sich frei seiner Fraktion anschließen zu können, s. S. 261.

[154] *Rausch*, a.a.O., S. 259 (Hervorhebung nicht im Original).

gang vom Dritten als solcher erkannt wird und weder Repräsentierter noch Repräsentant sich ausdrücklich gegen diese Annahme wenden. Ist dieser Bedingung genügt, dann ‚repräsentiert' der Repräsentant, . . .".

Benötigt man also nicht das demokratische Element der Wahl und/oder der sonstigen politischen Teilhabeformen zur Begründung der Handlungsbefugnis, so kann man sie nur aus der im Repräsentationsphänomen liegenden Verkörperung der politischen Einheit im Repräsentanten herleiten, da dieser dann die Befugnis wahrnimmt, die jedem einzelnen nicht entmündigten und volljährigen Bürger zusteht. Gerade diesen Punkt klammert aber Rausch aus dem Repräsentationsphänomen aus. Die zentrale Frage nach der Handlungsbefugnis bleibt offen. Um es abschließend noch zu präzisieren: Nicht die Frage nach der Handlung, sondern die nach der Befugnis ist nach dem Verständnis von Rausch ungeklärt, denn handeln muß ein jeder Repräsentant, damit er das Bild[155] abgibt, welches der Ausgangspunkt für den Akt der Zurechnung ist.

5. Ernst-Wolfgang Böckenförde

An dem bereits vorgestellten Schlußbericht der Enquête-Kommission Verfassungsreform[156] war Ernst-Wolfgang Böckenförde nicht unerheblich beteiligt[157]. Auch wenn bereits im Zusammenhang mit der Kommissionsarbeit und der Diskussion auf der Staatsrechtslehrertagung 1974 seine Repräsentationskonzeption in den Grundlinien erkennbar war, so stellte er diese jedoch erst zum Beginn der 80-iger Jahre einer breiteren wissenschaftlichen Öffentlichkeit vor[158].

Böckenförde unterscheidet einen zweifachen Bedeutungsgebrauch des Begriffes Repräsentation. Einerseits wird nach ihm von Repräsentation in einem formalen Sinne gesprochen. Hier steht die durch das Volk bzw. durch die Bürger erfolgte Autorisation der selbsthandelnden Leitungsorgane, also der Legitimations- und Zurechnungszusammenhang, im Vordergrund[159].

---

155 Dieses Bild ist ja nicht sein Abbild im Sinne eines Porträts, sondern das Handlungsprofil des Repräsentanten, welches sich ebenfalls im dynamischen Prozeß verändert.

156 S.o. 5. Kap., II 2, S. 109ff.

157 Ernst-Wolfgang Böckenförde gehörte als Sachverständiger der Kommission von 1973 bis 1976 an. Seine beiden Abhandlungen zur Stärkung der Bürgerrechte im Rahmen des Wahlverfahrens vom 18.10.1974 und 16.01.1975 wurden ebenso als Kommissionsdrucksache veröffentlicht, wie seine Thesen zu Art. 38 GG vom 12.09.1972. Die Arbeit der Kommission auf dem Gebiet der demokratischen-parlamentarischen Verfassungsorganisation stellte er der wissenschaftlichen Öffentlichkeit zur Verfügung, s. *Böckenförde,* Überlegungen zur Verfassungsreform, 1977 und (im wesentlichen inhaltlich entsprechend) *ders.,* Cappenberger Gespräche, 1977.

158 *Böckenförde,* Mittelbare/repräsentative Demokratie als eigentliche Form der Demokratie, 1981 und in etwas gekürzter Form *ders.,* Demokratie und Repräsentation, 1983.

159 *Böckenförde,* Mittelbare/repräsentative Demokratie als eigentliche Form der Demokratie, S. 318 und *ders.,* Demokratie und Repräsentation, S. 18. Vgl. aber auch

Die Repräsentanten haben die Macht, durch ihr Handeln das Volk zu verpflichten.

Andererseits wird Repräsentation im inhaltlichen Sinne gebraucht. Unabhängig davon, wie die Legitimation erfolgt, geht es hierbei um die inhaltliche Aktualisierung und Darstellung des Volkswillens. Die einzelnen und die Bürger insgesamt müssen sich im Handeln der Repräsentanten wiederfinden können. Dabei sind nicht nur das Gemeinsame darzustellen, sondern auch die unterschiedlichen Auffassungen. Deshalb gehört es zum inhaltlichen Repräsentationsbegriff, daß alle gemeinsam angehenden Fragen des Zusammenlebens in einer Weise verhandelt und ausgetragen werden, daß den einzelnen eine Identifikation mit der Art der Behandlung ermöglicht wird[160].

Bei einer ersten Betrachtung dieser Umschreibung ist der Bezug zur Leibholzschen Identifikationslehre nicht ganz zu übersehen, auch wenn Böckenförde selbst sich in den Grundlagen auf Drath[161], Landshut[162] und Scheuner[163] beruft. Analysiert man jedoch den Böckenfördschen Ansatz genauer, so wird deutlich, daß es ihm bei der Darstellung des Wechselspieles[164] zwischen den Repräsentanten und den Repräsentierten nicht um die Aufhebung der Pluralität im Wege eines Identifikationsprozesses geht, sondern um eine eher als verfahrensmäßig, formal zu bezeichnende Identifikation[165]. Sucht man den Vergleich zum prozessualen Sprachgebrauch der Jurisprudenz, so könnte man aus dem inhaltlichen Repräsentationsbegriff die Verpflichtung der Repräsentanten ableiten, jedem einzelnen und damit auch jeder Interessengruppe, „rechtliches Gehör" im Sinne eines „politischen Gehörs" gewähren zu müssen, damit die Chance der Akzeptanz des „Urteils" erhöht wird, auch wenn es partiell oder vollständig für einzelne belastend ausfällt. Auf dem Boden der Pluralität kann es also nicht das Ziel des Handelns der Repräsentanten sein, auf inhaltliche Identifikation zu setzen, sondern lediglich auf prozessuale.

Für Böckenförde sind beide Weisen der Repräsentation für eine realisierte Demokratie erforderlich. Das Verhältnis der beiden Weisen zueinander klärt er nicht abschließend, wenn auch klargestellt ist, daß der rechtsförm-

---

bereits den Diskussionsbeitrag auf der Staatsrechtslehrertagung 1974, *ders.*, Beitrag, S. 132ff.

[160] *Böckenförde,* Mittelbare/repräsentative Demokratie als eigentliche Form der Demokratie, S. 319 und *ders.*, Demokratie und Repräsentation, S. 19.

[161] *Drath,* Entwicklung der Volksrepräsentation, S. 275ff. und 292ff.

[162] *Landshut,* Politischer Begriff der Repräsentation, S. 491ff.

[163] *Scheuner,* Das repräsentative Prinzip, S. 240f.

[164] Auch für Böckenförde ist die Repräsentation, allerdings beschränkt auf den inhaltlichen Aspekt, ein Prozeß, s. *Böckenförde,* Mittelbare/repräsentative Demokratie als eigentliche Form der Demokratie, S. 319 und *ders.*, Demokratie und Repräsentation, S. 20.

[165] Vgl. dazu o. 4. Kap., III 4, S. 102 (Smend).

liche Autorisations-, Legitimations- und Zurechnungszusammenhang ausschließlich auf der formalen Seite, also der Wahl, beruht. Der inhaltliche Aspekt, der sich rechtlich nicht normieren, sondern lediglich durch rechtliche Vorkehrungen sichern läßt, wirkt dabei als flankierende Maßnahme, damit die formal-repräsentative Struktur nicht in delegierte Individual- oder Gruppenherrschaft absinkt[166].

Offensichtlich reicht aber Böckenförde der prozessuale Ansatz für die Bestimmung der inhaltlichen Repräsentation in der pluralistischen Demokratie nicht aus, denn für ihn ist für das Zustandekommen und das Bestehen derselben die Verpflichtung der repräsentativen Leitungsorgane auf einen „übergreifenden Bezugspunkt"[167] erforderlich. In der Demokratie kann dieser allerdings nicht „in an sich seienden Ideen oder geltensollenden Werten"[168] gesucht werden, sondern ausschließlich im wirklichen Volk[169].

In Weiterentwicklung der amerikanischen Responsivitätslehre[170], die vom Gedanken der Treuhandschaft getragen ist, sieht er unter Bezugnahme auf Hegels Rechtsphilosophie den formalen Aspekt des „Zutrauens"[171] als die entscheidende Komponente für die inhaltliche Repräsentation[172]. Haben die Repräsentierten Zutrauen, so wird die Sache, um die es geht, im Repräsentanten wirklich gegenwärtig.

Genau an diesem Punkt erfolgt der Umschlag vom Verfahrensaspekt zur inhaltlichen Zustimmung. Nunmehr kann Böckenförde mühelos feststellen, daß der dialektische Prozeß der Repräsentation durch ein Handeln der Repräsentanten hervorgerufen wird, „das bestimmten inhaltlichen Anforderungen entspricht: dem Einbringen der – verschiedenen – Interessen und

---

166 *Böckenförde,* Mittelbare/repräsentative Demokratie als eigentliche Form der Demokratie, S. 319 und *ders.,* Demokratie und Repräsentation, S. 20.

167 *Böckenförde,* Mittelbare/repräsentative Demokratie als eigentliche Form der Demokratie, S. 320 und *ders.,* Demokratie und Repräsentation, S. 21f.

168 *Böckenförde,* Mittelbare/repräsentative Demokratie als eigentliche Form der Demokratie, S. 321 („an sich seienden Ideen oder apriorisch geltenden Werten") und *ders.,* Demokratie und Repräsentation, S. 25. Zur bloßen Schutzfunktion des sittlichen Staates und dem daraus resultierenden Moment der Äußerlichkeit des Staates s. *ders.,* Der Staat als sittlicher Staat, S. 25.

169 *Böckenförde,* Mittelbare/repräsentative Demokratie als eigentliche Form der Demokratie, S. 320f. und *ders.,* Demokratie und Repräsentation, S. 22.

170 *Böckenförde,* Demokratie und Repräsentation, S. 24. Zur Responsivitätslehre s. *Uppendahl,* Repräsentation und Responsivität, 12 ZRP (1981), S. 123ff., insbes. S. 127.: „Eine – im einzelnen zwar nicht genau festlegbare – Rückkopplung des politischen Handelns der Regierenden, der Administration und der Repräsentanten an die Interessen der von ihnen regierten, verwalteten und repräsentierten Menschen kann mithin als Herzstück des modernen Responsivitätskonzepts gelten." S. auch S. 131: „Als Quintessenz dieser Problembeschreibung ergibt sich die Forderung nach einem Repräsentationstypus, dessen Handlungsmaxime sich wie folgt formulieren lassen würde: Soviel Responsivität wie möglich, soviel langfristige Interessenorientierung wie nötig." und *Pitkin,* Concept, S. 209.

171 Vgl. o. 5. Kap., 1, S. 115 (E. Schmitt).

172 *Böckenförde,* Demokratie und Repräsentation, S. 24.

Bedürfnisse in ihr Handeln und Entscheiden, zugleich aber der Darstellung und Aktualisierung dessen, was von den Bürgern *als verbindend Gemeinsames* der Ordnung ihres Zusammenlebens gewußt und empfunden wird"[173].

Soll diese Aussage nur erhellen, daß trotz aller Pluralität ein Konsens bezüglich der Ordnung besteht, die ja gerade erst die Pluralität ermöglicht, so lassen sich die komplizierten Gedanken Böckenfördes dahingehend vereinfachend zusammenfassen, daß die Einheit der Ordnung als inhaltlich integrierendes Moment im Repräsentanten in Erscheinung tritt. Soll hingegen über diesen prozessual-formalen Aspekt doch inhaltlich verbindend Gemeinsames zur Darstellung kommen, so erweist sich die Rückführung der Thematik auf die bloße Form der Verhandlung und Beratung dann doch als das von Böckenförde zuvor dargestellte „Verhüllungsargument"[174] oder mit anderen Worten als Trojanisches Pferd. Das bloße Zutrauen kann für die inhaltliche Seite der Repräsentation nicht das alles Entscheidende sein, auch wenn es Folgebereitschaft weckt. Ein eloquenter und vom Volk in der Art und Weise seiner Herrschaft akzeptierter Tyrann oder Diktator kann nämlich nicht den Willen des Volkes repräsentieren, auch wenn er als Herrscher das Vertrauen der Mehrheit genießt, denn er nimmt inhaltlich nicht am Prozeß des Repräsentationsdialoges teil[175].

6. Andreas Greifeld

Zum Abschluß der kommentierenden Darstellung ausgewählter, repräsentativer Sichtweisen des Repräsentationsphänomens soll noch die Untersuchung von Andreas Greifeld herausgestellt werden, da sie einen ganz anders gelagerten Ansatzpunkt wählt: Volksentscheid durch Parlamente. Eine dogmatische Erhellung der Repräsentation bzw. des Repräsentativsystems ist zwar nicht sein Anliegen, aber das in einprägsamer Sprache gehaltene Plädoyer für die repräsentative Demokratie könnte nicht besser gehalten werden.

Greifeld will das Begriffspaar „unmittelbare" und „mittelbare" Demokratie durch „unvermittelte" und „vermittelte" Demokratie ersetzt wissen. Für ihn ist die Volksherrschaft real, wobei er dem Volk aufzeigen will, ob es sich besser in die Abhängigkeit von Volksentscheidungsinitiatoren oder in die eines Parlamentes begeben soll, welchem nach seiner Konzeption die Funktion zukommt, die man unter Anlehnung an Bismarck als „ehrlichen Makler der Gemeinwohlinteressen" bezeichnen könnte.

Eingangs faßt er die sogenannte traditionelle Repräsentationsdiskussion in drei Gruppen zusammen, die Repräsentation durch Persönlichkeiten als

---

173 *Böckenförde,* a.a.O., S. 25 (Hervorhebung nicht im Original).
174 *Böckenförde,* a.a.O., S. 24.
175 S.u. 6. Kap., III 1, S. 140f.

Krönung des individuellen Lebens, die Repräsentation als Korrektiv und dieselbe als Entlastung des Bürgers[176]. In einer Gesamtbetrachtung hebt er hervor, daß alle traditionellen Auffassungen die Überzeugung verbindet, der Wille des Volkes erfährt durch die Parlamente Einschränkungen, der Volkswille wird gleichsam unter Parlamentsvorbehalt gestellt, um vor „Demokratismus" zu schützen[177]. Besser wäre es, den Parlamentsvorbehalt deshalb als notwendig zu akzeptieren, um den Rechtsstaat zu ermöglichen.

Nachdem Greifeld dieses verbindende Merkmal postuliert hat, kann er ohne dogmatischen Aufwand die These von der originären Schaffung des Volkswillens durch Parlamente[178] entgegensetzen, wobei er sich kurzerhand der Jellinekschen Organlehre anschließt[179]. Unklar bleibt dann aber, wie er von der *Umwandlung* des Volkswillens auf dem Wege von Teilen der Bürgerschaft zu den repräsentierenden Gruppierungen im Parlament[180] sprechen kann. Existiert also der Volkswille doch schon zuvor in Teilen des Volkes?

Greifeld stellt dann das Leistungsvermögen der Parlamente und die Probleme der Plebiszite dar. Durch die Ergebnisverantwortung der Parlamente obliegt denselben eine schöpferische Aufgabe, durch die eine größtmögliche Aufnahme und Berücksichtigung der Anschauungen der Bevölkerung im demokratischen Wettstreit gewährleistet wird[181]. Durch Homogenisierung unter Zuhilfenahme „sozialer Muster" findet Integration statt[182]. Nur die Parlamente sind in der Lage, alle Meinungen zu berücksichtigen und die Anliegen zu gewichten, insbesondere auch danach, welche gesetzgeberische Lösung welches Gewicht für den einzelnen Bürger hat. Volksherrschaft bedeutet nämlich nicht die jeweilige Mehrheitsherrschaft von mehr als 50%, sondern die größtmögliche Berücksichtigung der Betroffenheit der Bürger. Diese wird durch das differenzierte Instrument Parlament ermöglicht[183]. Durch das Parlament kommt es somit zu einer höheren „Nettoverwirk-

---

[176] *Greifeld*, Volksentscheid durch Parlamente, S. 16-23. In der ersten Gruppe klingt die Leibholzsche Sichtweise vom besonderen personalen Eigenwert an, dies ist der Gedanke der in der Mitte des Volkes stehenden, diese aber überragende Führerpersönlichkeit (S. 16), wobei die Führer das Gemeinwohl selbst erkennen (S. 17). Für die zweite Gruppe wählt er das Schlagwort vom Parlament als „Volkswillendämpfungsdienst" (S. 21), also der – selbst verordneten? – Mäßigung durch Repräsentation. Die letzte Gruppe beschränkt sich auf die Entlastungsfunktion, wodurch sich aber der Gedanke der Repräsentation auf den des „geringsten Übels" (S. 22) verkürzt.

[177] *Greifeld*, a.a.O., S. 23.

[178] *Greifeld*, a.a.O., S. 24.

[179] Siehe *Greifeld*, a.a.O., S. 25. Vgl. auch direkt *Jellinek*, Staatslehre, S. 566 und 584ff. und oben 4. Kap., III 2, S. 92, Anm. 84.

[180] *Greifeld*, a.a.O., S. 26.

[181] *Greifeld*, a.a.O., S. 26.

[182] *Greifeld*, a.a.O., S. 27.

[183] Siehe *Greifeld*, a.a.O., S. 29.

lichung von Werten"[184], da in ihm relativ beste Vorschläge entworfen und zur Abstimmung gebracht werden können[185].

Die parlamentarische Opposition, die sich aus „vom Volk bestellten professionellen Kritikern"[186] zusammensetzt, kann jederzeitig Änderungsvorschläge machen, auf die die Mehrheit reagieren muß, wodurch die Ergebnisverantwortung des Parlamentes gestärkt wird[187]. Durch die bloße Erfüllung von Parteiprogrammen kann der nach Art. 38 Abs. 1 S. 2 GG unabhängige Abgeordnete nicht entlastet werden, er selbst hat die Ergebnisverträglichkeit zu gewährleisten. Nach Greifeld gewinnt auch der Kandidat, der die Bürgeranliegen am meisten und nicht nur mehrheitlich befriedigt[188]. Tritt in der Bevölkerung eine „Parteimüdigkeit" ein, so ergibt sich daraus ein treibendes Element für die bestehenden Parteien, nach besseren Lösungen zu suchen[189]. Durch den Zwang zur optimalen Beachtung der Bürgeranliegen kann der aktive politische Wähler nicht vollständig unterliegen, er kann seine politischen Wünsche lediglich in stärkerem oder geringerem Maße durchsetzen[190]. Dem Parlament kommt somit eine vom Volke beauftragte „Dienerqualität" zu, während die Initiatoren von Volksentscheidungen als Herrscher auftreten[191]. „Es ist das Verdienst der repräsentativen Ordnung, eine institutionell verankerte Verantwortung gegenüber dem Bürger nicht nur für die gefundenen Antworten, sondern bereits für die gestellten Fragen geschaffen zu haben"[192]. Aber nicht nur die Anliegengewichtung, die Ergebnisverantwortlichkeit und die größtmögliche Aufnahme der Bürgeranliegen sind die Qualitätssymbole der Parlamente, sondern auch die Rechtzeitigkeit der Entscheidungen und die Fähigkeit, Menschenrechts- und Grundrechtsschutz zu gewährleisten[193].

In der unvermittelten Demokratie tritt durch die Plebiszite eine „Privatisierung der Parlamentsarbeit"[194] ein. Einseitige Problemsichten, deren Verwirklichung zu längerfristigen Nachteilen führt, treffen keinen institutionell Verantwortlichen[195]. Durch die institutionalisierte Verfahrensregel des

---

[184] *Greifeld,* a.a.O., S. 114.

[185] Siehe *Greifeld,* a.a.O., S. 46.

[186] *Greifeld,* a.a.O., S. 76.

[187] *Greifeld,* a.a.O., S. 32.

[188] Siehe *Greifeld,* a.a.O., S. 34.

[189] Siehe *Greifeld,* a.a.O., S. 43.

[190] *Greifeld,* a.a.O., S. 34.

[191] *Greifeld,* a.a.O., S. 42.

[192] *Greifeld,* a.a.O., S. 42. Vgl. auch *Fraenkel,* Repräsentative und plebiszitäre Komponente, S. 343.

[193] *Greifeld,* a.a.O., S. 31. Greifeld übernimmt hier den bedeutenden Ausspruch Isensees: „Die Menschenrechte finden in keiner Staatsform günstigere Lebensbedingungen als in der parlamentarischen Demokratie."

[194] *Greifeld,* a.a.O., S. 43.

[195] *Greifeld,* a.a.O., S. 41.

„Alles oder Nichts" – Greifeld spricht schlicht von „inkompetenter Verfahrensordnung"[196] – werden die Konsensmöglichkeiten verspielt, die zwischen divergierenden Bürgerinteressen bestehen. Während in der repräsentativen Demokratie die Suche nach dem Optimum die institutionalisierte Regel ist, verliert bei der plebiszitären Abstimmung das, was „auf der Waagschale der Abstimmung leichter wiegt, seinen Charakter des politischen Belangs"[197]. Die politische Ergebnisverantwortung entfällt und das Mehrheitsprinzip erhält einen neuen Charakter, da die Pflicht zum weitestgehenden Ausgleich verdrängt wird[198]. Die politische Ordnung trennt sich in Einzelaspekte auf. Es besteht keine Rechenschaftspflicht über die Rechtzeitigkeit, da immer wieder andere Fragen aufgeworfen werden können[199]. Nicht die gewichtete Betroffenheit der einzelnen entscheidet, sondern diejenigen Interessen, die mit der größten Hartnäckigkeit von Leuten vorgetragen werden, die die meiste Freizeit besitzen. Dies kann zu allgemeinem Unmut in der unvermittelten Demokratie führen, denn mit der Zunahme von Abstimmungsakten sinkt die staatliche Aufnahmefähigkeit von Bürgeranliegen. Ergebnis ist der „konservative Bestand des Alten"[200]. Am Beispiel der Schweiz sei zu beobachten, daß die organisierten Partikularinteressen unter sich entscheiden können, wenn in der breiten Masse eine allgemeine Wählermüdigkeit eintritt[201]. Partikularinteressen setzen sich letztlich durch, die Pflicht zur Berücksichtigung des Allgemeininteresses entfällt.

Die Darstellungsweise in Form eines Plädoyers läßt Greifeld immer wieder der Gefahr erliegen, die Idee und Konzeption der repräsentativen Demokratie als deren unmittelbare und uneingeschränkte Wirklichkeit auszugeben. Spannungsverhältnisse zum Partei- und Fraktionszwang bleiben demgemäß unerörtert. Nach seiner Konzeption gibt der Wähler in vollem Umfange seine Stimme mit der Wahl ab. Sie bleibt im Parlament so lange – wenn auch bestens – aufgehoben, bis er sie mit der nächsten Wahlbenachrichtigungskarte wieder kurzfristig zurückerhält. Die Beziehung zwischen Volk und Parlament kann sich darin nicht erschöpfen.

---

[196] *Greifeld,* a.a.O., S. 43.
[197] *Greifeld,* a.a.O., S. 48.
[198] Vgl. *Greifeld,* a.a.O., S. 47.
[199] Siehe *Greifeld,* a.a.O., S. 45.
[200] *Greifeld,* a.a.O., S. 46.
[201] Vgl. *Greifeld,* a.a.O., S. 44.

Sechstes Kapitel

Die notwendige Duplizität der Teilnahmemöglichkeiten am politischen Willensbildungsprozeß und der eigenständige Wert der Repräsentation

I. Die Repräsentation als Entsprechung des Gemeinschaftsbedürfnisses

Die repräsentative Demokratie ist keine Erfindung[1]. Es bedarf auch nicht der Quadratur des Zirkels[2], um dem Charakter derselben auf den Grund zu gehen. Ebensowenig soll der Mahnung von Mayo[3] gefolgt werden, der die gänzliche Vermeidung des wissenschaftlichen Gebrauches des Begriffes Repräsentation empfiehlt.

Die Erzeugung von Handlungsfähigkeit durch das Handeln einzelner ist eine logische Voraussetzung der Existenz einer jeden menschlichen Gemeinschaft. Die menschliche Existenz, die sich durch hochkultivierte Kommunikationsfähigkeit auszeichnet, ist nicht auf eine Robinson-Crusoe-Mentalität angelegt, also nicht auf einen übersteigerten Individualismus um seiner selbst willen, sondern auf gemeinschaftliches Handeln, Planen und Wollen. Der Mensch ist nicht nur nach seiner Geburt und teilweise auch im Alter ein hilfsbedürftiges und auf Gemeinschaft angelegtes Wesen[4]. Die Individualität kann sich nur in der Abgrenzung zur Gemeinschaft entfalten. Deshalb muß es zuerst Gemeinschaft geben, damit als Gegenpol Individualität und auf dieser aufbauend Pluralität enstehen kann. Repräsentatives Handeln für eine Gemeinschaft gibt es unabhängig von der Art und Weise der Legitimation bereits solange, wie selbige existiert, denn die menschliche Gemeinschaft kann nur durch Repräsentation als solche entstehen und in einen Dialog mit ihren Mitgliedern treten.

---

[1] Vgl. aber *Sternberger*, Erfindung, S. 113, 115 und vor allem 124f.

[2] Vgl. *Kielmansegg*, Quadratur des Zirkels, S. 9ff., der allerdings selbige auch nicht zu lösen vorgibt, sondern ebenso wie Böckenförde den eigenständigen Wert der repräsentativen Demokratie hervorhebt, wenn auch auf anderem Wege, s. daselbst S. 11 mit Anm. 5.

[3] *Mayo*, Introduction to Democratic Theory, S. 95: „theories of representation are something of a morass."

[4] Vgl. *Heller*, Souveränität, S. 78 und 82, s. dazu o. 4. Kap., III 3, S. 100 und bereits *Althusius*, Politica 1614, § 4, S. 2f., s. dazu o. 3. Kap., I 4, S. 56. Vgl. auch *Voegelin*, Neue Wissenschaft der Politik, S. 66, dazu o. 5. Kap., III 2 a, S. 120, der die Existenz der Gesellschaft voraussetzt und auf ihr Artikulationsbedürfnis abstellt.

Werden Entscheidungen für die Gemeinschaft gefällt, so müssen nicht nur die Gegenwartsinteressen der Aktivbürger, sondern auch die der Vergangenheit und vor allem die der Zukunft berücksichtigt werden[5]. Die eingangs gestellte Frage, ob sich die Demokratie das bereits bestehende Repräsentativsystem einverleibt hat oder ob der Vorgang umgekehrt stattfand[6], ist in dem Sinne zu beantworten, daß dem Repräsentativsystem durch die moderne Demokratie nach dem „Abwurf der metaphysischen Legitimationen" durch das Zeitalter der Aufklärung zu neuer Legitimation verholfen werden sollte.

Die athenische Demokratie war eingangs etwas intensiver zu untersuchen, da sie ihre Legitimation ebenso wie die moderne Demokratie nicht durch metaphysische Bezüge sichern konnte und wollte. Wie unmittelbar sie war, wurde bereits ausgeführt[7]. Ausgeprägte Ämter, die zur „balance of powers" geführt hätten, gab es nicht, so daß die Beständigkeit der Ordnung und die Berücksichtigung verschiedener Meinungen durch den häufigen Wechsel der Entscheidungsträger gesichert werden sollten. Die Geschichte hat gezeigt, daß diese Sicherungen den Übergang zur Diktatur nicht aufhalten konnten.

U. a. aufgrund der Erfahrung der politisch instabilen Lage am Ende der ersten deutschen Demokratie mit einem vom Volke unmittelbar gewählten Führer, dem Reichspräsidenten als „Königsersatz", dem aufgrund der Direktwahl ausgeprägte Kompetenzen wie z. B. die des Notverordnungsrechtes (Art. 48 Abs. 2 WRV) und die des Parlamentsauflösungsrechtes (Art. 25 WRV) zustanden, entschlossen sich die Väter des Grundgesetzes, die zweite deutsche Demokratie umfassend als repräsentative Demokratie auszugestalten. Die Ausnahmen der Art. 29 und 118 GG durchbrechen dieses System nicht als Fremdkörper, da die Frage nach dem Gebiet, auf dem eine zu errichtende einheitliche Ordnung gelten soll, eine logische Vorfrage ist.

II. Das politische Risiko von Plebisziten

Durch die Konzentration der Handlungsbefugnis auf ein Organ, das Parlament[8], ist diesem gleichzeitig ein Höchstmaß an politischer Verantwortung übertragen. Den Politikern wird das „Herausstehlen" aus ihrer Verant-

---

[5] Vgl. zum Aspekt der Organisationsunfähigkeit gewisser potentieller Gruppen, wie z. B. der in Zukunft Kranken, *Rommel*, Cappenberger Gespräche, S. 78.

[6] S.o. Einleitung, S. 18.

[7] S.o. 2. Kap., S. 35ff.

[8] Die Mitwirkungsbefugnis des Bundesrates im föderalen Staat steht dieser Betrachtungsweise nicht entgegen, da man sich idealiter das Parlament im Verhältnis zum Staatsvolk als um den Bundesrat erweitert vorstellen kann, wenn jenem Mitwirkungsrechte zukommen. Auf das differenzierte Verfahren der Abstimmung kommt es im Verhältnis zum Souverän nicht an.

wortung erschwert. Die Versuchung der politisch Handelnden, die Verantwortung für Entscheidungen, die im Staatsvolk stark umstritten sind, abzuschieben, ist nicht zu übersehen. Dies ist dem Bundestag durch das Fehlen von Plebisziten in der politischen Praxis erschwert. Das politische „Spiel" der Verantwortungsabschiebung kann somit nur im Verhältnis zu den Bundesländern, zu den Organen der Europäischen Gemeinschaften und vor allem im Verhältnis zum Bundesverfassungsgericht betrieben werden[9].

Soweit wie die Befugnis und die Verantwortung des Parlamentes reicht, soweit sind zumindest nach den Voraussetzungen des Systems Minderheitenschutz, Grundrechte und Menschenrechte gewährleistet. Hängt man hingegen dem Dogma der Unfehlbarkeit des Volkes als Souverän an, so lassen sich diese Werte institutionell nicht sichern. Die Individualität eines jeden einzelnen läßt sich nicht schützen, politische Lösungen brauchen nicht in bezug auf die Auswirkungen auf den einzelnen zu Ende gedacht werden.

Auffallend an dem Ruf nach Einführung plebiszitärer Elemente ist, daß er verdächtig oft unter dem Eindruck umstrittener Sachentscheidungen erhoben wird und nicht um des Systems an sich willen. Intellektuelle Vordenker, die notwendigerweise eine Minderheit sind, verteidigen den originären Charakter der unmittelbaren Demokratie, sie sind dabei aber oft zu hoffen geneigt, daß eine für sie vorteilhafte Erweiterung der Einflußnahmemöglichkeiten auf die Mehrheit durch Neuverteilung der Einflußsphären eintritt und verschwenden keine Zeit an den Gedanken, daß sich die Mehrheit über kurz oder lang auch von anderen, dem Gemeinwohl nicht verpflichteten, Vordenkern beeinflussen lassen könnte. Geht die Bestimmung der Personen, die hauptsächlich dazu berufen sind, entscheidungsbedürftige Fragen aufzugreifen und Antworten vorzuformulieren, nahezu von der Gesamtheit der Wähler aus, was durch die Spiegelfunktion des Verhältniswahlrechtes und der Schaffung von handlungsfähigen Oppositionsfraktionen in besonderem Maße gewährleistet ist[10], so entspricht diese Ordnung in besonderem Maße der demokratischen Idee.

Die Entstehungsgeschichte des Grundgesetzes und die Ausgestaltung der Art. 20, 21, 29, 38 und 118 lassen im übrigen eine einfachgesetzliche Einführung weiterer Plebiszite nicht zu. Hier ist der ganz herrschenden Meinung – im Gegensatz zu Bleckmann[11] – zuzustimmen, nach der es hierfür einer Verfassungsänderung bedarf.

[9] Im Verhältnis zum Bundesverfassungsgericht seien exemplarisch das Hochschulrecht, die Gleichberechtigung zwischen Mann und Frau, das Arbeitskampfrecht, die Ostverträge, die erste Abtreibungsnovelle und die Parlamentsauflösung durch den Bundespräsidenten vom 6. Januar 1983 genannt.

[10] In bezug auf die strukturellen Probleme, die sich durch eine verstärkte Einführung von Plebisziten ergeben, kann auf Greifeld verwiesen werden, s.o. 5. Kap., III 6, S. 133ff.

[11] *Bleckmann,* Die Zulässigkeit des Volksentscheides nach dem Grundgesetz, JZ 1978, S. 217ff., mit umfangreichen Nachweisen zur herrschenden Meinung in Anm. 1

III. Die zweite Ebene der Teilhabeform als der eigentliche Ort der Repräsentation und die Artikulation des Volkswillens

1. Das regulative System

Mit der Parteinahme für die repräsentative Demokratie als eigentlicher Form der Demokratie soll aber nicht der lediglich in zeitlicher Hinsicht begrenzten selbstherrlichen Machtbefugnis der Repräsentanten das Wort geredet werden. Hingegen sind die Repräsentanten in der Demokratie westlicher Prägung auf die Darstellung des Volkswillens verpflichtet. Der demokratische Souverän im Repräsentativsystem ist während der Wahlperiode nicht zur duldenden Untätigkeit verdammt. Durch den Vorgang der Wahl gibt er seine Stimme nicht auf begrenzte Zeit ab[12], sondern sie verändert sich nach Verlassen der Wahlkabine nur in ihrer Qualität. Sie verliert potentiell an Einfluß, da sie nun nicht mehr konkurrenzlos gleichgewichtig ist. Die politisch Interessierten und Aktiven müssen sich nunmehr mit den bzw. gegen die Vorgaben der Repräsentanten im Meinungsbildungsprozeß durchzusetzen versuchen, wobei sie auf einer anderen Ebene im Konkurrenzkampf mit entgegengesetzt politisch Aktiven stehen und alle die Möglichkeit haben, durch Petitionen, durch verwaltungs- und verfassungsgerichtliche Klagen bei Betroffenheit, durch Meinungsbündelung in Form von Parteien, Verbänden[13] und Bürgerinitiativen[14], als Initiatoren und Adressaten von Meinungsumfragen und letztlich auch durch Versammlungen[15], Streiks

---

und dem Ergebnis, daß lediglich das Gesetzesreferendum, welches unmittelbar über die Annahme eines Gesetzentwurfes entscheidet, nicht durch einfaches Bundesgesetz eingeführt werden könne.

12 Vgl. oben 5. Kap., III 6, S. 136.

13 Die Verbände sind nicht vollständig den Parteien gleichzustellen, da ihre Organisation nicht demokratischen Grundsätzen im Sinne des Art. 21 GG entsprechen muß. Sie stehen vielmehr der Substanz nach den Bürgerinitiativen gleich, man könnte sie eher als die gesellschaftlich akzeptierten Bürger- und Interesseninitiativen bezeichnen. Vgl. allg. zu den Verbänden: *Leibholz,* Staat und Verbände, 24 VVDStRL (1966), S. 5ff.; *Winkler,* Staat und Verbände, 24 VVDStRL (1966), S. 34ff. und dazu *Rudolf,* Staatsrechtslehrertagung, 18 DÖV (1965), S. 806ff.

14 Auf dieser Ebene im regulativen System haben die Bürgerinitiativen ihren systemimmanenten Platz. Sie können wie jeder andere politisch aktive Nichtrepräsentant unabhängig von der Verpflichtung auf das Gemeinwohl ihre Anstoßfunktion im Rahmen der verfassungsmäßigen Ordnung auszuüben versuchen. Nehmen die bereits legitimierten Repräsentanten diese Anstöße nicht auf, da sie nach ihrer Erkenntnis nicht mit dem Gemeinwohl zu vereinbaren sind, so werden die „Bürgerinitiatoren" vor die Entscheidung gestellt, selbst zu Repräsentanten zu werden. Gelingt ihnen dieses, so werden auch sie auf den Gesamtdialog verpflichtet. Zu dieser Entscheidungskonsequenz zwingt der notwendige Dualismus der politischen Teilhabeformen, denn die Verpflichtungsbefugnis für alle korrespondiert mit der Gemeinwohlverpflichtung. Die Repräsentanten, die aus solchen Gruppen hervorgegangen sind, müssen sich also allen anstehenden Fragen stellen und werden damit in das Gesamtsystem eingebunden. Vgl. zu Bürgerinitiativen und Gemeinwohl, *Steffani,* Parlamentarische und präsidentielle Demokratie, S. 263.

15 Vgl. zum Aspekt der Akzeptanzerhöhung durch diese Teilhaberechte: BVerfGE vom 14. Mai 1985, I, 69, 315, 347 und vom 17. August 1956, I, 5, 85, 198f.

und Demonstrationen unmittelbar auf den politischen Willensbildungsprozeß Einfluß zu nehmen. Die Repräsentanten hingegen sind in der repräsentativen Demokratie verpflichtet, diesen Dialog aufrechtzuerhalten. Die Repräsentation des Volkswillens wird durch die erste Ebene der Legitimation nur ermöglicht, sie findet hingegen auf der zweiten Ebene während der Wahlperiode statt.

Untersucht man den Personenkreis, der potentiell auf der zweiten Ebene Einfluß nehmen kann, etwas genauer, so muß man feststellen, daß dieser größer als der der Bürger im *status activus* ist. Am Repräsentationsdialog nehmen auch Nichtwahlberechtigte, wie z. B. politisch aktive minderjährige Schüler und politisch aktive Ausländer teil. Auf den Prozeß der Repräsentation können somit auch Gruppen Einfluß nehmen, deren Mitglieder kein Wahlrecht besitzen.

2. Zum Volkswillen

Der Volkswille ist für den Repräsentanten nicht präexistent. Er muß vielmehr durch ihn jeweils abgefragt und geformt werden[16]. Dabei kommt jedem Repräsentanten die Aufgabe zu, den durch ihn erkannten empirischen Volkswillen in einem zweiten Schritt – unter geringstmöglicher „Dämpfung“[17] – in das Gemeinwohl „einzupassen“; wobei sich das Gemeinwohl vom empirischen Volkswillen durch seine Zweckgerichtetheit, optimal die Betroffenheit eines jeden einzelnen zu berücksichtigen, unterscheidet.

Die relative Erkenntnis des empirischen Volkswillens durch einen jeden Abgeordneten ist auch in einer auf Pluralismus gegründeten Demokratie möglich, wobei zuzugeben ist, daß der Repräsentant einer Ordnung, die ihre Legitimation durch einen metaphysischen Bezug erhält[18], bereits durch diese Ordnung integrierte Werte vorfindet. Da aber die menschliche Existenz auf Gemeinschaft angelegt ist und die westlichen Demokratien das Erbe und die Hypothek des christlichen Abendlandes übernommen haben, ist die jeweils relative Erkenntnis des Volkswillens trotz der Pluralität der Meinungen möglich[19]. Der Volkswille kann aber immer nur zu konkreten Zeitpunkten und Einzelproblemen abgefragt werden. Durch die Teilhabeform auf der Ebene des regulativen Systems aktualisiert er sich beständig. Nicht jeder Repräsentant verkörpert den Volkswillen in seiner Person vollständig, sonst wäre nur ein Repräsentant erforderlich. Jeder Repräsentant

---

[16] Der Begriff der Repräsentation bedeutet ja gerade nicht zwingend, daß etwas bereits Existentes „re“produziert wird. S.o. 1. Kap., I 1, S. 22f.

[17] Vgl. *Greifeld*, Volksentscheid durch Parlamente, S. 21, der vom Parlament als „Volkswillendämpfungsdienst“ spricht.

[18] Vgl. die Gedanken Voegelins, s.o. 5. Kap., III 2 a, S. 119ff.

[19] Zu den „Bezugspunkten“ der westlichen Demokratie s.u. 6. Kap., VII 2, S. 147f.

stellt vielmehr nur einen „Versuch“[20] des souveränen Volkes dar, damit dieser den Volkswillen verkörpere. Durch die Vielzahl der Repräsentanten im Parlament wird die Abweichungswahrscheinlichkeit des Gesamtergebnisses vom anders nicht verifizierbaren Volkswillen minimiert.

Der Vorgang der Bestellung der Repräsentanten, also der Legitimationsakt durch die allgemeine und demokratische Wahl, ist streng von der Repräsentation zu unterscheiden. Allein durch die Annahme der Wahl wird der Gewählte noch nicht zum Repräsentanten des Volkswillens. Er gehört zwar in aller Regel einer Partei an, für die er gewählt ist, das ihm übertragene Vertrauen korrespondiert somit mit einer grundsätzlichen Erwartungshaltung seiner Wähler. Doch dadurch repräsentiert er den Willen des Volkes noch nicht. Diese Aussage läßt sich durch folgende theoretische Überlegung erhärten. Gelingt es irgendeiner Person, z. B. einem sehr ähnlichen Zwillingsbruder, sich in die Position eines Gewählten einzuschleichen, so repräsentiert er in diesem Moment ebensowenig die Wähler, wie der wirklich Gewählte. Nimmt er die eigentlich nicht ihm verliehene Handlungsbefugnis tatsächlich wahr, so kann er gleichwohl zum Repräsentanten des Volkswillens werden. Zur Repräsentation des Volkswillens bedarf es also der Handlungen und Entscheidungen des Gewählten[21] innerhalb der Grenzen des vorgegebenen Mandates. Der Legitimationsakt durch Wahl ist lediglich die rechtlich umfassend normierbare demokratische Voraussetzung für die Repräsentation des Volkswillens.

Wendet man diese Grundsätze auf die Abgeordneten des Hessischen und Rheinland-Pfälzischen Landtages an, die bis zum Ende der 70-iger Jahre ihr Mandat ruhen lassen konnten, wenn sie ein Ministeramt übernahmen, so stellt man fest, daß sie als Abgeordnete im Falle des Ruhenlassens keine Repräsentanten mehr waren, sondern die nächstberufenen Listennachfolger, wenn diese das Mandat wahrnahmen[22].

---

[20] Dieser Gedanke, einen jeden Repräsentanten als einen „Versuch“ des souveränen Volkes auf das Gemeinwohl hin zu verstehen, ist aus dem Gedanken Hermann Hesses zum Anfang seines Demian abgeleitet, der jeden Menschen als einen „Versuch der Natur“ bezeichnet.

[21] Vgl. auch BVerfGE vom 24. März 1981, II, 56, 396, 405: „Es entspricht dem Prinzip der repräsentativen Demokratie und liegt im konkreten Interesse des einzelnen Wählers und der Bevölkerung insgesamt, daß der Abgeordnete sein ihm anvertrautes Amt tatsächlich ausübt.“ In diesem Falle handelte es sich um einen bayerischen Landtagsabgeordneten, der rechtskräftig wegen Spionage verurteilt und dem die Wahrnehmung der Rechte aus öffentlichen Wahlen für drei Jahre untersagt worden war. Gegen den drohenden Vollzug des Mandatsverlustes rief er im Wege einer Verfassungsbeschwerde und eines Antrages auf Erlaß einer einstweiligen Anordnung das Bundesverfassungsgericht an. Sein Mandat hatte er bereits seit zwei Jahren nicht mehr wahrgenommen. S. auch u. 8. Kap., III 4, S. 166ff.

[22] Vgl. dazu *Schneider*, Mandatsruhe, S. 11ff. und S. 32ff.

IV. Der rechtliche Charakter der Handlungsbefugnis

Durch das Mandat erhält der Gewählte eine zeitlich befristete Handlungsbefugnis. Sie ist nicht allumfassend, sondern durch das Mandat begrenzt. Das Mandat eines Bundestagsabgeordneten als Organteil reicht – vorbehaltlich der Mitwirkungsnotwendigkeit der anderen – so weit, wie die Verfassung dem Organ Bundestag Kompetenzen gegeben hat. Auch wenn der Souverän von ihm verlangt, Kompetenz- und damit Verfassungswidriges zu tun, wie z. B. in die Kulturhoheit der Länder einzugreifen, kann der Abgeordete dieses Verlangen nicht innerhalb seines Mandates repräsentieren. Der von Hennis in die Diskussion gebrachte Amtsbegriff[23] ist auf der Ebene der Legitimation von entscheidender Bedeutung. Das Mandat stellt eine zeitlich begrenzte, typisierte Wahrnehmungsbefugnis dar. Im Interesse des dynamischen Repräsentationsprozesses während der Wahlperiode wird der Mandatsträger im Rahmen des Mandates zu verpflichtenden Handlungen ermächtigt. Mit dem Wahlakt bekommt er das Vertrauen und die Fähigkeit übertragen, allseits interessierende Fragen aufzugreifen und Antworten vorzuformulieren und sie unter dem Eindruck der öffentlichen Diskussion in einem geordneten Verfahren durchzusetzen, falls sich eine Mehrheit der Abgeordneten findet. Die von der Repräsentation zu unterscheidende Handlungsbefugnis stellt eine Vollmacht dar, die Wahl ist der Akt der Bevollmächtigung. Diese ist mehr als eine Generalvollmacht oder anders ausgedrückt mehr als eine „Prokura des Volkes“, da sie rechtlich während der Wahlperiode grundsätzlich nicht durch einen *actus contrarius* revozierbar ist und da die Vollmachtgeber – im Gegensatz zur Vollmacht im Sinne der §§ 164 ff. BGB – nicht parallel zu den Handlungen der Vollmachtnehmer selbst rechtlich verbindlich handeln können. Sie ist aber weniger als eine Übertragung der Souveränität, welche auch nicht der Ausübung nach übertragen wird.

V. Die Sicherungen vor Willkür im Repräsentationsprozeß und die Gewissenspflicht der Repräsentanten, den Repräsentationsdialog aufrechtzuerhalten

Diese Vollmacht ist in dreifacher Weise vor einem willkürlichen und letztlich tyrannischen Gebrauch gesichert. Zum ersten durch die zeitliche Befristung. Zum zweiten durch das typisierte Amt, welches durch die Verfassung begrenzt ist. Und zum dritten durch den dargestellten regulativen Prozeß der Repräsentation.

---

[23] S.o. 5. Kap., III 1, S. 117f. mit Anm. 70, aber auch bereits 3. Kap., I 2, S. 52. S. auch Art. 48 Abs. 2 S. 1 GG: „Niemand darf gehindert werden, das Amt eines Abgeordneten . . .“.

Das repräsentative Element in der Symbiose der repräsentativen Demokratie ist also nicht das kompetenzschaffende, sondern ein begrenzendes Moment. Die Wahrnehmung der Handlungsbefugnis eines Repräsentanten ohne Aufrechterhaltung und Mitwirkung am regulativen Prozeß der Repräsentation ist „gewissenlos" im Sinne des Gewissens in Art. 38 Abs. 1 S. 2 GG und trägt die Gefahr der Diktatur in sich. Fällt dieses sichernde Moment aus, verbleiben nur die zeitliche Befristung und die Verfassungsbindung. Der Verweis eines Repräsentanten auf die Mehrheit, die ihn gewählt hat, vermag keine Sachentscheidung des Repräsentanten zu rechtfertigen, vielmehr kann sich der frei gewählte Repräsentant nur auf den durch die Wahl empfangenen Vertrauensvorschuß[24] berufen, der allerdings nicht der konkreten Sachentscheidung, sondern dem typisierten Amt, also dem Mandat, gilt. Auch wenn vor Wahlen Programme von den verschiedenen Parteien aufgestellt werden, so wird der Abgeordnete doch nicht zum Zwecke der Erfüllung dieser Wahlversprechen gewählt.

Jeder Repräsentant ist im Repräsentativsystem nach Maßgabe seines Gewissens verpflichtet, den Dialog mit dem Souverän, d. h. mit den politisch aktiven Gruppen, die sich während der Wahlperiode artikulieren, zu führen[25]. Er muß Initiativen ergreifen und gemeinverträgliche Lösungen ausarbeiten und dabei soweit als möglich die Folgen der Entscheidungen für alle relevante Gruppen im Gesamtsystem bedenken. Zum Repräsentativsystem gehört auf der anderen Seite wesensnotwendig der Schutz der Opposition, also den „vom Volke bestellten professionellen Kritikern"[26], als auch ein Mindestmaß an Informationsaufnahme- und Meinungsfreiheit, an Versammlungs- und Demonstrationsfreiheit und an der Freiheit, Verbände und Bürgerinitiativen zu gründen. C. Schmitt[27] ist im Gegensatz zu einer späteren Entscheidung des Bundesverfassungsgerichtes[28] zuzustimmen, daß die Öffentlichkeit wesensnotwendige Voraussetzung der Repräsentation ist. Die Repräsentation findet nicht in den vorbereitenden Ausschüssen und hinter den verschlossenen Fraktionstüren statt, sondern der Prozeß der Repräsentation erhält auf seiten der Repräsentanten seine entscheidenden Impulse im Parlament unter den Augen der Öffentlichkeit[29], auch wenn sich die interne Meinungsbildung der Repräsentanten hinter verschlossenen Türen vollzie-

---

[24] Vgl. oben die Ausführungen Böckenfördes, 5. Kap., III 5, S. 132f. und E. Schmitts, 5. Kap., III 1, S. 115.

[25] Vgl. zur faktischen Abhängigkeit der unabhängigen Abgeordneten *Sendler*, Abhängigkeiten der unabhängigen Abgeordneten, NJW 1985, S. 1425ff.

[26] *Greifeld*, Volksentscheid durch Parlamente, S. 76.

[27] *C. Schmitt*, Verfassungslehre, S. 208.

[28] Vgl. BVerfGE vom 10. Mai 1977, II, 44, 308, 319.

[29] Vgl. o. 5. Kap., II 2 b, S. 111 mit Anm. 27. Wobei es auf die Öffentlichkeit und nicht auf die Übertragungsart z. B. durch Fernsehen ankommt; auch im britischen Unterhaus findet Repräsentation statt, obwohl dort das Fernsehen bisher keinen Zutritt hatte.

hen kann. Die Repräsentanten haben nicht die Aufgabe, Vollstrecker von Wünschen zu sein, die durch die Meinungsbefrager zur Entscheidung gestellt wurden, sie sind vielmehr die Vordenker, die entscheidungsrelevante Fragen aufzugreifen und Antwortvorschläge auszuarbeiten und auf ihre Gemeinverträglichkeit hin zu überprüfen haben. Dabei können sie sich im regulativen System durchaus der Technik der Meinungsumfrage bedienen.

VI. Zum freien Mandat und zur Parteibezogenheit

Das freie Mandat gehört nicht wesensnotwendig zur Repräsentation[30]. Es gehört aber wesensnotwendig zur repräsentativen Demokratie, denn es garantiert die Aufrechterhaltung des regulativen Prinzips, also der Mitwirkungsmöglichkeit des Volkes während der Wahlperiode, und ermöglicht dem Repräsentanten die Ausrichtung seiner Entscheidungen am Gemeinwohl. Das freie Mandat ist nicht um der Repräsentation willen, sondern um der Demokratie willen ein notwendiges Element der repräsentativen Demokratie.

Erst durch die Freiheit des Mandats kann der Abgeordnete an sein Gewissen gebunden werden, wobei ihn diese Gewissensbindung zur Aufrechterhaltung des Dialogs und damit zur Erkundung und Formung des Volkswillens verpflichtet. Der Abgeordnete darf parteilich sein, er muß aber seine Parteilichkeit an dem von ihm erkannten Gemeinwohl ausrichten[31]. Trotz der Gemeinwohlverpflichtung kann sich der Abgeordnete einzelner Themen und Lösungswege in einem solchen Maße parteilich annehmen und andere vernachlässigen, wie es nach seiner, aus dem Dialog mit dem Volk gewonnenen Einschätzung notwendig ist, um durch die Stärkung dieser Einzelinteressen das gemeine Wohl zu fördern.

Zum Zwecke der Führung des Dialogs mit dem Souverän und zur sachkundigen Ausarbeitung von entscheidungsrelevanten Fragen und nach seiner Ansicht das Gemeinwohl antizipierenden Antworten wird sich der

---

[30] So waren auch die imperativen Ständeversammlungen im Mittelalter Repräsentativorgane, vgl. *Rausch*, Der Abgeordnete, S. 15.

[31] Vgl. BVerfGE vom 17. August 1956, I, 5, 85, 233f. (KPD-Urteil), dort allerdings bezogen auf verfassungsgemäße Parteien, die im Parlament durch ihre Abgeordneten handeln: Es ist „legitim, daß eine Partei sich der Interessen bestimmter Gruppen des Volkes besonders annimmt, weil sie zur Erkenntnis kommt, daß diese Interessen von anderen Parteien nicht gebührend vertreten werden, aber bei der Bildung des staatlichen Gesamtwillens nicht vernachlässigt werden dürfen. In der Vertretung dieser Interessen glaubt die Partei dem Gesamtwohl am besten zu dienen; sie sieht weder in der Vertretung dieser Interessen ihren eigentlichen Endzweck, noch nimmt sie an, daß nur die Interessen dieser Gruppe berechtigt oder für das Gemeinwohl entscheidend wären. Sie akzentuiert lediglich diese Interessen, sie bringt sie als Faktor in den Prozeß der staatlichen Willensbildung ein. Die Vertretung von Gruppeninteressen ist für sie Durchgangspunkt, Mittel, den Interessen des ganzen Volkes zu dienen."

Abgeordnete in der Regel seiner Fraktion oder Partei bedienen. Der Vertrauensvorschuß seiner Wähler ist ja auch zum Zeitpunkt der Wahl regelmäßig mit der Erwartung verknüpft, daß der Gewählte die Grundansichten einer speziellen politischen Richtung verkörpert. Gerät aber die Erkenntnis des Gemeinwohls durch den einzelnen Repräsentanten und die von der Gruppe seiner ehemals Gleichgesinnten eklatant auseinander, so muß der Abgeordnete durch die Freiheit seines Mandates wirksam seine „Vertrauensfrage" stellen können[32], da er zuerst dem Souverän verpflichtet ist.

VII. Zum originären Charakter der repräsentativen Demokratie und zur Suche nach Legitimation durch Repräsentation

1. Zum originären Charakter der repräsentativen Demokratie

In der Repräsentationsdiskussion wurde nur allzuoft die Frage nach der Repräsentation nicht scharf genug von der Frage nach der Legitimation getrennt. Durch den rechtlich umfassend normierbaren Legitimationsakt der Wahl in der Demokratie werden die Gewählten noch nicht zu Repräsentanten des Volkswillens, sie erhalten lediglich die Voraussetzungen und die Chance, solche zu werden.

Das demokratische Moment findet in zweifacher, aber qualitativ verschiedener Weise, Eingang in die Symbiose der repräsentativen Demokratie. Einerseits nimmt der Souverän sein Teilhaberecht im Wahlakt wahr, wobei die Wahl auf dem Gedanken der demokratischen Egalität beruht. Nimmt also ein Wahlberechtigter an der Abstimmung teil, der die politischen Regeln und Zusammenhänge in keiner Weise durchschaut, so gleichen zwar seine Motive bei der Stimmabgabe eher denen, die beim Lottospiel angebracht wären, den Erfolgswert seiner Stimme berührt dies jedoch nicht. Andererseits besteht die in der politischen Praxis extrem unterschiedlich wahrgenommene Chance zur Teilhabe am politischen Willensbildungsprozeß durch das regulative System.

Die repräsentative Demokratie stellt eine originäre Form der Demokratie dar. Da die Volksherrschaft sich wie jede Herrschaft nur durch Repräsentanten vollziehen kann, werden notwendigerweise die „Meinungsführer" zu Repräsentanten. In der Demokratie muß die Legitimation der Herrschaftsausübung der Repräsentanten demokratisch sein, was durch die allgemeine und freie Wahl gewährleistet ist. Durch den Wahlakt allein ist jedoch die dynamische Repräsentation des Volkswillens noch nicht gewährleistet, diese kann nur durch einen Dialog während der Wahlperiode garantiert

---

[32] Zum integrationsbewirkenden „Drohpotential" des freien Mandates s.o. 5. Kap., II 2 b, S. 112 mit Anm. 28.

werden, wobei neben dem Souverän auch andere Gruppen, wie politisch interessierte Ausländer, teilnehmen können, da die Repräsentanten den Volkswillen abzufragen und in das Gemeinwohl „einzupassen" haben. Allerdings kann diesem Dialog, welcher auf einer zweiten Ebene dem Volk weitergehende Teilhabemöglichkeiten eröffnet, nicht die gleiche rechtliche Qualität zukommen wie dem Wahlakt. Wäre dies der Fall, so würde dem Wahlakt die Legitimationswirkung nachträglich sofort wieder genommen werden, die Wirkung der egalitären demokratischen Wahl würde also durch ein Verfahren aufgehoben, welches in seiner praktischen Ausgestaltung wesensnotwendig eine Teilhabeform darstellt, die nicht dem Gedanken der demokratischen Gleichheit verpflichtet ist, sondern der öffentlichkeitswirksamen Geltendmachung von Betroffenheit.

Nur durch die Kombination dieser beiden, qualitativ verschiedenen, Teilhabeformen kann der Volkswille größtmöglich zur Geltung kommen, denn durch sie tritt ein Maximum an Verwiklichungsmöglichkeit und demokratischer Teilhabe ein.

Die beiden Ebenen müssen sich in der repräsentativen Demokratie ergänzen. Natürlich ist die Legitimation zu verpflichtenden Handlungen für die Abgeordneten mit ihrer Wahl gegeben. Aber in dem Maße, wie der Repräsentationsdialog vernachlässigt wird, steigt die „Anfälligkeit" des Staatskörpers für die Entfernung von der Verwirklichung des Gemeinwohls. In Kenntnis der Fragwürdigkeit aller bildhaften Vergleiche kann man den Repräsentationsdialog als das „Immunsystem des Staatskörpers" bezeichnen.

2. Exkurs: Zur Suche nach Legitimation durch Repräsentation

Sollen Legitimationsgrundlagen eines politischen Systems im Sinne eines Grundkonsenses durch den Prozeß der Repräsentation zur Darstellung gebracht werden, so müssen diese unabhängig vom Prozeß der Repräsentation zuvor existent sein. Politischer Grundkonsens läßt sich nicht durch Repräsentation erzeugen, sondern eben nur darstellen. Das repräsentative Element in der Symbiose der repräsentativen Demokratie vermag somit der Demokratie gegenüber anderen Herrschaftsformen keine zusätzliche Legitimationsgrundlage zu geben.

Innerhalb des Prozesses der Repräsentation auf dem Boden unserer Demokratie können die Repräsentanten also lediglich versuchen, das größtmögliche Maß an Konsensfähigkeit im Volk zu aktivieren und in Normen für die Gesellschaft umzusetzen; denn der Demokratie westlicher Prägung ermangelt es auf Grund des Fehlens eines metaphysischen Bezuges an einem präexistenten Grundkonsens, der sich theoretisch objektivieren ließe und einen außerhalb des Repräsentationsprozesses liegenden Bezugspunkt[33] abgeben könnte. Die weltanschaulich neutrale Demokratie lebt somit von Voraussetzungen, die sie zu garantieren nicht versprechen kann[34]. Finden die Repräsentanten dennoch beständig ein bedeutendes Maß an Grundkonsens vor, so beruht dies vornehmlich auf dem Erbe und der Hypothek des Gedankengutes des christlichen Abendlandes, aus welchem die Demokratien westlicher Prägung hervorgegangen sind[35].

Die Demokratien östlicher Prägung[36] beziehen sich hingegen auf eine letztlich vom konkret vorhandenen Volk unabhängige Legitimation. Die Repräsentation findet dort nicht als Dialog mit einem Souverän statt, da der Gedanke der Diktatur des idealisierten Proletariates auf einer metaphysischen „Wahrheit" beruht, wobei die Prädestination hinzutritt, daß die historische Entwicklung zwangsläufig zum Kommunismus führe. Steht das reale Wollen des tatsächlich vorhandenen Volkes mit den Zielen dieser „Wahrheiten" im Widerspruch, so gebührt der Durchsetzung derselben der Vorzug gegenüber den realen Wünschen des Volkes. Aufgrund der Ausrichtung auf diese Zielsetzung und dem damit verbundenen Anspruch auf „Erziehung zum besseren Menschen" kann das Mindestmaß an Teilhabe- und Artikulationsfreiheit, was Sobolewski[37] für die westlichen Demokratien fordert, in diesem System nicht gewährleistet werden. Die Dialogmöglichkeit der Repräsentation stellt für die Zielsetzungen der Demokratie östlicher Prägung hingegen eine potentielle Gefahr dar. Fehlt aber der Prozeß der Repräsentation, so läßt sich zumindest der Volkswille nicht repräsentieren. Da die Frage nach der Repräsentation streng von der Frage nach der Legitimation zu trennen ist, erübrigt es sich im Rahmen dieser Abhandlung, näher die Legitimation der Demokratie östlicher Prägung zu untersuchen.

---

[33] Vgl. zum Gedanken des übergreifenden Bezugspunktes *Böckenförde,* Mittelbare/repräsentative Demokratie als eigentliche Form der Demokratie, S. 320; *ders.*, Demokratie und Repräsentation, S. 21f.; s. dazu auch o. 5. Kap., III 5, S. 132. Vgl. allg. *ders.*, Der Staat als sittlicher Staat, 1978 und *ders.*, Die verfassungsgebende Gewalt des Volkes – Ein Grenzbegriff des Verfassungsrechts, 1986.

[34] Vgl. *Böckenförde,* Kirchlicher Auftrag und politische Entscheidung, S. 12ff.

[35] Insofern ist eine gewisse Zurückhaltung angezeigt, wenn man die repräsentative Demokratie westlicher Prägung zur Nachahmung für die Staaten der Dritten Welt empfiehlt.

[36] Vgl. *Voegelin,* Neue Wissenschaft der Politik, S. 60f.; dazu o. 5. Kap., III 2 a, S. 121.

[37] S.o. 5. Kap., III 3, S. 124f.

Dritter Teil

Die Rechtsprechung des Bundesverfassungsgerichts zur Repräsentation

Siebentes Kapitel

Einführung und Abgrenzung

Die im zweiten Teil gefundenen Erkenntnisse sollen abschließend der Rechtsprechung des Bundesverfassungsgerichtes zum Themenkreis der Repräsentation gegenübergestellt werden. Damit soll zugleich ein systematisierender Beitrag geleistet werden, da im Gegensatz zur fast unübersehbaren Fülle der Repräsentationsdiskussion eine zusammenhängende Untersuchung der einschlägigen Rechtsprechung des Bundesverfassungsgerichtes fehlt[1].

In einer ersten Gruppe sind die Volksbefragungsbestrebungen einiger Länder bzw. Gemeinden im Zusammenhang mit der Lagerung von Atomwaffen im Jahre 1958 darzustellen[2].

Als zweite Gruppe werden die Urteile zum Wahlverfahren[3] und zu den Voraussetzungen für Wahlbewerber[4] und deren Rechte zu untersuchen sein. Zwar kann das Repräsentativsystem sowohl auf der Verhältniswahl als auch auf der Mehrheitswahl oder auf Kombinationen davon beruhen, entscheidet sich aber der Gesetzgeber für die Verhältniswahl wegen der Spiegelfunktion der Meinungen in der Gesellschaft und der Möglichkeit der Vertretung auch kleinerer politischer Gruppen im Parlament, so wirkt dann die Frage der gleichen Teilhabechancen doch auf die repräsentative Struktur zurück. Innerhalb eines Wahlsystems muß also Folgerichtigkeit und Chancengleichheit gelten, denn nur dann wird auf dem Boden der Verhältniswahl eine verfassungsgemäße Repräsentation gewährleistet[5].

---

1 Zur Rechtsprechung des Bundesverfassungsgerichtes zu den politischen Parteien liegt hingegen eine Untersuchung neueren Datums vor, auf die – trotz aller Bedenken gegen die dort gegebene Interpretation – verwiesen werden kann, s. *Lennarzt*, Parteienrechtsprechung, 1982.

2 BVerfGE vom 27. Mai 1958, II, 7, 367; vom 30. Juli 1958, II, 8, 104 und vom 30. Juli 1958, II, 8, 122.

3 BVerfGE vom 5. April 1952, II, 1, 208 und vom 23. Januar 1957, II, 6, 84.

4 BVerfGE vom 1. August 1953, I, 3, 19; vom 3. Dezember 1968, II, 24, 299 und vom 9. März 1976, II, 41, 399.

Einen zentralen Schwerpunkt der Rechtsprechung bildet die dritte Gruppe, der Problemkreis der Stellung der Abgeordneten. Als erstes ist dabei die Frage zu erörtern, ob die Eigenschaft des Abgeordneten als „Vertreter des ganzen Volkes" auch dann gegeben ist, wenn die Partei, der er in der parlamentarischen Praxis sein Amt verdankt und deren Apparat, Programm und Zielsetzungen er sich regelmäßig bedient, um seine Entscheidungen zu finden und zu treffen, verfassungswidrig ist[6]. Anschließend wird der Frage nachzugehen sein, welcher Charakter den Diäten zukommt, die er seit 1906 in Deutschland erhält. Handelt es sich um pauschalierte Aufwandsentschädigungen, die keine Gegenleistung im Sinne eines Einkommens sind, so kann der Doppelmandatsträger im Bund und in einem Land sie nur einmal beanspruchen[7]. Handelt es sich hingegen um Einkommen[8], so entstehen die Probleme der Besteuerung[9] und – als Konsequenz im Sozialstaat – der Altersversorgung[10].

Zum repräsentativen Status des Abgeordneten gehören schließlich noch die Problemkreise der Beschränkung der Redezeit[11], der Pflicht zur Wahrnehmung der Repräsentationsbefugnis[12] und des unbeschränkten Zuganges zu den Parlamentsausschüssen[13].

In einer vierten Gruppe wird der Frage nachgegangen, ob der Volkswille auch dann noch hinreichend repräsentiert ist, wenn weniger als 10% der Abgeordneten im Plenum an einer Abstimmung teilnehmen[14].

Zur Bildung einer fünften Gruppe gibt der Finanzbedarf der politischen Parteien[15] Veranlassung, deren Mitwirkung bei der politischen Willensbildung des Volkes verfassungsrechtlich geschützt ist[16].

In der vorletzten Gruppe sollen die Rückwirkungen des repräsentativen Charakters des Grundgesetzes auf die Grundrechte untersucht werden. Dabei zeigen sich in der Rechtsprechung Bezüge zum Gleichheitsgrundsatz,

---

[5] Vgl. BVerfGE vom 5. April 1952, II, 1, 208, 246f.

[6] BVerfGE vom 23. Oktober 1952, I, 2, 1 und vom 17. August 1956, I, 5, 85.

[7] BVerfGE vom 16. März 1955, II, 4, 144.

[8] Vor einer solchen Entwicklung mahnte z. B. *Leibholz,* Wesen, S. 91, Anm. 6: „Würde die Entschädigung allmählich mehr den Charakter eines Entgelts für eine berufliche Tätigkeit erhalten, so würde der Abgeordnete hierdurch einen Teil seiner durch die Repräsentantenqualität vermittelten Würde einbüßen und mehr die Stellung eines Interessenvertreters als eines Repräsentanten einnehmen."

[9] BVerfGE vom 5. November 1975, II, 40, 296.

[10] BVerfGE vom 21. Oktober 1971, II, 32, 157.

[11] BVerfGE vom 14. Juli 1959, II, 10, 4.

[12] BVerfGE vom 24. März 1981, II, 56, 396.

[13] BVerfGE vom 14. Juli 1986, II, 73, 40.

[14] BVerfGE vom 10. Mai 1977, II, 44, 308.

[15] BVerfGE vom 19. Juli 1966, II, 20, 56. Die Frage der steuerrechtlichen Absetzbarkeit von Parteispenden soll unter dem Aspekt der Gleichheit der Teilhaberechte der Parteispender behandelt werden.

[16] Art. 21 Abs. 1 S. 1 GG.

Art. 3 GG[17], zur Meinungs- und Pressefreiheit, Art. 5 GG[18] und zur Versammlungsfreiheit, Art. 8 GG[19].

Zum Abschluß der Abhandlung ist die Auswirkung der Parlamentsauflösungsentscheidung[20] auf das repräsentative System festzuhalten.

Über die aufgezeigten Entscheidungen des Bundesverfassungsgerichtes hinaus findet sich der Begriff der Repräsentation auch in anderen Entscheidungen, wobei es dort aber ganz allgemein um das Repräsentationsphänomen und nicht um die repräsentative Demokratie geht.

So spricht das Bundesverfassungsgericht in Wiedergabe einer Stellungnahme der Bundesregierung in einem abstrakten Normenkontrollverfahren in bezug auf das Saarstatut davon, daß die Bundesrepublik nicht das ganze Deutsche Reich sei, sondern es nur repräsentiere[21]. Es finden sich aber auch die Begriffe des „repräsentativen Vertreters des deutschen Filmes“[22] und der „Repräsentativstatistik“[23]. Ebenso wird in bezug auf die vier Gruppen der Universitätsselbstverwaltung (Hochschullehrer, Wissenschaftliche Mitarbeiter, Studenten und nichtwissenschaftliche Mitarbeiter) vom „Repräsentationsprinzip der Gruppenuniversität“[24] gesprochen.

Unmittelbarere Bezüge zur repräsentativen Demokratie liegen hingegen den Entscheidungen zum Problem der allgemeinen Urabstimmung bei der Errichtung von Krankenkassen zugrunde, hier spricht das Bundesverfassungsgericht von der „unmittelbaren Demokratie“ des § 225a RVO, die im Falle der Innungskrankenkassen nur durch eine mittelbare Demokratie ersetzt werde[25]. Ebenso verhält es sich bei der Entscheidung über die Frage der repräsentativen Vertretung in den schleswig-holsteinischen Ämtern[26], zum Personalvertretungsrecht[27] und im Zusammenhang mit den Sozialwahlen[28].

---

17 BVerfGE vom 14. Juli 1986, II, 73, 40.

18 BVerfGE vom 5. August 1966, I, 20, 162.

19 BVerfGE vom 14. Mai 1985, I, 69, 315.

20 BVerfGE vom 16. Februar 1983, II, 62, 1.

21 BVerfGE vom 4. Mai 1955, I, 4, 157, 166.

22 BVerfGE vom 15. Januar 1958, I, 7, 198, 216.

23 BVerfGE vom 16. Juli 1969, I, 27, 1.

24 BVerfGE vom 8. Juli 1980, I, 54, 363, 388f. Vgl. auch bereits BVerfGE vom 9. April 1975, I, 39, 247, 255.

25 BVerfGE vom 11. Oktober 1960, I, 11, 310, 321.

26 BVerfGE vom 24. Juli 1979, II, 52, 95, 111.

27 BVerfGE vom 27. März 1979, II, 51, 77, 88: Nach § 25 Abs. 1 des Bremischen Personalvertretungsgesetzes vom 5. März 1974 können Personalräte in geheimer Abstimmung durch die Mehrheit der Mitglieder abberufen werden. Das Bundesverfassungsgericht nahm einen Verstoß gegen die Rahmengesetzgebung des Bundes an, denn Mitglieder, die einmal gewählt sind, werden zu „Repräsentanten aller Beschäftigten“, dies verlange der „Minderheitenschutz in der repräsentativen Demokratie“, der sonst leerzulaufen drohe.

In dem Organstreitverfahren der Fraktion der Grünen gegen die Bundesregierung um die formelle Beteiligungspflicht des Deutschen Bundestages[29] in bezug auf die Ausführung des NATO-Doppelbeschlusses ist zu Recht von der Antragstellerin keine Verletzung des Prinzipes der repräsentativen Demokratie gerügt worden. Auch das Urteil spricht nicht davon, da mit der zwanzigjährigen Bindung[30] an den Nordatlantikvertrag noch nicht die Aufstellung bestimmter Waffen beschlossen wurde, vielmehr mußte die Bundesregierung der Dislozierung gerade zustimmen. Da die Bundesregierung in vollem Umfange von dem parlamentarischen Repräsentativorgan des Volkes abhängig ist[31], war das Prinzip der repräsentativen Demokratie nicht verletzt.

So reizvoll es wäre, neben der Rechtsprechung des Bundesverfassungsgerichtes zur repräsentativen Demokratie auch die der Länderverfassungsgerichte zu untersuchen, so kann doch im Rahmen dieser Abhandlung lediglich auf zwei Entscheidungen neueren Datums verwiesen werden[32].

---

[28] BVerfGE vom 22. Oktober 1985, I, 71, 81, 95, hier spricht das Bundesverfassungsgericht von den „Mitgliedern des Repräsentativorganes durch Urwahl aller Wahlberechtigten" und von dem „Repräsentativorgan aller kammerangehörigen Arbeitnehmer" im Zusammenhang mit den Wahlgrundsätzen einer Verhältniswahl.

[29] BVerfGE vom 18. Dezember 1984, II, 68, 1.

[30] Art. 13 Nordatlantikvertrag vom 4. April 1949 (BGBl. 1955 II S. 289ff.). Der Frage, ob es mit dem Repräsentativsystem vereinbar ist, daß die repräsentativen Vertreter völkerrechtliche Verträge ohne Kündigungsklausel oder auch auf lange Zeit abschließen, soll hier nicht umfassend nachgegangen werden. Jedenfalls könnte sich aber eine Regierung, die aus einem theoretisch ganz anders zusammengesetzten Parlament hervorgegangen ist, auf die *clausula rebus sic stantibus* des Art. 62 des Wiener Übereinkommens über das Recht der Verträge vom 23. Mai 1969 (BGBl. 1985 II, S. 926), welches für die Vertragsparteien ausdrücklich und für die anderen Staaten kraft Völkergewohnheitsrechtes gilt, berufen. Sieht man das Problem von der praktischen Seite, so würde sich ein solcher Staat, der seinen Vertragspflichten nicht nachkommt, lediglich schadensersatzpflichtig machen, da auf der Ebene der Gleichordnung der Staaten im Völkerrecht die gewaltsame Durchsetzung von Vertragsansprüchen gegen den Willen des Vertragspartners unzulässig ist.

[31] Art. 63 Abs. 1, 64 Abs. 1 und 67 GG.

[32] Zum einen die Rotationsentscheidung: s. NdsStGH vom 5. Juni 1985, NJW 1985, S. 2319ff.

Zum anderen die Entscheidung des Verfassungsgerichtes für das Land Nordrhein-Westfalen vom 15. September 1986, DVBl. 1986, S. 1196ff., welche das nordrhein-westfälische Sparkassengesetz insoweit für verfassungswidrig erklärte, als es vorsah, daß die dem Verwaltungsrat der Sparkasse angehörenden Sparkassendienstkräfte nicht mehr wie bisher von der Vertretung des Gewährträgers, sondern von den Dienstkräften der Sparkasse unmittelbar gewählt werden sollten. Vornehmlich geht es in dieser Entscheidung zwar um die Frage der demokratischen Legitimation der Sparkassen, die hoheitlich organisiert sind, und nicht um das repräsentative Element. Aber dennoch sei auf diese Entscheidung hingewiesen und auch auf *Bethge*, Volkslegitimation für Rundfunkräte, DVBl. 1987, S. 633 ff., der eine Übertragung dieser Grundsätze auf den öffentlich-rechtlichen Rundfunk ablehnt, da dieser keine Staatsgewalt ausübe. Die Form der öffentlich-rechtlichen Ausgestaltung stehe dem nicht entgegen.

Achtes Kapitel

Die Rechtsprechung im einzelnen

I. Das Verbot von Plebisziten auf Länderebene, die Bundesangelegenheiten betreffen

Am 27. Mai 1958 setzte aufgrund eines Antrages der Bundesregierung der 2. Senat des Bundesverfassungsgerichtes im Wege einer einstweiligen Anordnung die Durchführung der auf den 8. Juni 1958 anberaumten Volksbefragung gemäß dem hamburgischen Gesetz betreffend die Volksbefragung über Atomwaffen vom 9. Mai 1958 bis zu einer Entscheidung in der Hauptsache aus[1].

Die Bundesregierung hatte ihren Antrag u. a. damit begründet, daß der Streit um das Gesetz Fragen der repräsentativen Demokratie aufwerfe. Werde die Volksbefragung in Hamburg durchgeführt, so sei dadurch ein Einbruch in die grundgesetzliche Ordnung der repräsentativen Demokratie vollzogen, der nicht rückgängig gemacht werden könne[2].

Nach dem Urteil des Bundesverfassungsgerichtes war der Vollzug des Gesetzes auszusetzen, da die Entscheidung in der Hauptsache die Interpretation fundamentaler Verfassungsprinzipien erfordert. Eine – wenn auch nur einmalige und im Glauben an die Verfassungsmäßigkeit der Maßnahme – begangene Verletzung solcher Verfassungsprinzipien muß als schwerer Nachteil für das gemeine Wohl angesehen werden[3].

In der Hauptsacheentscheidung vom 30. Juli 1958, einer abstrakten Normenkontrolle, wurde nicht nur das hamburgische Gesetz, sondern auch das bremische Gesetz betreffend die Volksbefragung über Atomwaffen, welches während des einstweiligen Anordnungsverfahrens am 20. Mai 1958 erlassen worden war, für nichtig erklärt[4].

---

[1] BVerfGE vom 27. Mai 1958, II, 7, 367f. Die Wahlberechtigten in Hamburg sollten folgende drei Fragen beantworten:
„1. Sind Sie für eine Ausrüstung der Bundeswehr mit atomaren Waffen?
2. Sind Sie für eine Lagerung von Atomwaffen auf dem Gebiet der Bundesrepublik?
3. Sind Sie für die Errichtung von Abschußbasen für Atomraketen im Gebiet der Bundesrepublik?“

[2] BVerfGE II, 7, 367, 369.

[3] BVerfGE II, 7, 367, 373.

[4] BVerfGE vom 30. Juli 1958, II, 8, 104.

In der Begründung grenzte das Bundesverfassungsgericht die Volksbefragung von der Meinungsforschung und der Statistik ab. Der Boden der Statistik ist dann verlassen, wenn der Wähler als solcher in einem Verfahren angesprochen wird, das dem einer Wahl gleicht und wenn die Statistik ihren „dienenden Charakter" verliert und durch den Zweck, politische Aktionen zu bewirken, einen unmittelbar fordernden Charakter einnimmt[5]. Die Meinungsforschung beruht auf der Analysierung einer nuancierten *Stellungnahme* eines „repräsentativen" Querschnitts der Bevölkerung zu einer Vielzahl von Teilfragen, wobei die eigentliche Stellungnahme dann erst in einem zweiten Schritt gefunden wird. Meinungsforschung läßt konditionale Antworten und Antworten mit Einschränkungen und Vorbehalten zu[6]. Das Grundgesetz geht als selbstverständlich von der in der Demokratie bestehenden Notwendigkeit einer „politischen Willensbildung des Volkes" aus, wenn es in Art. 21 GG von den Parteien sagt, daß sie daran mitwirken. Die Unterscheidung zwischen öffentlicher Meinungsbildung durch alle relevanten politischen Gruppen und der Volksbefragung läßt sich nach dem Bundesverfassungsgericht danach bestimmen, ob die Willenserforschung eine Veranstaltung des gesellschaftlich-politischen oder des staatsorganschaftlichen Bereiches ist oder – anders ausgedrückt – in welcher Eigenschaft der Befragte angesprochen und zur Beantwortung aufgerufen wird. Geschieht dies als Bürger im *status activus*, so ist der Bereich der öffentlichen Meinungsbildung verlassen[7]. Ganz im Sinne der hier vorgesellten Repräsentationskonzeption führt das Bundesverfassungsgericht dann aus:

> „Während die im gesellschaftlich-politischen Raum erfolgende Bildung der öffentlichen Meinung und die Vorformung der politischen Willensbildung des Volkes sich ungeregelt und durch alle verfassungsrechtlich begrenzten Kompetenzräume hindurch unter Mitbeteiligung aller lebendigen Kräfte nach dem Maße ihres tatsächlichen Gewichts und Einflusses vollziehen, ist das Tätigwerden als Staatsorgan" ... „durch Kompetenznormen verfassungsrechtlich begrenzt"[8].

Wenn auch der Hauptentscheidungsgrund für die Erklärung der Nichtigkeit der angesprochenen Landesgesetze im kompetenzrechtlichen Bereich liegt, so läßt sich doch gerade aus den Entscheidungsgründen deutlich die Trennlinie zwischen der ersten Ebene der Teilhabeform ziehen, wenn der Bürger im *status activus* auftritt und der zweiten, wenn er am Repräsentationsdialog teilnimmt. Diese Unterscheidung entspricht exakt dem Repräsentationsverständnis, welches im zweiten Teil der Abhandlung entwickelt wurde[9]. Die Technik der – wenn auch konsultativen[10] – Volksbefragung ver-

---

[5] Vgl. BVerfGE II, 8, 104, 111f.

[6] Vgl. BVerfGE II, 8, 104, 112.

[7] Vgl. BVerfGE II, 8, 104, 113f.

[8] BVerfGE II, 8, 104, 115f.

[9] S.o. 6. Kap., S. 137ff.

[10] Dabei stellt das Bundesverfassungsgericht ausdrücklich fest, daß das Volk auch bei einer „nur konsultativen Volksbefragung" an der Ausübung von Staatsgewalt

läßt die zweite Ebene der Teilhabeform und greift unmittelbar in die erste Ebene ein. Ein solcher Durchbruch nimmt den Repräsentanten die Fähigkeit, auf diesem und auf allen davon abhängigen Gebieten, den Volkswillen zu verkörpern, was ja auch der Zweck der Auseinandersetzung war. Damit würden sie partiell und bezogen auf die integrierte Gemeinwohlverpflichtung ganz entscheidend aus ihrer Verantwortung entlassen werden, konsensfähige Lösungen zu finden, die nach der Abwägung mit den sonstigen – in der Volksbefragung nicht unmittelbar angesprochenen – Interessen gefunden werden könnten. Diese Integrationsmöglichkeiten und die Verantwortung der Repräsentanten würden durch dieses Verfahren eliminiert. Es gilt das „Alles-oder-Nichts-Prinzip" bezüglich einer – wenn auch nicht unbedeutenden – Sachfrage; integrationsfähige, vermittelnde Lösungen werden ausgeschieden. Die 1961 nachfolgende Bundestagswahl kann zwar nicht als Plebiszit über alle während der vergangenen Wahlperiode gefällten Einzelentscheidungen interpretiert werden, aber im Nachhinein zeigte sich gerade in dieser Frage ein gewisser Grundkonsens, denn die Parteien hatten bezüglich des Themas der Atombewaffnung eindeutig und konträr Stellung genommen. Dennoch kann dies nur Indizwirkung haben, da der notwendig vorgegebenen Personenwahl bzw. der von Personenvereinigungen (Parteien)[11] immer ein nicht auflösbares komplexes Bündel von Sachproblemen zugrunde liegt. Durch die Wahl der Repräsentanten bekommen diese lediglich die Legitimation für ihr zukünftiges repräsentatives Handeln und Entscheiden, der damit verbundene Vertrauensvorschuß[12] basiert jedoch in der Regel auf der Gesamtheit der Erfahrungen der Wähler aus der Vergangenheit.

Dem Urteil des 2. Senates des Bundesverfassungsgerichts vom gleichen Tage, welches feststellte, daß das Land Hessen gegen den Grundsatz bundesfreundlichen Verhaltens verstoßen hat, indem die hessische Landesregierung es unterlassen hat, durch den Minister des Inneren die Beschlüsse hessischer Gemeinden über die Durchführung amtlicher Befragungen der Gemeindebürger über Atomwaffen in der Bundesrepublik aufzuheben oder aufheben zu lassen[13], liegt die gleiche Argumentation zugrunde, so daß es keiner weiteren Erörterung bedarf.

---

teilnimmt, s. BVerfGE, II, 8, 104, 118. Aufgrund dieser eindeutigen Aussage erscheint es als schwer nachvollziehbar, wenn *Pestalozza,* Volksbefragung – das demokratische Minimum, NJW 1981, S. 733, 735, sich für die Einführung der konsultativen Befragung ohne den „umständlichen Weg der Verfassungsänderung" ausspricht.

[11] Der Volkswille läßt sich notwendig immer nur durch Personen mit subjektivem Erkenntnishorizont verkörpern. Es sei an *Rousseau,* Contrat social, 2. Buch, 7. Kap., S. 72, erinnert: „Es bedürfte göttlicher Wesen, um den Menschen Gesetze zu geben".

[12] S.o. 6. Kap., V, S. 144.

[13] BVerfGE vom 30. Juli 1958, II, 8, 122, 124. Vgl. dort auch die Argumentation des Landes Hessen (S. 136).

II. Wahlen und Wahlbewerber

Auf die Bedeutung der Chancengleichheit der Wahlbewerber für die repräsentative Demokratie wurde bereits hingewiesen[14]. Zwar vollzieht sich der Prozeß der Repräsentation dynamisch während der Wahlperiode unter der Gewissenspflicht des Repräsentanten, das regulative System aufrechtzuerhalten und aktiv an ihm teilzuhaben, so daß der Prozeß der Repräsentantenauslese in den Hintergrund tritt[15]. Für die demokratische Legitimation des Repräsentanten in der repräsentativen Demokratie ist die Chancengleichheit bei der Wahl jedoch ein zentrales Erfordernis. Im übrigen läßt sich die Abweichungswahrscheinlichkeit des Ergebnisses der Gesamtrepräsentation vom Willen des Volkes nur dann minimieren, wenn Chancengleichheit für die Bewerber besteht.

Bereits am 5. April 1952 hatte das Bundesverfassungsgericht über die Frage eines Quorums für den Verhältnisausgleich zwischen den politischen Parteien in Höhe von 7,5% zu entscheiden[16]. Der Südschleswigsche Wählerverband (SSW) sah in der Erhöhung des Quorums von zuvor 5 auf 7,5% einen offensichtlichen Mißbrauch der Parlamentsmehrheit, die gegen ihn gerichtet sei, im übrigen verlange eine allgemeine Regel des Völkerrechts, daß nationale Minderheiten wie die dänische Volksgruppe, die sie vertritt, im Parlament repräsentiert sein müßten.

Dieser Sichtweise konnte sich das Bundesverfassungsgericht nicht anschließen[17]. Allerdings sah es die konkrete Einführung eines Quorums von 7,5% im Lande Schleswig-Holstein als eine Verletzung des Grundsatzes der Gleichheit der Wahl an, weil der regional starke SSW damit wie eine Splitterpartei behandelt werde[18].

Andererseits wies das Bundesverfassungsgericht mit Urteil vom 23. Januar 1957 den Antrag der Bayernpartei München (BP) in einem Organstreitverfahren gegen den Deutschen Bundestag ab, nach welchem jener durch Erlaß des § 6 Abs. 4 BWG vom 7. Mai 1956 gegen die Art. 3, 21 und 38 GG verstoßen habe[19]. Während die 5%-Klausel im Wahlgesetz für den ersten

---

[14] S.o. 7. Kap., S. 149.

[15] S.o. 6. Kap., III 2, S. 142.

[16] BVerfGE vom 5. April 1952, II, 1, 208.

[17] BVerfGE II, 1, 208, 239 bzgl. des Vorsatzes der bewußten Ausschaltung und S. 239ff. bzgl. des Schutzes nationaler Minderheiten. „Das Parlament repräsentiert das Volk als politische Einheit. Daraus ergibt sich, daß alle politischen Parteien gleich behandelt werden müssen." (S. 241). Deshalb sei es widersprüchlich, unter Berufung auf die Chancengleichheit eine Sonderbehandlung zu verlangen.

[18] BVerfGE II, 1, 208, 260: „Diese Modifikation der gleichen Wettbewerbschancen der politischen Parteien ist daher mit dem Grundsatz der Gleichheit der Wahl nicht vereinbar." Vgl. auch (S. 252): „Aus der vorhergehenden Epoche des Mehrheitswahlrechtes wirkt der Gedanke nach, daß eine Partei, die in einem lokal abgegrenzten Wahlgebiet stark vertreten ist, repräsentationswürdiger ist als eine Partei, die ihre verstreuten Stimmen aus dem ganzen Lande zusammentragen muß."

Deutschen Bundestag noch auf jedes Bundesland bezogen gewesen war, forderten die Regelungen für den zweiten (§ 9 Abs. 4 BWG v. 8.07.1953) und dritten (§ 6 Abs. 1 BWG v. 7.05.1956) Deutschen Bundestag die bundesweit bezogene Erfüllung der 5%-Klausel mit Ausnahme der nationalen Minderheiten. Die Bayernpartei München sah in dieser Änderung eine Ausschaltung von politisch bedeutsamen Regionalparteien, die gegen die Wahlrechtsgleichheit verstoße.

In der Urteilsbegründung führte das Bundesverfassungsgericht u. a. aus: „Die Verhältniswahl setzt Wahllisten voraus, die von den politischen Parteien als Repräsentanten der im Volke vorhandenen politischen Meinungen aufgestellt wurden“[20].

„Die Wahl hat aber nicht nur das Ziel, den politischen Willen der Wähler als einzelner zur Geltung zu bringen, also eine Volksrepräsentation zu schaffen, die ein Spiegelbild der im Volk vorhandenen politischen Meinungen darstellt, sondern sie soll auch ein Parlament als funktionsfähiges Staatsorgan hervorbringen.“[21] Deshalb sei die Ausschaltung von Splitterparteien ein Anliegen der Verfassung. Diese könne aber nicht schon durch das Erfordernis eines Unterschriftenquorums vor der Wahl erreicht werden, da dieses relativ niedrig sein müsse, damit dem Wählerwillen möglichst wenig vorgegriffen werde. „Das Unterschriftsquorum wirkt allerdings auch schon der Stimmenzersplitterung entgegen und verfolgt insofern auch den Zweck, die Bildung handlungsfähiger und wahrhaft repräsentativer Verfassungsorgane zu ermöglichen.“[22] Diese Einschränkung könne aber nicht verhindern, daß Parteien, die die Zulassungserfordernisse erfüllten, immer noch Splitterparteien blieben. Auch brauche der Bundesgesetzgeber bei der Wahl zum Bundestag als dem unitarischen Verfassungsorgan des Bundes föderative Gesichtspunkte nicht zu berücksichtigen[23].

Die Ausschaltung von Splittergruppen verletzt den dynamischen Prozeß der Repräsentation nicht; durch eine angemessene Größe des Parlamentes muß nur gewährleistet sein, daß die Abweichungswahrscheinlichkeit vom Volkswillen durch die notwendigerweise subjektive Artikulierung desselben durch einen jeden Abgeordneten möglichst gering gehalten wird. Wenn das Bundesverfassungsgericht von den politischen Parteien als den Repräsentanten der im Volke vorhandenen politischen Meinungen spricht, so ist das vom Wesen und Begriff der Repräsentation aus betrachtet sicherlich zutreffend. Es muß aber klargestellt werden, daß die Parteien unmittelbar keine Repräsentanten im System der repräsentativen Demokratie sind. Diesbe-

---

19 BVerfGE vom 23. Januar 1957, II, 6, 84, 85.

20 BVerfGE II, 6, 84, 90.

21 BVerfGE II, 6, 84, 92.

22 BVerfGE II, 6, 84, 98.

23 BVerfGE II, 6, 84, 99.

züglich kann es allein auf die repräsentative Stellung der Abgeordneten ankommen.

Zum Problem des Unterschriftenquorums hatte das Bundesverfassungsgericht bereits in einem Urteil vom 1. August 1953 auf die Verfassungsbeschwerde der 1952 gegründeten Gesamtdeutschen Volkspartei entschieden, daß § 26 Abs. 1 BWG vom 8.07.1953 insoweit verfassungswidrig ist, wie Wahlvorschläge 500 Unterschriften haben müssen[24]. Der Wählerentscheidung darf demnach auch im Interesse eines geordneten Wahlverfahrens nur in ganz begrenztem Maße vorgegriffen werden. „Die Entscheidung über den Wert des Programms einer politischen Partei und über ihr Recht, an der Bildung des Staatswillens mitzuwirken, kann allein von den Wählern getroffen werden; hier liegt die ursprünglichste und wichtigste Äußerungsform der repräsentativen Demokratie überhaupt."[25] Dem ist sicherlich unter dem Gesichtspunkt des Erfordernisses der demokratischen Legitimation einer jeden Demokratie zuzustimmen.

Auch durch die Rechtsprechung in bezug auf die Wahlkampfkostenerstattung hat das Bundesverfassungsgericht das Recht auf gleiche Teilhabe an der politischen Willensbildung in begrüßenswerter Weise erheblich gestärkt. In einem Urteil vom 3. Dezember 1968 zum Parteiengesetz hat es u. a. entschieden, daß der Deutsche Bundestag und der Bundesrat gegen Art. 21 Abs. 3 und Art. 3 Abs. 1 GG verstoßen haben, indem sie in § 22 des Gesetzes über die politischen Parteien vom 24. Juli 1967 die Länder ermächtigt haben, die Erstattung der Kosten für Landtagswahlkämpfe und die Abschlagszahlungen davon abhängig zu machen, daß eine Partei 2,5 vom Hundert der Zweitstimmen erreicht hat[26]. Als Maßstab setzte es vielmehr 0,5% der Zweitstimmen, da nach den Ergebnissen der vorangegangenen Bundestagswahlen eine solche Partei nur wenig Aussicht hat, bei der nächsten Wahl die 5%-Sperrklausel des Verhältniswahlrechtes zu überspringen[27].

In einem Beschluß vom 9. März 1976 stellte es dann auf die Verfassungsbeschwerde eines parteiunabhängig kandidierenden Bewerbers fest, daß nicht nur den Parteien, sondern auch diesem grundsätzlich die Wahlkampfkosten zu erstatten sind, da durch diese Ungleichbehandlung der Beschwerdeführer in seinem Recht auf Chancengleichheit aus Art. 38 Abs. 1 S. 1 GG verletzt ist[28].

---

[24] BVerfGE vom 1. August 1953, I, 3, 19.
[25] BVerfGE I, 3, 19, 26.
[26] BVerfGE vom 3. Dezember 1968, II, 24, 299.
[27] BVerfGE II, 24, 299, 342f.
[28] BVerfGE vom 9. März 1976, II ,41, 399, 400.

III. Die Stellung des Abgeordneten

1. Der Status der Mandatsträger verfassungswidriger Parteien

Bereits ein reichliches Jahr nach der Aufnahme seiner Amtsgeschäfte im Jahre 1951 hatte der 1. Senat des Bundesverfassungsgerichts im SRP-Urteil vom 23. Oktober 1952[29] die Gelegenheit, grundsätzlich zur Frage des Verhältnisses zwischen einer Partei und ihren Abgeordneten Stellung zu nehmen. Mit der Entscheidung der Verfassungswidrigkeit der Sozialistischen Reichspartei, welche am 2. Oktober 1949 gegründet worden war, mußte auch über das weitere Schicksal der Bundestags- und Landtagsmandate ihrer Abgeordneten entschieden werden. Das Urteil stellt in aller wünschenswerten Klarheit fest, daß die Mandate der Abgeordneten, die auf Grund von Wahlvorschlägen der Sozialistischen Reichspartei gewählt sind oder zur Zeit der Urteilsverkündung der Sozialistischen Reichspartei angehören, ersatzlos wegfallen[30].

Zur Begründung wird eingangs die Doppelstellung des Abgeordneten, der einerseits Vertreter des gesamten Volkes und gleichzeitig andererseits Exponent einer konkreten Parteiorganisation sei[31], angeführt. Zwischen beiden Regelungen bestehe ein besonderes Spannungsverhältnis, welches sich theoretisch nur schwer lösen lasse. Im Wege der Auslegung müsse daher entschieden werden, welche konkrete verfassungsrechtliche Frage das höhere Gewicht habe[32].

Dergestalt in die Problematik eingeführt, wäre nunmehr die Auflösung des aufgezeigten Spannungsverhältnisses zugunsten des Art. 21 GG zu erwarten, aber gerade dieses geschieht nicht, jedenfalls nicht ausdrücklich[33]. Das Bundesverfassungsgericht löst das Problem auf anderem Wege, indem eine verfassungswidrige Partei gerade am verfassungsrechtlichen Schutz des Art. 21 GG nicht teil hat, da sinnvollerweise nur verfassungsgemäße Parteien an der „Inkorporation" der Parteien in das Verfassungsgefüge partizipieren können. Eine Partei, die die freiheitlich demokratische Grundordnung bekämpft, genießt nicht den Schutz der Verfassung. Im Wege der teleologischen Interpretation des Art. 21 Abs. 2 GG kommt das Bundesverfassungsgericht zu dem weitergehenden Ergebnis, daß eine verfassungswidrige Partei nicht nur aus dem Schutzbereich des Art. 21 Abs. 1

---

[29] Feststellung der Verfassungswidrigkeit der Sozialistischen Reichspartei, BVerfGE I, 2, 1.

[30] Unter I 4 der Entscheidungsformel, s. BVerfGE I, 2, 1, 2.

[31] BVerfGE I, 2, 1, 72.

[32] BVerfGE I, 2, 1, 73.

[33] Insofern ist auch die Kommentierung von *Henke,* Art. 21 GG, Rdnr. 20 zumindest ungenau, wenn er unreflektiert ausführt, das Bundesverfassungsgericht habe seine Entscheidung damit begründet, daß im Widerstreit von Art. 21 und Art. 38 GG die erstere Bestimmung vorgehe.

GG auszuscheiden hat, sondern daß eine solche Partei generell nicht mehr an der politischen Willensbildung des Volkes mitwirken darf. Dazu reicht es aber nicht aus, daß der organisatorische Apparat aufgelöst wird; die Ideen einer verfassungswidrigen Partei müssen selbst aus dem Prozeß der politischen Willensbildung ausgeschieden werden, was nur über den Mandatsverlust der wesentlichen Exponenten einer solchen Partei, der Abgeordneten, erreicht werden kann[34]. Dieser Mandatsverlust ergibt sich nach den Ausführungen des Bundesverfassungsgerichts derart zwingend aus der Feststellung der Verfassungswidrigkeit einer Partei, daß er als deren unmittelbare gesetzliche Folge angesehen werden muß[35]. Die zweite Frage, wie das eingangs erörterte Spannungsverhältnis zu beurteilen ist, wird dann nur noch tangential behandelt, indem auf den verbleibenden eigenständigen Regelungsgehalt des Art. 38 GG für Abgeordnete verfassungsgemäßer Parteien verwiesen wird[36].

Knapp 4 Jahre nach dem SRP-Urteil stellte der 1. Senat des Bundesverfassungsgerichts die Verfassungswidrigkeit der KPD fest[37]. In der Frage des Mandatsverlustes konnte nunmehr in knappen Sätzen auf das SRP-Urteil verwiesen werden[38]. Das umfangreiche Urteil bedarf aber dennoch der besonderen Erwähnung, da es, wenn auch in anderem Zusammenhang[39], die Frage des Verhältnisses von Art. 21 und 38 GG aufgreift.

Die KPD vertrat die Ansicht, daß durch außerparlamentarische Aktionen die gewählten Abgeordneten stets und ständig an den Willen des Volkes und ihre Pflichten erinnert werden müßten[40]. Das Bundesverfassungsgericht leitete u. a. daraus die ablehnende Haltung der KPD gegenüber dem tragenden Prinzip der freiheitlichen Demokratie ab. Denn wenn in außerparlamentarischen Aktionen die Abgeordneten an „die gegenüber ihren Wählern übernommenen Pflichten" erinnert werden sollen, werde das Prinzip der geheimen Wahl verletzt[41].

Ganz allgemein kann dieser Grundsatz in der repräsentativen Demokratie nicht gelten, denn zum dynamischen Prozeß der Repräsentation gehört ja gerade die einflußsuchende Betätigung des Souveräns auf der Ebene des regulativen Systems. Das Bundesverfassungsgericht läßt diese Aussage auch nicht uneingeschränkt, sondern führt fort, daß außerparlamentarische

---

[34] BVerfGE I, 2, 1, 73.

[35] BVerfGE I, 2, 1, 74.

[36] BVerfGE I, 2, 1, 74.

[37] Urteil vom 17. August 1956, BVerfGE I, 5, 85.

[38] BVerfGE I, 5, 85, 392. Im übrigen war die KPD zum Zeitpunkt der Auflösung nur in den Parlamenten von Bremen und Niedersachsen vertreten, wobei diese Länder die Folgen des Mandatsverlustes bereits gesetzlich geregelt hatten.

[39] BVerfGE I, 5, 85, 233f.

[40] BVerfGE I, 5, 85, 231.

[41] BVerfGE I, 5, 85, 232.

Aktionen an sich „verfassungsrechtlich nicht zu beanstanden sind“[42]. Solche Aktionen seien aber ein Indiz im Sinne des Art. 21 Abs. 2 GG.

Diese Interpretation ist für sich allein genommen als zu eng abzulehnen, da die über den Wahlakt hinausgehende Rückkopplung im regulativen System u. a. von solchen Aktivitäten lebt. Das Problem liegt tiefer. Wie bereits ausgeführt[43], gehört es zur Doktrin des kommunistischen Demokratieverständnisses, daß nicht der tatsächlich gegebene Volkswille, sondern ein hypothetisch-fiktiver, „bessernder“ Volkswille, durchgesetzt werden soll, den in der Praxis die Machthaber zu interpretieren berufen seien. Auf diesem Aspekt beruhen auch die übrigen Argumentationslinien des Bundesverfassungsgerichtes[44]. Eine Partei, die auf einen Zustand hinwirkt, welcher die Opposition des tatsächlich gegebenen Volkswillens nicht dulden kann, ist sicherlich eine Gefahr für die demokratische Ordnung und kann sich dafür nicht auf den Schutz der Verfassung berufen, den sie letztlich nur benutzen will, um ein anderes System errichten zu können, welches für die Regierenden nicht die regelmäßig wiederkehrende Beschwerlichkeit des Ringens um die Wählergunst zur Voraussetzung hat.

Trotzdem ist – wenigstens inzident – für jeden Mandatsträger einer solchen Partei im Bund und in den Ländern zu prüfen, ob sie tatsächlich als „verlängerter Arm“ ihrer Partei im Leibholzschen Sinne[45] auftreten. Liegen hingegen Indizien für eine Ausnahme vor – denn unter rechtlicher Sicht ist und bleibt der Abgeordnete gemäß Art. 38 Abs. 1 S. 2 GG unabhängig von seiner Partei – so müssen solche Abgeordneten, auch wenn sie noch nicht bis zum Abschluß des Verfahrens ihren Austritt aus der Partei erklärt und inhaltlich vollzogen haben, von der pauschalen Regelung des Mandatsverlustes ausgenommen werden. In den bisherigen praktischen Entscheidungen im Falle der SRP und der KPD hatte das Bundesverfassungsgericht jedoch keine Veranlassung, dies ausdrücklich in den Urteilsbegründungen zu prüfen.

Ausdrückliche Ausführungen finden sich hingegen zum Spannungsverhältnis zwischen Art. 38 Abs. 1 S. 2 und Art. 21 GG. Dabei stellt das Bundesverfassungsgericht auf „die Tatsache“ ab, „daß in den modernen Massendemokratien die Abgeordneten nur über die politischen Parteien und als Repräsentanten der in ihnen verkörperten politischen Kräfte und Interessen ins Parlament gelangen“.[46] Daß diese Tatsache in einem gewissen Spannungsverhältnis zu Art. 38 Abs. 1 S. 2 GG steht, wird ausdrücklich festgestellt. Weiter führt es aus: „Vom Boden der Grundanschauungen der freien

[42] BVerfGE I, 5, 85, 232.

[43] S.o. 6. Kap., VII 2, S. 148.

[44] S. BVerfGE I, 85, 231 und 234.

[45] *Leibholz,* Wesen, S. 257, s.o. 4. Kap., III 2, S. 96f.

[46] BVerfGE I, 5, 85, 233.

Demokratie aus läßt sich diese Spannung lösen: die Parteien dieser Staatsordnung müssen ihre Aufgabe darin sehen, in Konkurrenz mit anderen Parteien an der Willensbildung ‚des Volkes', d. h. hier der staatlich organisierten Gesellschaft, mitzuwirken."[47] Daraus leitet es dann für die Parteien die Pflicht ab, – bei aller Parteilichkeit in bezug auf die Einzelanliegen – die legitime Vertretung von Gruppeninteressen nur als Durchgangspunkt, als Mittel einzusetzen, um den Interessen des ganzen Volkes zu dienen[48]. So sehr diesen Ausführungen zuzustimmen ist, so wenig lösen sie aber das angesprochene Spannungsverhältnis. Dieses läßt sich auch nicht theoretisch auflösen, sondern ermöglicht das Funktionieren der repräsentativen Demokratie in ihren zwei Ebenen der politischen Teilhabe des Souveräns.

Mit dem Kernbereich des freien Mandates nach Art. 38 Abs. 1 S. 2 GG wäre also eine „unreflektierte Automatik des Mandatsverlustes" nicht zu vereinbaren, zumal Art. 18 GG hierfür das Mittel zur Verfügung stellt, um auf den Einzelfall einzugehen[49]. Dies ließe sich auch praktisch verwirklichen, da die Zahl solcher Abgeordneten in der Regel sehr gering sein wird.

2. Die Diäten

Das Schleswig-Holsteinische Gesetz über die Entschädigung der Abgeordneten des Schleswig-Holsteinischen Landtages vom 17. Juni 1952 bestimmte in § 2 Abs. 4: „Die Aufwandsentschädigung entfällt: a) für die Dauer der Mitgliedschaft eines Abgeordneten zum Bundestag, ...".

Ein Abgeordneter, der von Juni 1951 bis September 1953 sowohl dem Bundestag als auch dem Schleswig-Holsteinischen Landtag angehörte, sah darin zumindest einen Verstoß gegen den allgemeinen Gleichheitsgrundsatz[50]. Das Bundesverfassungsgericht teilte diese Auffassung nicht.

Im Rahmen der Zulässigkeitsprüfung des Antrages des Abgeordneten führte der 2. Senat im Urteil vom 16. März 1955 aus:

> „2. ob ein Abgeordneter" ... „einen Verfassungsstreit anhängig machen kann" ... „, hängt davon ab, ob er" ... „als ein mit eigenen Rechten ausgestatteter Teil eines obersten Landesorganes angesehen werden kann. Diese Frage ist zu bejahen. Das ergibt sich aus den Grundsätzen der liberal-repräsentativen Demokratie, zu der sich im Bund auch heute noch das Grundgesetz in Art. 38" ... „und in Schleswig-Holstein die Landessatzung in den Art. 9 Abs. 2 ff. bekennen."[51]

[47] BVerfGE I, 5, 85, 233.

[48] BVerfGE I, 5, 85, 234. S. dazu o. 6. Kap., S. 145 mit Anm. 31.

[49] Vgl. aber § 46 Abs. 1 Nr. 5 BWG, danach verliert der Abgeordnete durch Feststellung der Verfassungswidrigkeit der Partei oder der Teilorganisation einer Partei, der er angehört, durch das Bundesverfassungsgericht nach Art. 21 Abs. 2 des Grundgesetzes die Mitgliedschaft im Bundestag. Der Begriff „angehört" ist verfassungskonform nicht formal-schematisch zu interpretieren, sondern inhaltlich.

[50] BVerfGE vom 16. März 1955, II, 4, 144, 147.

[51] BVerfGE II, 4, 144, 148.

Auch wenn die moderne parlamentarische Demokratie in Bund und Ländern durch Art. 21 GG verfassungsrechtlich sanktioniert sei, ergebe sich aber aus den Bestimmungen über die Abgeordneten, „daß die Verfassungen bestimmte Konsequenzen aus der Entscheidung des Grundgesetzes zugunsten des modernen Parteienstaates, die zu einer Aufhebung des repräsentativen verfassungsrechtlichen Status des Abgeordneten führen würden, nicht haben ziehen wollen." Dem einzelnen Abgeordneten wird „ein eigener verfassungsrechtlicher Status gewährt; ..."[52].

„Der Sinn" der Einführung von Diäten für die Mitglieder des Reichstages im Jahre 1906 „war, die Entschließungsfreiheit, die traditionsgemäß zum Wesen des parlamentarischen Repräsentativsystems gehört, zu sichern und damit die Abgeordneten in die Lage zu versetzen, die sich aus ihrem repräsentativen verfassungsrechtlichen Status ergebenden Rechte und Pflichten in Freiheit auszuüben."[53] . . . „Ohne diesen Bezug auf den repräsentativen Status des Abgeordneten können die Verfassungsbestimmungen über die Aufwandsentschädigung in ihrer grundsätzlichen Bedeutung nicht richtig verstanden werden."[54]

„Im Zuge der in einer Reihe von Staaten zu beobachtenden Entwicklung von der liberal-repräsentativen zur parteienstaatlichen Demokratie scheint in der politisch-gesellschaftlichen Wirklichkeit auch der Charakter der Aufwandsentschädigung sich allmählich zu wandeln. Je mehr nämlich die Abgeordneten von ihrem früheren repräsentativen Status einbüßen, um so weniger wird die Aufwandsentschädigung ihren ursprünglichen Sinn erfüllen können, die Unabhängigkeit des einzelnen Abgeordneten sicherzustellen. Es ist daher kein Zufall, daß die Aufwandsentschädigung in einigen Staaten sich mehr und mehr einem Entgelt für die im Parlament geleisteten Dienste annähert und den Charakter einer Besoldung oder eines Gehaltes annimmt.

Angesichts dieser Sachlage kommt es entscheidend darauf an, aus dem anzuwendenden Verfassungsrecht selbst zu ermitteln, welches politische Prinzip – das der liberal-repräsentativen Demokratie oder des demokratischen Parteienstaates – der Abgeordnetenentschädigung das entscheidende Gepräge gibt. Wortlaut und immanenter Sinngehalt der Landessatzung für Schleswig-Holstein sind eindeutig. Die Bestimmung über die Entschädigung hat bewußt auch in der äußeren Form an die alte Tradition angeknüpft, ebenso wie dies etwa bei den Immunitätsbestimmungen und den Prinzipien der Fall ist, die im Bunde in Art. 38 GG niedergelegt sind. Dieser eindeutige Wille des Verfassungsgesetzgebers muß respektiert werden."[55]

Sechs Wochen vor dem Ausscheiden des Verfassungsrichters Leibholz aus dem 2. Senat des Bundesverfassungsgerichts entschied dann dieser[56] in

---

[52] BVerfGE II, 4, 144, 149.
[53] BVerfGE II, 4, 144, 150.
[54] BVerfGE II, 4, 144, 150.
[55] BVerfGE II, 4, 144, 151.
[56] Auch wenn Leibholz selbst mit zwei anderen Richtern den Anspruch auf rückwirkende Einbeziehung des ausgeschiedenen Abgeordneten in die Altersversorgung für begründet hielt, so betonte er gerade besonders seine Zustimmung zu den Passa-

einem Beschluß vom 21. Oktober 1971 aufgrund einer Verfassungsbeschwerde eines ehemaligen Abgeordneten des Hessischen Landtages, daß im Zuge der durch Art. 21 GG geprägten Entwicklung von der liberalen parlamentarisch-repräsentativen Demokratie zu einer mehr radikal-egalitären parteistaatlichen Demokratie die Abgeordneten in Bund und Ländern gewährte Aufwandsentschädigung zunehmend zu einem Gehalt oder einer Besoldung geworden ist. „Das Abgeordnetenruhegeld ist ein Annex dieser Besoldung“.[57]

Vier Jahre später erfolgte dann eine erneute Überprüfung des Charakters der Diäten im Zusammenhang mit der eingeführten Steuerpflichtigkeit derselben. Nach der einführenden Wiedergabe der Grundsätze der ersten Entscheidung von 1955[58] bestätigte das Bundesverfassungsgericht den Eintritt der dort angekündigten Entwicklung, allerdings nur in bezug auf den Charakter der Diäten, nicht jedoch der repräsentativen Stellung des Abgeordneten allgemein: „Aus der Entschädigung des Inhabers eines Ehrenamtes ist die Bezahlung für die im Parlament geleistete Tätigkeit geworden. Der Abgeordnete, der dadurch natürlich nicht ‚Beamter‘ geworden, sondern – vom Vertrauen der Wähler berufen – Inhaber eines öffentlichen Amtes, Träger des ‚freien Mandats‘ und ‚Vertreter des ganzen Volkes‘ geblieben ist, erhält nicht mehr bloß eine echte Aufwandsentschädigung, er bezieht aus der Staatskasse ein Einkommen.“[59]

Faßt man diese drei Entscheidungen zur Frage der Diäten zusammen, so muß man feststellen, daß der Qualifizierung derselben als ein Einkommen für Leistung im Zusammenhang mit der Parlamentsarbeit sicherlich zuzustimmen ist. Ihren repräsentativen Charakter haben die Abgeordneten durch die Leistungspflicht im Parlament nicht verloren. Im Gegenteil, die Repräsentation des Volkswillens findet während der Wahlperiode im Parlament statt, deshalb sind die Abgeordneten verpflichtet, zur Aufrechterhaltung und Ausfüllung des Prozesses der Repräsentation Leistungen zu erbringen. Daß diese Pflicht eine „Gewissenspflicht“ ist, welcher kein durchsetzbarer und klagbarer Anspruch korreliert, versteht sich auf der

---

gen des Beschlusses, die die repräsentative Stellung des Abgeordneten betreffen, s. BVerfGE vom 21. Oktober 1971, II, 32, 157, 171f.

[57] BVerfGE II, 32, 157, Leitsätze, vgl. auch S. 164.

[58] BVerfGE II, 4, 144, 151; s.o. 8. Kap., III 2, S. 196.

[59] BVerfGE vom 5. November 1975, II, 40, 296, 314. Vgl. auch die wiedergegebene Stellungnahme des Deutschen Bundestages: „Den Abgeordneten charakterisiere auch heute noch das freie Mandat; er sei nach wie vor Repräsentant des Gesamtvolkes. In Art. 38 GG habe das repräsentative Prinzip der Demokratie der Bundesrepublik Deutschland seinen klaren Ausdruck gefunden. An diesem repräsentativen Grundzug der Verfassung habe Art. 21 GG,“... „nichts geändert“ (S. 301). Zur abweichenden Stellungnahme des Verfassungsrichters Seuffert und zu dessen Vorwurf, daß im Urteil nicht deutlich genug festgestellt worden sei, daß aufgrund des „freien Mandats“ keiner einen Rechtsanspruch auf die Dienste des Abgeordneten haben kann, s. S. 334.

Grundlage des freien Mandates von selbst. Gleichwohl ist diese Pflicht auch rechtlich nicht irrelevant, wie sich noch zeigen wird, wenn es im Rahmen einer begehrten einstweiligen Anordnung zum Zwecke des vorläufigen Mandatserhaltes um das „Angebot" des Ruhenlassens des Mandates geht[60]. Der Rechtsordnung sind solche Pflichten nicht unbekannt, denn die als Rechtspflichten ausgestalteten Pflichten zur Erbringung von Dienstleistungen[61] und zur Eingehung und Herstellung der ehelichen Lebensgemeinschaft[62] vermögen doch keine vollstreckbaren Ansprüche[63] für die Gläubiger dieser Leistungspflichten zu begründen.

Mit der Rechtsprechung zu den Diäten[64], die von den Pflichten der Abgeordneten[65] und von den Leistungen im Parlament[66] spricht, ist die vorgestellte Konzeption der repräsentativen Demokratie[67] vollständig vereinbar. Die Bundestagsabgeordneten können sich also nach erfolgreicher Wahl nicht wie Lottogewinner fühlen, denen je ein in 48 Monatsraten zahlbarer Hauptgewinn in Höhe von derzeit ca. 400.000,-- DM zugefallen ist, sondern sie sind zur Leistung im Parlament – wenn auch nicht rechtlich einklagbar – verpflichtet.

3. Die Redezeit im Parlament

Das Thema einer atomwaffenfreien Zone in Europa beschäftigte den Deutschen Bundestag bereits im März 1958. Nach zweieinhalbtägiger Diskussion beschloß dieser am 25. März 1958, die weitere Aussprache auf acht Stunden zu begrenzen. Entsprechend der Fraktionsstärke erhielt die CDU 257, die SPD 167, die FDP 40 und die DP 16 Minuten.

Daraufhin beantragten mehrere Abgeordnete in einer Klage gegen den Deutschen Bundestag, das Bundesverfassungsgericht möge feststellen, daß die Beschlüsse, durch die der Bundestag die Redezeit begrenzte, wegen Verstoßes gegen Art. 38 GG verfassungswidrig und nichtig sind.

Durch Urteil[68] vom 14. Juli 1959 wies das Bundesverfassungsgericht die Anträge ab. In der Urteilsbegründung wird u. a. ausgeführt: „Art. 38 ver-

[60] S.u. 8. Kap., III 4, S. 167.
[61] Vgl. § 611 BGB.
[62] Vgl. § 1353 BGB.
[63] Vgl. § 888 Abs. 2 ZPO.
[64] Vgl. auch BVerfGE vom 29. Juni 1983, II, 64, 301.
[65] BVerfGE II, 4, 144, 150.
[66] BVerfGE II, 40, 296, 314.
[67] S.o. 6. Kap., S. 137ff.
[68] BVerfGE vom 14. Juli 1959, II, 10, 4. Vgl. auch zur „Rüge" BVerfGE vom 8. Juni 1982, II, 60, 374. Vgl. zum Rederecht allgemein vor allem *Abmeier*, Parlamentarische Befugnisse, S. 142ff. mit dem dort dargestellten Stand der wissenschaftlichen Diskussion.

leiht jedem Bundestagsabgeordneten eine gewisse Eigenständigkeit innerhalb des Bundestags."[69] ... „Die Redebefugnis ergibt sich zwar aus dem verfassungsrechtlichen Status des Abgeordneten. Ihre Ausübung unterliegt jedoch den vom Parlament kraft seiner Autonomie gesetzten Schranken."[70] Als Beispiele dafür werden der zeitweilige Ausschluß, die Entziehung des Wortes nach dem dritten Ordnungsruf, aber auch schon die Festsetzung der Tagesordnung und die Vertagung und Schließung der Beratung genannt. „Ihre Grenze finden solche Maßnahmen am Wesen und an der grundsätzlichen Aufgabe des Parlaments, Forum für Rede und Gegenrede zu sein."[71] Die Fraktionen werden als notwendige Einrichtungen des Verfassungslebens[72] bezeichnet, mit der Anerkennung der Parteien in Art. 21 GG erkenne das Grundgesetz auch sie an[73].

Auch dieser Entscheidung liegt der Gedanke zugrunde, daß jeder Abgeordnete Repräsentant des Volkswillens ist. Das heißt aber nicht, wie bereits ausgeführt[74], daß jeder das „Exklusivrecht" zur Interpretation des Volkswillens besitzt. Jeder Abgeordnete ist vielmehr als „Versuch" des Souveräns zu verstehen, daß seine notwendig subjektive Interpretation des Volkswillens diesem möglichst nahe komme. Durch eine große Zahl von Abgeordneten, die natürlich die Kommunikation im Parlament erschwert, wird die Abweichungswahrscheinlichkeit so gering wie möglich gehalten. Deshalb ist es unerläßlich, daß der einzelne Abgeordnete nicht durch ewiges Reden fahrlässig oder vorsätzlich Obstruktion betreiben kann, wenn er sich selbst als einen besonders „geglückten Versuch" der Volkswillensinterpretation ansieht. Ob eine zeitliche Limitierung einer Ausschaltung seiner Interpretation des Volkswillens gleichkommt, wird im Einzelfall zu entscheiden sein. Bei der Aufteilung von Redezeit müssen aber auch parteiunabhängige Abgeordnete – falls vorhanden – berücksichtigt werden. Gerade sie sehen ja ihre Interpretation des Volkswillens in den bestehenden Fraktionen nicht verkörpert. Eine besondere Bevorzugung kommt diesen dabei jedoch nicht zu, da dies das Gesamtergebnis ebenfalls verfälschen würde. Ein parteiunabhängiger Abgeordneter wird sich unter Umständen somit auf diesen oder jenen Zwischenruf beschränken müssen.

4. Die Pflicht zur Repräsentation

Durch Urteil des Bayerischen Obersten Landgerichts vom 16. Mai 1980 wurde ein bayerischer Landtagsabgeordneter wegen fünfjähriger Agenten-

69 BVerfGE II, 10, 4, 12.
70 BVerfGE II, 10, 4, 13.
71 BVerfGE II, 10, 4, 13.
72 Vgl. bereits BVerfGE vom 7. März 1953, II, 2, 143, 160 und 167.
73 BVerfGE II, 10, 4, 14.
74 S.o. 6. Kap., III 2, S. 141f.

tätigkeit zugunsten des Staatssicherheitsdienstes der DDR zu einer Freiheitsstrafe von zwei Jahren und sechs Monaten verurteilt. Zugleich erkannte ihm das Gericht auf die Dauer von drei Jahren die Fähigkeit ab, öffentliche Ämter zu bekleiden und Rechte aus öffentlichen Wahlen zu erlangen. Die gegen dieses Urteil gerichtete Revision des Abgeordneten verwarf der Bundesgerichtshof durch Beschluß vom 23. Januar 1981, so daß das Urteil rechtskräftig wurde.

Nach Art. 19 der Verfassung des Freistaates Bayern verlor der Abgeordnete mit dem rechtskräftigen Verlust seiner Wahlfähigkeit seine Rechte aus dem Landtagsmandat.

Parallel zu einer Verfassungsbeschwerde gegen das rechtskräftige Urteil beantragte er beim Bundesverfassungsgericht den Erlaß einer einstweiligen Anordnung mit dem Inhalt, die Vollziehung des Urteils des Bayerischen Obersten Landesgerichts bis zur Entscheidung über die Verfassungsbeschwerde auszusetzen, hilfsweise mit der Maßgabe, daß er das Abgeordnetenmandat im Bayerischen Landtag nicht ausüben dürfe.

Durch Beschluß vom 24. März 1981 lehnte das Bundesverfassungsgericht diesen Antrag ab[75].

Der Abgeordnete, der dem Bayerischen Landtag seit 1960 angehörte, nahm aus eigenem Entschluß im Hinblick auf den gegen ihn im Strafverfahren erhobenen Vorwurf sein Mandat bereits seit der Entdeckung seiner Tat und seiner Festnahme im Januar 1979 nicht mehr wahr.

In der Abwägung der Vor- und Nachteile, die bei einer einstweiligen Anordnung vorzunehmen ist, sah das Bundesverfassungsgericht die Nachteile als überwiegend an, wenn es die beantragte Anordnung erließe. Die Verfassungsbeschwerde in der Hauptsache könne im Erfolgsfalle lediglich zu einer Aufhebung des Urteils und zur Zurückverweisung an das Gericht führen, damit sei eine abschließende Klärung seiner Schuldfrage nicht vor Ablauf seiner 1982 regulär endenden Amtszeit als Abgeordneter zu erwarten. Zur Pflicht zur Repräsentation führt das Bundesverfassungsgericht aus:

> „Im demokratisch-parlamentarischen System des Grundgesetzes vollzieht sich die Repräsentation des Volkes im Parlament durch die Abgeordneten. Bei der Bildung des staatlichen Willens im parlamentarischen Bereich ist das Volk nur dann angemessen repräsentiert, wenn das Parlament als Ganzes an dieser Willensbildung beteiligt ist." . . . „Wird das Volk bei parlamentarischen Entscheidungen nur durch das Parlament als Ganzes, d. h. durch die Gesamtheit seiner Mitglieder, angemessen repräsentiert, so muß die Mitwirkung aller Abgeordneten bei derartigen Entscheidungen nach Möglichkeit und im Rahmen des im demokratisch-parlamentarischen System des Grundgesetzes Vertretbaren sichergestellt sein. Dem läuft es zuwider, wenn ein Abgeordneter aus eigenem Entschluß auf nicht absehbare Zeit sein Amt nicht ausübt und weder in Ausschüssen noch in der Fraktion noch im Plenum mitarbeitet.

[75] BVerfGE vom 24. März 1981, II, 56, 396.

Es entspricht dem Prinzip der repräsentativen Demokratie und liegt im konkreten Interesse des einzelnen Wählers und der Bevölkerung insgesamt, daß der Abgeordnete sein ihm anvertrautes Amt tatsächlich ausübt."[76]

Die Tragfähigkeit der aufgefundenen Repräsentationskonzeption erweist sich anhand dieser Entscheidung in besonderem Maße. Nicht das statische Vorhandensein von Volksvertretern, sondern der tatsächlich geführte Dialog im regulativen System durch möglichst einen jeden Abgeordneten gewährleistet die repräsentative Komponente in der Symbiose der repräsentativen Demokratie und erfüllt die Repräsentation mit Leben. In dem dargestellten Sachverhalt kann dies aber nur durch den Ersatzkandidaten für den betroffenen Abgeordneten geschehen.

5. Unbeschränkter Zugang zu allen Ausschüssen

In dem Organstreitverfahren eines Abgeordneten der Fraktion der Grünen und dieser selbst gegen den Deutschen Bundestag und die Bundesregierung wies das Bundesverfassungsgericht durch Urteil vom 14. Januar 1986[77] die Anträge der Antragsteller zurück, welche auf den Zugang des Abgeordneten der Grünen zu einem Unterausschuß des Haushaltsausschusses und damit mittelbar auf die Erlangung speziellerer Informationen über die Einnahmen und Ausgaben der Zuschüsse für den Bundesnachrichtendienst, das Bundesamt für Verfassungsschutz und den Militärischen Abschirmdienst gerichtet waren. Untergliedert in vier Einzelpositionen waren insgesamt knapp 407 Millionen DM für das Jahr 1984 und knapp 446 Millionen DM für das Haushaltsjahr 1985 vorgesehen.

Die Antragsteller sahen sich durch das Vorenthalten speziellerer Informationen u. a. in ihren Rechten aus Art. 38 Abs. 1 S. 2 GG verletzt[78].

In der Urteilsbegründung führt das Bundesverfassungsgericht u. a. aus:

„Das Budgetrecht ist eines der wesentlichen Instrumente der parlamentarischen Regierungskontrolle, die die rechtstaatliche Demokratie entscheidend prägt" ... „Daraus folgt, daß der einzelne Abgeordnete nach Art. 38 Abs. 1 i.V.m. Art. 77 Abs. 1 Satz 1 und Art. 110 Abs. 2 Satz 1 GG ein eigenes Recht auf Beurteilung des Haushaltsentwurfs der Bundesregierung" ... „hat." ... „Dem Antragsteller war es unbenommen, im Haushaltsausschuß und im Plenum seine Auffassung zu den Veranschlagungen für die Haushalte 1984 und 1985 vorzutragen. Dazu zählt auch die Möglichkeit, politische Bedenken grundsätzlicher Art gegen die hier strittigen Haushaltsansätze anzubringen oder – etwa im Blick auf Vergleichsdaten – die vorgegebenen Summen zu beanstanden."[79]

---

[76] BVerfGE II, 56, 396, 405.
[77] BVerfGE vom 14. Januar 1986, II, 70, 324.
[78] BVerfGE II, 70, 324, 332.
[79] BVerfGE II, 70, 324, 356.

„Zwar gilt der Grundsatz der Budgetöffentlichkeit als Verfassungsgrundsatz. Er folgt aus dem allgemeinen Öffentlichkeitsprinzip der Demokratie. Aber auch in der Demokratie kann es," ... „unvermeidlich sein, aus zwingenden Gründen des Staatswohls jedenfalls die Offenlegung von Detailangaben bestimmter geheimer Fonds zu unterlassen."[80]

„Dem Parlament bleibt es vorbehalten, sich für den Beratungsmodus zu entscheiden, der nach seiner – willkürfreien – Einschätzung den Geheimschutzinteressen hinreichend dient und zugleich den Grundsätzen der parlamentarischen Demokratie Rechnung trägt." ... „Der Status des Abgeordneten ist – soweit verfassungsrechtlich zulässig – eingebunden in die vom Parlament sowohl im Interesse seiner Arbeitsfähigkeit wie im Interesse der zur Verhandlung stehenden Gegenstände gesetzten Schranken (vgl. BVerfGE 10, 4 [13])."[81]

„Das Gebot, parlamentarische Minderheiten zu schützen, sowie das Recht auf verfassungsmäßige Bildung und Ausübung der Opposition wurzeln im demokratischen Prinzip" ... „Dieser Schutz geht nicht dahin, die Minderheit vor Sachentscheidungen der Mehrheit zu bewahren (Art. 42 Abs. 2 GG), wohl aber dahin, der Minderheit zu ermöglichen, ihren Standpunkt in den Willensbildungsprozeß des Parlamentes einzubringen. Dem ist grundsätzlich dadurch Rechnung zu tragen, daß die Repräsentation in die Ausschüsse vorverlagert wird, wenn dort der Sache nach die Entscheidungen fallen."[82]

Da aber das neue Gremium von fünf Abgeordneten, welches ab dem Haushaltsjahr 1984 an die Stelle des Unterausschusses des Haushaltsausschusses tritt, durch drei Abgeordnete der Mehrheit und zwei der Minderheit besetzt sei, sei kein Mißbrauch festzustellen. Nicht jede kleine Fraktion müsse beteiligt sein.[83]

Für den Zweck dieser Untersuchung, welche die Vereinbarkeit der Rechtsprechung des Bundesverfassungsgerichtes mit dem aufgefundenen Repräsentationsverständnis vergleichen will, braucht abschließend nicht geklärt zu werden, ob es einer Mehrheit im Parlament erlaubt sein darf, im Blick auf die berechtigten Belange des Geheimnisschutzes zwischen einer der Mehrheit angenehmen und einer ihr nicht angenehmen Opposition zu unterscheiden[84]. Das Urteil stellt ganz allgemein auf die Prinzipien des demokratischen Oppositionsschutzes ab. Nun hat zwar die bedeutend größere der beiden Oppositionsfraktionen anfangs für die Besetzung des fraglichen Gremiums durch vier Abgeordnete der vier Fraktionen votiert, nimmt diese dann aber die ihr gegebene Chance der Entsendung von zwei der fünf Abgeordneten wahr, so stellt sie in der konkreten Angelegenheit keine Opposition mehr dar und braucht als solche nicht geschützt zu werden. Bezieht man also Mehrheit und Minderheit auf den konkreten Fall, so

---

[80] BVerfGE II, 70, 324, 358.
[81] BVerfGE II, 70, 324, 359.
[82] BVerfGE II, 70, 324, 363. S. auch u. 8. Kap., IV, S. 174ff.
[83] BVerfGE II, 70, 324, 364 und 366.
[84] Vgl. BVerfGE II, 70, 324, 377 und zur Intention S. 372 (Abweichende Meinung, Mahrenholz).

stellt sich durch den Ausschluß der kleineren Oppositionsfraktion die Frage des demokratischen Minderheitenschutzes in vollem Umfange.

Der dynamische Prozeß der Repräsentation lebt grundsätzlich von dem Prinzip der Öffentlichkeit. Im vorliegenden Fall wird dieser Grundsatz im Bereich des Geheimnisschutzes nicht vollständig durchbrochen, sondern nur in bezug auf die Information von Detailangaben, aus denen sich ein Bild der Operationen der Geheimdienste ziehen lassen würde. Aber nicht nur in dem Falle des berechtigten Geheimnisschutzes, sondern z. B. auch dann, wenn es um die persönlichen Belange eines der 518 (496 und 22 Berliner) Abgeordneten geht, muß u. U. der Grundsatz der Öffentlichkeit zurücktreten. Ebenso kann es sich verhalten, wenn die Abgeordneten z. B. als Mitglieder eines Untersuchungsausschusses datenschutzrechtlich relevante Informationen aus dem nichtparlamentarischen Bereich benötigen[85]. Dabei ist natürlich zu prüfen, ob die Einschränkung des Öffentlichkeitsgrundsatzes erforderlich ist und erst dann, ob dies auch verhältnismäßig ist. Von der Sichtweise des regulativen Systems der Repräsentation aus betrachtet macht es aber – zumindest in der praktischen Auswirkung – keinen Unterschied, ob sich die zur Aufrechterhaltung und Ausfüllung des dynamischen Dialoges verpflichteten Abgeordneten wegen der Fülle der Details nicht über alle Haushaltsposten des sehr umfangreichen Haushaltsplanes informieren oder ob sie bezüglich einiger weniger von der Kenntnis der näheren Untergliederung ausgeschlossen sind. Mit dem freien Mandat des Abgeordneten ist es jedenfalls vereinbar, wenn er auf die persönliche Wahrnehmung seines Informationsrechtes aufgrund der auch ihm nur begrenzt möglichen Informationsaufnahmefähigkeit oder im Hinblick auf die Geheimnisschutzinteressen partiell verzichtet und seinen Informationsanspruch durch Abgeordnete seines Vertrauens wahrnehmen läßt. Können sich einzelne Abgeordnete dazu nicht entschließen, da ihrer Ansicht nach keiner der von der um die „genehme Opposition“ erweiterten Mehrheit entsandten Abgeordneten ihr Vertrauen besitzt, so muß abgewogen werden, ob für diesen eng umgrenzten Bereich der Oppositionsschutz wegen tatsächlicher Gefährdung bei Realisierung desselben hinter dem Geheimhaltungsinteresse zurückzustehen hat.

Wird eine, wenn auch kleine, Oppositionsfraktion ausgeschlossen, so vergrößert sich die Abweichungswahrscheinlichkeit von der theoretisch größtmöglichen Repräsentation des Volkswillens. Allerdings tritt für den auf Öffentlichkeit angelegten dynamischen Prozeß der Repräsentation dadurch keine zusätzliche Einschränkung ein, als sie ohnehin aufgrund des berechtigten Geheimnisschutzes gegeben ist, da auch der von der kleineren Oppositionsfraktion entsandte Abgeordnete zur Geheimhaltung verpflichtet wäre.

---

[85] Vgl. dazu BVerfGE vom 17. Juli 1984, II, 67, 100.

Exkurs: Zu den abweichenden Voten der Verfassungsrichter Mahrenholz und Böckenförde

Die Verfassungsrichter Mahrenholz und Böckenförde stimmten gegen die Ansicht der übrigen sechs Richter und begründeten ihre Entscheidungen im wesentlichen damit, daß das Urteil gegen das Repräsentationsprinzip verstoße.

Nach der Ansicht des Verfassungsrichters Mahrenholz muß die Minderheit der Repräsentanten und der Repräsentierten nur deshalb die mehrheitlich gefaßten Beschlüsse der Gesamtheit gegen sich gelten lassen, weil Mehrheit wie Minderheit mit gleichem Recht zur Gesamtheit gehören und das Prinzip der Öffentlichkeit bereits zu der verfassungsrechtlichen Chance der Minderheit gehöre, durch Wahl zur Mehrheit zu werden[86]. „Dem Senat fehlt für die Ermittlung der Rechte von Mehrheit und Minderheit der Bezugspunkt der Gesamtheit.“[87] Die Abgeordneten seien in gleicher Weise zur Repräsentation des Volkes berufen; werde diese Gleichheit eingeschränkt, so finde eine Repräsentation der Gesamtheit der Bürger durch die Gesamtheit des Bundestages nicht statt. Vielmehr sei dann ein Teil des Volkes angemessen repräsentiert, ein anderer nicht und damit sei das Volk als Gesamtheit Gleicher im politischen *status activus* nicht existent.[88]

Nach der Ansicht Böckenfördes sei jeder einzelne Abgeordnete kraft seiner Stellung als Repräsentant des Volkes berufen, an den Verhandlungen und Entscheidungen des Bundestages mitzuwirken.[89] Der Grundsatz der Beteiligung aller Abgeordneten sei nicht nur eine Maxime, sondern ein unverrückbares Prinzip des repräsentativen Parlamentarismus. Über ihn könne deshalb die Mehrheit des Parlaments nicht disponieren[90], jedenfalls seien Abweichungen und Durchbrechungen nur als letztes Mittel und aus zwingenden Gründen zulässig[91], die vorliegend nicht gegeben seien, da u. a. die Geheimschutzvorschriften des Bundestages eine ausreichende Sicherung böten.

Geht man diesen Einwänden auf den Grund[92], so stellt man folgende Unstimmigkeit[93] fest. Bevor die Grünen 1983 in den Deutschen Bundestag

---

[86] BVerfGE II, 70, 324, 369 (Mahrenholz).
[87] BVerfGE II, 70, 324, 371 (Mahrenholz).
[88] BVerfGE II, 70, 324, 367 (Mahrenholz).
[89] BVerfGE II, 70, 324, 381 (Abweichende Meinung, Böckenförde).
[90] BVerfGE II, 70, 324, 382 (Böckenförde).
[91] BVerfGE II, 70, 324, 383 (Böckenförde).
[92] Den beiden Minderheitsvoten, wie auch der Urteilsbegründung liegt – politisch realistisch – die politische Sichtweise des Abgeordnetenmandates zugrunde. Rechtlich sind die Abgeordneten nicht nur von ihren Wählern, sondern auch von ihren Parteien und Fraktionen unabhängig, damit sie im Interesse der Gesamtheit je einzeln den Volkswillen interpretieren können. Politisch stehen sie allerdings unter den speziellen Erwartungshaltungen der sie tragenden und entsendenden Gruppen.

einzogen, waren ihre Ansichten, wenn auch noch nicht so stark, bereits partieller Bestandteil des Volkswillens, wie dies natürlich auch für alle anderen Parteien und Gruppierungen unter der 5%-Klausel gilt, ebenso wie für die Ansichten der Wahlberechtigten, die an der Wahl nicht teilnehmen. Die Mehrheit des Parlamentes, deren Gesamtheit ja den Volkswillen in der Demokratie repräsentiert, nimmt seit alters her für sich in Anspruch, solche Minderheiten durch das mehrheitlich beschlossene Wahlrecht[94] gar nicht erst zur Kontrolle im Parlament zuzulassen[95], da die Abgeordneten, die von ihnen ins Parlament entsandt würden, die Funktionsfähigkeit desselben bedrohen würden. Dahinter steht auch der Gedanke, daß solche Abgeordnete, die sich zwar nicht rechtlich, aber politisch dem Gedankengut ihrer vereinzelten Wähler verpflichtet fühlten, keine besonders geeigneten Kandidaten zur Interpretation des Willens des gesamten Volkes wären. Wie noch auszuführen sein wird[96], verkörperten politisch betrachtet die – vor 1983 durch das Wahlrecht ganz und seitdem in bezug auf die Detailfragen der Geheimdienstzuschüsse partiell ausgeschlossenen – Grünen im 10. Deutschen Bundestag 4,9% der Wahlberechtigten, wobei sie bezogen auf die gültig abgegebenen Zweitstimmen 5,6% errangen.

Weiterhin wird noch zu untersuchen sein, wie groß der Anteil der Wahlberechtigten ist, deren politische Ansichten sich auf die Zusammensetzung des Gesamtrepräsentativorganes tatsächlich ausgewirkt haben. Bezogen auf die letzten drei Bundestagswahlen waren dies ca. 85%, also ca. 15% haben sich nicht ausgewirkt.

Ist es aber mit dem repräsentativen Prinzip der Demokratie vereinbar, daß nicht jede Stimme und politische Meinung Einfluß nimmt, so stellt es zumindest keinen dogmatisch einzigartigen Fall dar, wenn sich dieser Anteil in einer sehr speziellen Sachfrage um die „Entsprechung" von 4,9% der Wahlberechtigten vergrößert. Es wird zuzugeben sein, daß der relativ geringe Anteil von 15% der Wahlberechtigten, deren politische Ansichten sich nicht auf die Zusammensetzung des Parlamentes ausgewirkt haben,

---

[93] Die Ansicht, die die Ausgrenzung einer kleineren Oppositionsfraktion zentral als mit dem Repräsentativsystem verknüpft ansieht, verkennt weiterhin, daß das Repräsentativsystem ebenso auf dem reinen Mehrheitswahlrecht beruhen kann. Auf der Grundlage dieses Wahlrechtes würde sich aber die Frage des Oppositionsschutzes kleinerer Oppositionsfraktionen im Parlament gar nicht erst stellen. Auf dem Boden des Verhältniswahlrechtes, welches die Verfassung allerdings nicht vorschreibt, kann also nur die Gleichheit verletzt sein.

[94] Die erste Einschränkung besteht im Wahlalter von mindestens 18 Jahren, die zweite in der Freiheit der Wahl. Drittens können ungültige Stimmen nicht mitzählen, wie auch? Viertens besteht die 5%-Klausel, durch die theoretisch alle sich bewerbenden Parteien ausscheiden würden, falls keine von ihnen 5% der Zweitstimmen erreichte, dann würde der Bundestag aus den 248 Wahlkreissiegern bestehen.

[95] Bei ca. 500 Abgeordneten entsprechen in der Betrachtungsweise einer vollkommenen „Spiegelbildrepräsentation" je 0,2% der Wahlberechtigten einem Mandat.

[96] S.u. 8. Kap., III 5, Anhang, S. 173 mit Anm. 98.

nach der Logik des Wahlrechtes signifikant höher sein würde, wenn in der Praxis nicht bei relativ hoher Wahlbeteiligung eine Konzentration auf wenige Parteien über 5% festzustellen wäre. Es kann also kein spezifisches Problem der Repräsentation sein, ob einer kleineren Oppositionsfraktion in einer Einzelfrage Informationen im Interesse des Geheimschutzes vorenthalten werden. Die Begrenzung auf die fünf Abgeordneten, die das Vertrauen von drei der vier Fraktionen besitzen, stellt gemessen an der „Entsprechung" zu allen Wahlberechtigten ca. 80% dar. Wären die Grünen durch einen Abgeordneten vertreten, so wären es ca. 85%, nicht jedoch 100%. Das aufgezeigte Problem der Ausgrenzung stellt sich somit nicht als eines dar, welches grundsätzlich die Repräsentation des Volkswillens durch die Gesamtheit des Parlamentes betrifft, sondern den Oppositionsschutz in der Demokratie, der eine immerhin so starke politische Richtung betrifft, daß sie im Parlament trotz der 5%-Klausel eine eigene Fraktion bilden kann.

Anhang

Vergleicht man die tatsächlichen Ergebnisse der letzten drei Bundestagswahlen, so ergibt sich folgende „Entsprechung" des Willens der Gesamtsumme der Wahlberechtigten auf die Zusammensetzung des Parlamentes[97]:

	1980	1983	1987
Wahlberechtigte:	43.231.741	44.088.935	45.327.982
SPD	16.260.677	14.865.807	14.025.763
CDU	12.989.200	14.857.680	13.045.745
CSU	3.908.459	4.140.865	3.715.827
F.D.P.	4.030.999	2.706.942	3.440.911
Grüne	(unter 5%)	2.167.431[98]	3.126.256
Summe:	37.189.335	38.738.725	37.354.502
Anteil im Parlament:	86,1%	87,8%	82,4%
„Nichtrepräsentierte"	13,9%	12,2%	17,6%

[97] Aus: Woche im Bundestag Ausgabe 3, 1983 vom 7. April 1983, S. 5 und Nr. 2, 1987 vom 25. Februar 1987, S. 5.

[98] Anteil der Grünen bezogen auf Wahlberechtigte: (2.167.431 zu 44.088.935) entspricht ca. 4,9%.

IV. Gesetzgebung und Anwesenheitsquorum

Durch Beschluß vom 10. Mai 1977[99] wies das Bundesverfassungsgericht eine Verfassungsbeschwerde gegen ein Urteil zurück, durch welches der Beschwerdeführer wegen fahrlässigen Führens einer Waffe ohne gültigen Waffenschein zu einer Geldstrafe verurteilt worden war. Gleichzeitig war die Einziehung der Pistole angeordnet worden. Die auf die Anordnung der Einziehung beschränkte Revision des Beschwerdeführers zum Oberlandesgericht Hamm war erfolglos geblieben.

In der erhobenen Verfassungsbeschwerde macht der Beschwerdeführer geltend, die Anordnung der Einziehung der Pistole sei verfassungswidrig, da sie ihn in seinem Eigentumsrecht aus Art. 14 GG verletze. Das Waffengesetz 1972, auf dessen § 56 die Anordnung beruhe, sei nicht wirksam zustande gekommen. An der Schlußabstimmung im Deutschen Bundestag am 22. Juni 1972 hätten nur 36 oder 37 Abgeordnete teilgenommen. Das Prinzip der repräsentativen Demokratie verlange aber, daß bei solchen Schlußabstimmungen eine gewisse Mindestzahl von Abgeordneten im Parlament anwesend sind.

In der Begründung seines Beschlusses führt das Bundesverfassungsgericht u. a. aus:

> „Zwar geht nach Art. 20 Abs. 2 GG alle Staatsgewalt vom Volke aus; sie wird jedoch von diesem nicht unmittelbar, sondern durch besondere Organe ausgeübt, deren Amtswalter das Volk bei der Wahrnehmung ihrer Aufgaben im Rahmen der ihnen von der Verfassung zugewiesenen Kompetenzen repräsentieren.
>
> Im demokratisch-parlamentarischen System des Grundgesetzes vollzieht sich die Repräsentation des Volkes im Parlament durch die Abgeordneten. Bei der Bildung des staatlichen Willens im parlamentarischen Bereich ist das Volk nur dann angemessen repräsentiert, wenn das Parlament als Ganzes an der Willensbildung beteiligt ist. Auch wenn das Gundgesetz den einzelnen Abgeordneten als ‚Vertreter des ganzen Volkes' bezeichnet, so kann er doch dieses nur gemeinsam mit den anderen Parlamentsmitgliedern repräsentieren. Denn nicht der einzelne Abgeordnete, sondern das Parlament als Ganzes im Sinne der Gesamtheit seiner Mitglieder, als ‚besonderes Organ' (Art. 20 Abs. 2 GG) übt die vom Volke ausgehende Staatsgewalt aus."[100]

An der Formulierung, daß der Abgeordnete nur gemeinsam mit den anderen Parlamentsmitgliedern das Volk repräsentiere, hat sich ein Meinungsstreit entzündet.[101]

Betrachtet man die gesamte Rechtsprechung des Bundesverfassungsgerichts zum Themenkreis der Repräsentation, so wird klar, daß hierdurch

---

[99] BVerfGE vom 10. Mai 1977, II, 44, 308.

[100] BVerfGE II, 44, 308, 315f.

[101] Vgl. vor allem *Abmeier*, Parlamentarische Befugnisse, S. 59, mit dem dort in Anm. 54f. wiedergegebenen Meinungsstand.

dem einzelnen Abgeordneten nicht seine repräsentative Stellung genommen werden soll. Die Aussage der lediglich gemeinschaftlich ausübbaren Repräsentation unterscheidet nicht scharf genug zwischen der Verpflichtungsbevollmächtigung und der repräsentativen Stellung des Abgeordneten in der Interpretation des Volkswillens. In dem vorliegenden Beschluß geht es nämlich nicht unmittelbar um das repräsentative Element als „Vertreter des ganzen Volkes", sondern um seine Verpflichtungsbefugnis. Diese hat natürlich der einzelne Abgeordnete nicht allein, er kann das Volk nur im Zusammenspiel mit den anderen Repräsentanten verpflichten. Bereits die Formulierung, daß das Volk nur dann *angemessen* repräsentiert sei, wenn das Parlament als Ganzes an der Willensbildung beteiligt ist, deutet darauf hin, daß nach der Ansicht des Bundesverfassungsgerichts auch eine anderweitige Repräsentanz des Volkes, die dann wohl nicht angemessen wäre, möglich ist. Die Repräsentation des Willens des Volkes durch einen jeden Abgeordneten ist in diesem Sinne eine nicht angemessene, da ein jeder den Volkswillen notwendig subjektiv verkörpert.

Aus der Sicht der hier vorgestellten Repräsentationskonzeption löst sich der Widerspruch relativ einfach auf. Die dem Abgeordneten verliehene Handlungsbefugnis ist von dem Prozeß der Repräsentation durch jeden einzelnen Abgeordneten zu trennen. Den Willen des Volkes repräsentieren kann jeder einzelne Abgeordnete im Rahmen seines subjektiven Vermögens. Den von ihm erkannten Volkswillen kann er aber nur gemeinschaftlich mit den anderen Interpreten des Volkswillens in verpflichtende Normen umsetzen, da ihm die Verpflichtungsbefugnis, die er durch die Wahl erlangte, nur zur gesamthandschaftlichen Wahrnehmung gegeben ist. Gerade weil ein jeder Abgeordneter der Repräsentant des ganzen Volkes ist, ist er verpflichtet, den Dialog der Repräsentation[102] zu führen.

In der Begründung des Beschlusses geht dann das Bundesverfassungsgericht auf die tatsächliche Arbeitsweise der Abgeordneten im Gesetzgebungsverfahren näher ein. Dem einzelnen Abgeordneten müsse die Möglichkeit belassen werden, sich bestimmten Sachgebieten, denen sein Interesse gelte und für die er Sachverstand besitze, besonders eingehend zu widmen und andere, so weit es vertretbar erscheine, unterzuordnen. Dies erfordere auch die auf Arbeitsteilung gegründete Funktionstüchtigkeit des Parlamentes. Für den Abgeordneten müsse aber sichergestellt sein, daß er sich über alle Gesetzesvorhaben informieren und daran mitwirken könne[103], das müsse aber nicht notwendig im Plenum geschehen. „Die aus dem Gedanken der Repräsentation abzuleitende prinzipielle Forderung nach Mitwirkung aller Abgeordneten bei Entscheidungen des Parlaments bedeutet allerdings nicht, daß die Abgeordneten das Volk bei solchen Anlässen nur im *Plenum*

[102] S.o. 6. Kap., S. 137ff.

[103] BVerfGE II, 44, 308, 316.

des Bundestages repräsentieren könnten."[104] Das Grundgesetz gehe vielmehr an der Realität nicht vorbei, daß aufgrund der Schwerfälligkeit des Plenums Detailarbeit dort nur in sehr beschränktem Umfange möglich sei[105]. Diesem Aspekt ist sicherlich zuzustimmen, allerdings ist dadurch nur evident gemacht, daß es die Arbeit in den Ausschüssen zur Vorbereitung der Abstimmung im Plenum geben muß, nicht jedoch, daß dadurch die Teilnahme im Plenum nicht möglich sei.

Die Begründung des Beschlusses sieht dann einen höheren „Anreiz"[106] zum Erscheinen bei der Schlußabstimmung im Plenum für die Abgeordneten als gegeben an, wenn bis zu dieser kein Konsens in der Sache gefunden worden sei. Im übrigen würde jeder Abgeordnete von den Sitzungsterminen und der Tagesordnung unterrichtet werden.

> „Demgemäß wird in der Praxis regelmäßig nur dann mehr als die Hälfte der Abgeordneten einer Schlußabstimmung fernbleiben, wenn über den Inhalt der zu treffenden Entscheidung im wesentlichen Übereinstimmung besteht. Die Schlußabstimmung bildet in einem solchen Fall einen zwar rechtlich notwendigen, in seiner politischen Bedeutung jedoch geminderten letzten Teilakt der parlamentarischen Willensbildung, während die Entscheidung in Wirklichkeit bereits in den Ausschüssen und Fraktionen gefallen ist. Dies kann nicht ohne Auswirkung auf das Gewicht des Einflusses bleiben, der dem Prinzip der Repräsentation auf das Zustandekommen parlamentarischer Beschlüsse beizumessen ist. Repräsentation vollzieht sich im parlamentarischen Bereich vornehmlich dort, wo die Entscheidung fällt. Geschieht dies der Sache nach bereits in den Ausschüssen und Fraktionen des Parlaments, so wird damit auch die Repräsentation in diese Institutionen ‚vorverlagert'. Das erscheint unbedenklich, solange der Entscheidungsprozeß institutionell in den Bereich des Parlaments eingefügt bleibt. Dies ist bisher nicht in Frage gestellt."[107]

> „Für eine ausreichende Repräsentation spricht in solchen Fällen eine Vermutung."[108]

Unter welchen Umständen diese Vermutung widerlegt ist, brauchte das Bundesverfassungsgericht nicht allgemein zu entscheiden, da im vorgegebenen Falle das Gesetzesvorhaben intensiv vorbereitet gewesen sei und die Mehrheit der Abgeordneten nicht durch tatsächliche Gründe gehindert gewesen sei, zur Schlußabstimmung im Plenum zu erscheinen. Eine Verletzung der Oppositionsrechte liege ebenfalls nicht vor.

Untersucht man diese Entscheidung auf die Vereinbarkeit mit der im Rahmen dieser Abhandlung vorgestellten Repräsentationskonzeption, so ergibt sich, daß der Schwerpunkt der Problematik nicht auf der Ebene des repräsentativen Systems, sondern auf der der Verpflichtungsermächtigung

---

[104] BVerfGE II, 44, 308, 317.
[105] BVerfGE II, 44, 308, 317.
[106] BVerfGE II, 44, 308, 318.
[107] BVerfGE II, 44, 308, 319.
[108] BVerfGE II, 44, 308, 320.

liegt, also auf der demokratischen Komponente der repräsentativen Demokratie.

Für das regulative System der Repräsentation ist das Verfahrenserfordernis der Beschlußfähigkeit des Parlamentes gemäß § 45 der Geschäftsordnung des Bundestages[109] von untergeordneter Bedeutung. Im Rahmen des Gesetzgebungsverfahrens gab z. B. der Innenausschuß 14 interessierten Verbänden die Gelegenheit zur Stellungnahme[110] und beriet über deren Äußerungen. An diesen Beratungen nahmen auch die Vertreter der Bundesregierung, mehrerer Landesregierungen und des Bundeskriminalamtes teil. Über das Gesetzgebungsvorhaben und -verfahren war die für das regulative System der Repräsentation erforderliche Öffentlichkeit ebenso informiert wie über alle anderen Gesetzesvorhaben; dies geschah nicht zuletzt durch die Befassung des Bundesrates und z. B. die erste Beratung und die hier angegriffene Schlußabstimmung im Plenum. Ein Verstoß gegen den Grundsatz der Öffentlichkeit läßt sich auf der Ebene des regulativen Systems der Repräsentation nicht feststellen, auch wenn die Formulierung des Gerichts, daß die Repräsentation in die Ausschüsse und Fraktionen, die ja regelmäßig nichtöffentlich beraten, „vorverlagert" sei, zu Mißverständnissen Anlaß geben könnte.

Auch der Grundsatz der Pflicht zur Repräsentation durch Aufrechterhaltung und Ausfüllung des Repräsentationsdialoges ist nicht verletzt, wenn eine große Anzahl von Abgeordneten zum Erscheinen in der Schlußabstimmung im Plenum keine Veranlassung sieht. Allerdings kann dies nur dann gelten, wenn sich die Mehrheit der Abgeordneten, wie im vorliegenden Falle dargestellt, zuvor mit der zu regelnden Materie inhaltlich auseinandergesetzt hat.

Das demokratische Element der repräsentativen Demokratie nach Art. 20 Abs. 2 Satz 1 GG: „Alle Staatsgewalt geht vom Volke aus." ist materiell ebenfalls nicht verletzt. Von keiner Seite wird bezweifelt, daß ein Konsens über die inhaltlichen Regelungen bestand. Die Abgeordneten waren informiert, sie sahen nur mit großer Mehrheit keine Veranlassung, am 22. Juni 1972 im Plenum zur Abstimmung zu erscheinen. Wäre das Stimmrecht im Parlament kein höchstpersönliches Recht, welches auch der Ausübung nach nicht auf einen Vertreter übertragen werden kann, so hätte es ihrem Willen offensichtlich entsprochen, wenn die anwesenden Fraktionskollegen jeweils für sie mitgestimmt hätten. Inhaltlich entsprach also das Abstimmungsergebnis dem mehrheitlichen Willen der Repräsentanten des Volkes.

---

[109] Danach wird die Beschlußfähigkeit nur dann festgestellt, wenn selbige von einer Fraktion oder von anwesenden fünf von Hundert der Mitglieder des Bundestages bezweifelt wird. Diese Regelung ermöglicht den Fraktionen im Parlamentsalltag, von ihrem „Rüge"-Recht nur dann Gebrauch zu machen, wenn das „Plenum im Modell" nicht dem politischen Proporz der Gesamtheit entspricht.

[110] BVerfGE II, 44, 308, 310.

Verletzt ist eine Verfahrensvorschrift, nämlich der Grundsatz der Öffentlichkeit bzw. Transparenz in der Demokratie, wonach das Volk die Einsicht und damit die politische Kontrolle auch bezüglich des Weges der Entscheidungsfindung haben soll. Der Grundsatz der Öffentlichkeit in der Demokratie wird in der Begründung des Beschlusses allerdings nicht erwähnt. Da die Ausschüsse und Fraktionen in der Regel nichtöffentlich beraten, war dieser Grundsatz eingeschränkt. Dieser bloße Verfahrensverstoß muß aber nicht notwendig zur Nichtigkeit des Gesetzes führen, auch wenn der entscheidende Akt rechtlich doch in der Schlußabstimmung zu sehen sein wird. Sinn und Zweck des Transparenzgebotes ist es, daß das Verfahren der Gesetzgebung durch den Souverän politisch kontrolliert werden kann. Droht das Vertrauen des Souveräns in die Rechtmäßigkeit der parlamentarischen Entscheidungsfindung durch die „Plenumsmüdigkeit" der Abgeordneten Schaden zu nehmen, so wird das Bundesverfassungsgericht bei gegebenem Anlaß aufgerufen sein, im Wege einer Appellentscheidung dem Grundsatz der Öffentlichkeit und der Tranzparenz in der Demokratie wieder zu uneingeschränkterer Geltung zu verhelfen.

V. Staatliche Parteienfinanzierung

Im Wege einer abstrakten Normenkontrolle ließ die hessische Landesregierung durch das Bundesverfassungsgericht prüfen, ob die Ermächtigung des Bundesministers des Inneren durch § 1 des Gesetzes über die Feststellung des Bundeshaushaltsplanes für das Rechnungsjahr 1965 vom 18. März 1965, soweit dieser 38 Millionen DM für die Aufgaben der Parteien nach Art. 21 GG auszugeben ermächtigt war, verfassungsgemäß ist. Durch Urteil vom 19. Juli 1966[111] stellte das Bundesverfassungsgericht insoweit die Nichtigkeit des § 1 des Bundeshaushaltsgesetzes 1965 fest[112].

In der Urteilsbegründung wird u. a. ausgeführt:

> „Daraus, daß die Mitglieder der Parlamente Diäten und die Parlamentsfraktionen Zuschüsse aus Haushaltsmitteln erhalten, kann nicht gefolgert werden, es müsse auch zulässig sein, den Parteien jährliche Zuschüsse für ihre gesamte politische Tätigkeit zu gewähren.
>
> Der Abgeordnete hat ein Amt inne (Art. 48 Abs. 2 Satz 1 GG). Die Diäten sollen seine Entschließungsfreiheit – auch gegenüber seiner Fraktion und seiner Partei – sichern und ihn in die Lage versetzen, die sich aus seinem repräsentativen verfassungsrechtlichen Status ergebenden Rechte und Pflichten in Freiheit auszuüben (Art. 38 Abs. 1 Satz 2, 48 Abs. 3 Satz 1 GG). Das Recht auf Diäten gehört zum materiellen Parlamentsrecht. Die Diäten erklären sich und sind gerechtfertigt aus den Prinzipien der ‚liberal-repräsentativen Demokratie' (BVerfGE 4,144 [150 f.])."[113]

---

[111] BVerfGE vom 19. Juli 1966, II, 20, 56.

[112] Vgl. auch BVerfGE vom 19. Juli 1966, II, 20, 119 und 20, 134.

[113] BVerfGE II, 20, 56, 103.

„Die Dauerfinanzierung der Parteien aus Staatsmitteln für ihre gesamte politische Tätigkeit steht nicht im Einklang mit dem Leitbild einer politischen Partei, von dem der Verfassungsgeber ausgegangen ist und das er in Art. 21 GG festgelegt hat. Diese Vorschrift soll die Spannung beheben, die sich vor allem unter der Geltung der Weimarer Reichsverfassung zwischen der politischen Wirklichkeit und dem geschriebenen Verfassungsrecht entwickelt hatte (vgl. BVerfGE 1, 208 [225]). Art. 21 GG hat aber an der überkommenen Struktur der Partei als frei konkurrierender und aus eigener Kraft wirkender Gruppe nichts ändern wollen und verwehrt es, ihre finanzielle Sicherung zu einer Staatsaufgabe zu machen."[114]

Der Grundsatz, daß die Parteien nicht wie Staatsorgane aus den öffentlichen Haushalten zu finanzieren sind, entspricht in vollem Umfang der hier vertretenen Repräsentationskonzeption. Sicherlich wirken die Parteien insbesondere dadurch an der politischen Willensbildung des Volkes mit, daß sie ihre Kandidaten zur Wahl stellen. Ohne die Existenz der Parteien wäre ein geordnetes Wahlverfahren kaum vorstellbar. Diese Funktion der Parteien für das Zustandekommen der Staatsorganisation wird aber gerade durch den Wahlkampfkostenerstattungsanspruch derselben ausgeglichen. Eine darüber hinausgehende allgemeine staatliche Parteienfinanzierung könnte die repräsentative Stellung der Abgeordneten beeinträchtigen, denn sie – und nicht die Parteien – sind die Vertreter des ganzen Volkes und leisten die Parlamentsarbeit.

Im dynamischen Prozeß der Repräsentation unterscheiden sich die Parteien in ihrer Funktion während der Wahlperiode nicht entscheidend von den anderen „Einflußkanälen" des Souveräns. Sicherlich beruht unser heutiges Gemeinwesen auf der Existenz und dem Funktionieren von Parteien; die Existenz und Funktion der Presse ist freilich für die Aufrechterhaltung des Repräsentationsdialoges ebenfalls von außerordentlicher Wichtigkeit. Die Presse ist jedoch ebensowenig staatlich zu finanzieren.

VI. Rückwirkung auf Grundrechte

Im Wege eines Organstreitverfahrens der Bundespartei der Grünen und einer parallelen Verfassungsbeschwerde hatte der 2. Senat des Bundesverfassungsgerichtes u. a. zu entscheiden, ob die nur prozentual begrenzte, der absoluten Höhe nach jedoch unbegrenzte, Abzugsfähigkeit von Spenden an politische Parteien im Recht der Einkommen- und der Körperschaftsteuer mit dem Grundgesetz vereinbar ist.[115]

Durch Urteil vom 14. Juli 1986 setzte das Bundesverfassungsgericht eine absolute Grenze in Höhe von jährlich 100.000 DM fest, da ein darüber hinausgehender Betrag mit dem Gleichheitsgrundsatz, Art. 3 GG, nicht vereinbar sei.[116]

[114] BVerfGE II, 20, 56, 107f.

[115] BVerfGE vom 14. Juli 1986, II, 73, 40.

„1. Das Recht des Bürgers auf gleiche Teilhabe an der politischen Willensbildung des Volkes äußert sich in einer lebendigen Demokratie nicht nur in der Stimmabgabe bei den Wahlen, sondern auch in der Einflußnahme auf den Prozeß der politischen Meinungsbildung. Dieses Gleichheitsrecht ist zu beachten, wenn die finanzielle Unterstützung politischer Parteien steuerlich begünstigt wird. Erläßt der Gesetzgeber solche Bestimmungen und wird dadurch dem Bürger die Einflußnahme auf das politische Geschehen erleichtert, so darf er das Recht des Einzelnen auf gleiche Teilhabe an der politischen Willensbildung grundsätzlich nicht in der Weise beeinträchtigen, daß er bestimmten Bürgern eine größere Einflußnahme auf den Willensbildungsprozeß ermöglicht als anderen. Der Gesetzgeber ist zwar nicht gehalten, die auf der wirtschaftlichen Leistungsfähigkeit beruhenden unterschiedlichen Möglichkeiten der Bürger zur finanziellen Unterstützung von politischen Parteien auszugleichen; er darf indes die vorgegebenen Unterschiede auch nicht durch eine steuerliche Regelung verschärfen, die einen Teil der Bürger in gleichheitswidriger Weise bevorzugt (BVerfGE 8, 51 [68 f.]; 24, 300 [360]; 52, 63 [88]).[117]

Bereits im Jahre 1966 nahm das Bundesverfassungsgericht im Rahmen einer Verfassungsbeschwerde der Spiegel-Verlag Rudolf Augstein GmbH & Co KG zu der Frage Stellung[118], welche Rolle der Presse in der repräsentativen Demokratie zukommt.

Aufgrund eines Artikels in der Ausgabe des „Spiegels" vom 10. Oktober 1962 unter dem Titel „Bedingt abwehrbereit", in welchem nichtöffentliche Einzelheiten über die NATO-Übung „Fallex 62", über den damaligen Rüstungsstand und die militärische Planung der NATO- und der Bundeswehrführung dargestellt waren, ergingen im Zeitraum 23. bis 27. Oktober 1962 mehrere Durchsuchungsanordnungen der Verlagsräume und Haftbefehle gegen einen größeren Teil der Redakteure dieses Nachrichtenmagazins.

Zur Funktion der Presse in der repräsentativen Demokratie führt das Teilurteil des Bundesverfassungsgerichtes vom 5. August 1966 aus:

„1. Eine freie, nicht von der öffentlichen Gewalt gelenkte, keiner Zensur unterworfene Presse ist ein Wesenselement des freiheitlichen Staates; insbesondere ist eine freie, regelmäßig erscheinende politische Presse für die moderne Demokratie unentbehrlich. Soll der Bürger politische Entscheidungen treffen, muß er umfassend informiert sein, aber auch die Meinungen kennen und gegeneinander abwägen können, die andere sich gebildet haben. Die Presse hält diese ständige Diskussion in Gang; sie beschafft die Informationen, nimmt selbst dazu Stellung und wirkt damit als orientierende Kraft in der öffentlichen Auseinandersetzung. In ihr artikuliert sich die öffentliche Meinung; die Argumente klären sich in Rede und Gegenrede, gewinnen deutliche Konturen und erleichtern so dem Bürger Urteil und Entscheidung. In der repräsentativen Demokratie steht die Presse zugleich als ständiges Verbindungs- und Kontrollorgan zwischen dem Volk und seinen gewählten Vertretern in Parlament und Regierung. Sie faßt die in der Gesellschaft und ihren Gruppen unaufhörlich sich neu bildenden Meinungen und Forderungen kri-

---

[116] BVerfGE II, 73, 40, 12.
[117] BVerfGE II, 73, 40, 71.
[118] BVerfGE vom 5. August 1966, I, 20, 162.

tisch zusammen, stellt sie zur Erörterung und trägt sie an die politisch handelnden Staatsorgane heran, die auf diese Weise ihre Entscheidungen auch in Einzelfragen der Tagespolitik ständig am Maßstab der im Volk tatsächlich vertretenen Auffassungen messen können.

So wichtig die damit der Presse zufallende ‚öffentliche Aufgabe' ist, so wenig kann diese von der organisierten staatlichen Gewalt erfüllt werden. Presseunternehmen müssen sich im gesellschaftlichen Raum frei bilden können. Sie arbeiten nach privatwirtschaftlichen Grundsätzen und in privatrechtlichen Organisationsformen. Sie stehen miteinander in geistiger und wirtschaftlicher Konkurrenz, in die die öffentliche Gewalt grundsätzlich nicht eingreifen darf."[119]

Auch in der Entscheidung über die Verfassungsmäßigkeit des Verbotes einer Demonstration in der unmittelbaren Nähe des Kernkraftwerkes Brokdorf, die von 60 Bürgerinitiativen für den 28. Februar 1981 geplant war, setzte sich das Bundesverfassungsgericht mit der Auswirkung des repräsentativen Systems auf ein Grundrecht, nämlich das der Versammlungsfreiheit nach Art. 8 GG auseinander:

„Namentlich in Demokratien mit parlamentarischem Repräsentativsystem und geringen plebiszitären Mitwirkungsrechten hat die Versammlungsfreiheit die Bedeutung eines grundlegenden und unentbehrlichen Funktionselementes. Hier gilt – selbst bei Entscheidungen mit schwerwiegenden, nach einem Machtwechsel nicht einfach umkehrbaren Folgen für jedermann – grundsätzlich das Mehrheitsprinzip. Andererseits ist hier der Einfluß selbst der Wählermehrheit zwischen den Wahlen recht begrenzt; die Staatsgewalt wird durch besondere Organe ausgeübt und durch einen überlegenen bürokratischen Apparat verwaltet. Schon generell gewinnen die von diesen Organen auf der Grundlage des Mehrheitsprinzips getroffenen Entscheidungen an Legitimation, je effektiver Minderheitenschutz gewährleistet ist; die Akzeptanz dieser Entscheidungen wird davon beeinflußt, ob zuvor die Minderheit auf die Meinungs- und Willensbildung hinreichend Einfluß nehmen konnte (vgl. BVerfGE 5, 85 [198 f.]). Demonstrativer Protest kann insbesondere notwendig werden, wenn die Repräsentativorgane mögliche Mißstände und Fehlentwicklungen nicht oder nicht rechtzeitig erkennen oder aus Rücksichtnahme auf andere Interessen hinnehmen (vgl. auch BVerfGE 28, 191 [202]). In der Literatur wird die stabilisierende Funktion der Versammlungsfreiheit für das repräsentative System zutreffend dahin beschrieben, sie gestatte Unzufriedenen, Unmut und Kritik öffentlich vorzubringen und abzuarbeiten, und fungiere als notwendige Bedingung eines politischen Frühwarnsystems, das Störpotentiale anzeige, Integrationsdefizite sichtbar und damit auch Kurskorrekturen der offiziellen Politik möglich mache . . ."[120].

Untersucht man die drei dargestellten Entscheidungen am Maßstab der dieser Abhandlung zugrundeliegenden Repräsentationskonzeption, so stellt man fest, daß sie das gefundene Ergebnis bestätigen. Die Repräsentanten sind verpflichtet, für die Aufrechterhaltung und Ausfüllung des Prozesses des Repräsentationsdialoges ein Mindestmaß an freier Entfaltungsmöglichkeit des Souveräns zu gewährleisten[121]. Nur wenn die freie Information und

---

[119] BVerfGE I, 20, 162, 174f.

[120] BVerfGE vom 14. Mai 1985, I, 69, 315, 347.

[121] S.o. 6. Kap., V, S. 144.

Willensartikulation des Volkes gewährleistet ist, kann der Wille des Volkes durch einen jeden Repräsentanten artikuliert werden. Die nahezu umfassende Ausgestaltung der Herrschaftsordnung als repräsentative Demokratie erzeugt somit eine Rückwirkung auf die Grundrechte, wie z. B. auf die rechtliche Chancengleichheit zur Teilhabe am Prozeß der Repräsentation – auch wenn die tatsächliche Wahrnahme ungleich sein wird –, auf die Informations-, Meinungs- und Pressefreiheit und nicht zuletzt auf die Versammlungsfreiheit.

In welchem Umfange eine Einschränkung dieser Freiheiten möglich ist, muß im konkreten Falle unter Abwägung der sonstigen schützenswerten Rechtsgüter, die tangiert sind, getroffen werden. Dabei ist aber zu beachten, daß nicht nur aufgrund der Kerntheorie in der Grundrechtsdogmatik, sondern auch aufgrund der fast vollständigen Ausgestaltung der öffentlichen Gewalt auf Bundesebene in Form der repräsentativen Demokratie eine Rückwirkung auf die Grundrechte eintritt und somit ein u. U. gesteigertes Mindestmaß an Grundrechtsverwirklichung in jedem Falle zu gewährleisten ist.

VII. Parlamentsauflösung

Im Wege eines Organstreitverfahrens beantragten vier Bundestagsabgeordnete, daß das Bundesverfassungsgericht feststellen möge, daß der Bundespräsident durch seine Anordnung über die Auflösung des 9. Deutschen Bundestages vom 6. Januar 1983 und seine Anordnung über die Bundestagswahl 1983 gegen Art. 68 GG verstoßen und sie in ihrem durch Art. 38 Abs. 1 GG verfassungsrechtlich garantierten Status als Bundestagsabgeordnete verletzt oder unmittelbar gefährdet habe.

Das Bundesverfassungsgericht wies diese Anträge durch Urteil vom 16. Februar 1983 zurück[122].

Das hier zu untersuchende Prinzip der repräsentativen Demokratie wird in der Urteilsbegründung in folgendem Zusammenhang erwähnt:

> „Insbesondere verfehlt es grundlegend den Sinn des Art. 68 GG wie der vom Grundgesetz geformten repräsentativen Demokratie, die Auflösung des Bundestages und Neuwahlen mit der Behauptung zu fordern, ein über ein konstruktives Mißtrauensvotum neu gewählter Bundeskanzler bedürfe neben seiner verfassungsmäßigen Legalität noch einer durch Neuwahlen vermittelten Legitimität." ... „Nach dem Grundgesetz bedeutet verfassungsmäßige Legalität zugleich demokratische Legitimität. Eine andere Auffassung rührt an dem Sinn des demokratischen Grundprinzips der freien Wahl und des repräsentativen freien Mandats der Abgeordneten im Sinne des Art. 38 Abs. 1 GG.

---

[122] BVerfGE vom 16. Februar 1983, II, 62, 1.

Dementsprechend kann es für sich allein auch keine Rechtfertigung für die Auflösung des Bundestages abgeben, daß alle im Bundestag vertretenen politischen Parteien oder ihre Fraktionen sich in dem Willen zu Neuwahlen einig sind."[123]

Denkt man in den Kategorien des Verfassungsrechtes, so vermag dieses Postulat zum Eingang der Begründung des Urteil in vollem Umfang zu überzeugen. Mißt man dann das Ergebnis desselben an diesem Bekenntnis zur repräsentativen Demokratie, so kommen Zweifel. Die politische Lage im Herbst 1982 war davon geprägt, daß sich die Mehrheit der Mandatsträger die „Wende" durch den bisherigen Oppositionsführer wünschten. Diese Wende wurde als politisch besonders bedeutsam angesehen, da die bisherige parlamentarische Praxis in der Bundesrepublik von einer relativen Stabilität der Kanzlerinhaberschaft geprägt war.

Der damalige Oppositionsführer konnte am 1. Oktober 1982 mit Hilfe der 53 Abgeordnete stellenden F.D.P. den amtierenden Bundeskanzler im Wege eines konstruktiven Mißtrauensantrages stürzen. Zu diesem Zeitpunkt genoß der neue Kanzler das Vertrauen von einer Mehrheit von sieben Abgeordneten, denn er war mit 256 Stimmen gewählt worden. Im Rahmen der vorbereitenden Verhandlungen mit der F.D.P. hatte dieser ein alsbaldiges Neuwahlversprechen in der Öffentlichkeit abgegeben. Der Weg dazu war aber noch offen. Der neue Kanzler entschied sich nicht für die Möglichkeit des Rücktrittes, um dadurch die Neuwahlen herbeizuführen. Nach eingehender öffentlicher Diskussion wählte man den Weg über eine sogenannte „unechte" Vertrauensfrage. Obwohl durch Mandatsniederlegungen innerhalb der F.D.P. und das Nachrücken von Kandidaten eine Stabilisierungsphase auf der Ebene der Parlamentsfraktionen eingetreten war, wie sich durch mehrere Abstimmungen, zuletzt einen Tag vor der Vertrauensfrage, zeigte. In Kenntnis des vom Kanzler bereits am 13. Dezember 1982 im Bundestag eingebrachten Vertrauensantrages stimmten am 16. Dezember 1982 für den von seiner Regierung eingebrachten Haushalt 1983 266 Abgeordnete[124]. Gemessen an der gesetzlichen Mehrheit von 249 Stimmen hatte sich die Mehrheit des Kanzlers also mehr als verdoppelt (sieben zu siebzehn Stimmen). Hinzu kommt, daß das Budgetrecht das klassische Mittel des Parlamentes ist, um Einfluß auf die Regierung zu nehmen. Bewilligt das Parlament die Absicherung der materiellen Grundlage für die Arbeit einer Bundesregierung für das kommende Jahr, so kann darin nur ein Vertrauensvorschuß erblickt werden.

Einen Tag später, am 17. Dezember 1982, stellte der Bundeskanzler die Vertrauensfrage. Ganze acht Abgeordnete sprachen ihm dasselbe aus, während 218 mit „nein" stimmten und 248 sich der Stimme enthielten[125].

---

[123] BVerfGE II, 62, 1, 43.

[124] Deutscher Bundestag, Sten. Berichte, 9. Wahlperiode, 140. Sitzung vom 16. Dezember 1982, S. 8909ff.

Für die verfassungsrechtlichen Vorausetzungen einer Vertrauensfrage stellt das Urteil fest, daß nach der Verfassung der Bundeskanzler dieses Verfahren nur anstrengen dürfe, wenn es für ihn politisch nicht mehr gewährleistet ist, mit den *im Bundestag* bestehenden Kräfteverhältnissen weiter zu regieren. Die politischen Kräfteverhältnisse *im Bundestag* müßten seine Handlungsfähigkeit so beeinträchtigen oder lähmen, daß er eine vom stetigen Vertrauen der Mehrheit getragene Politik nicht sinnvoll zu verfolgen vermöge.[126]

Dieses ungeschriebene Tatbestandsmerkmal des Art. 68 Abs. 1 Satz 1 GG sah das Bundesverfassungsgericht im wesentlichen deshalb als gegeben an, da in den Untergliederungen der F.D.P. über die „Wende" heftig gestritten worden sei.[127]

Diese Begründungsweise ist vielfach als „Entparlamentarisierung" kritisiert worden[128].

In der Begründung seiner abweichenden Meinung stellte der Verfassungsrichter Rottmann diesen Aspekt deutlich heraus; da es seiner Ansicht nach nur auf die Stabilität in der Bundestagsfraktion des neuen Koalitionspartners F.D.P. ankommen könne[129].

Die Senatsmehrheit sah in ihrer Urteilsbegründung keine weitere Veranlassung, eine Verletzung des Prinzipes der repräsentativen Demokratie zu untersuchen.[130]

Das Prinzip der repräsentativen Demokratie ist, wie es das Urteil als Postulat zum Beginn seiner Begründung auch anspricht – jedoch am gewonnenen Ergebnis nicht kontrolliert – aber durch die Auflösungsentscheidung über den Weg der Vertrauensfrage zentral tangiert.

Die beiden getrennten Ebenen, durch die der Souverän am politischen Willensbildungsprozeß teilnimmt, wurden durch die Begründung der Auflösungsentscheidung durchbrochen und vermengt.

---

125 Deutscher Bundestag, Sten. Berichte, 9. Wahlperiode, 141. Sitzung vom 17. Dezember 1982, S. 8971ff. Nach den Angaben namhafter Koalitionsmitglieder der neuen Regierung hätten sie sich der Stimme enthalten.

126 BVerfGE II, 62, 1, 2 (6. Leitsatz).

127 BVerfGE II, 62, 1, 52ff.

128 Vgl. *Gusseck,* Bundestagsauflösung kraft Richterspruchs?, NJW 1983, S. 721, 723ff. und vor allem *Hochrathner,* Anwendungsbereich und Grenzen des Parlamentsauflösungsrechts, 1985.

129 BVerfGE II, 62, 1, 116 (Abweichende Meinung, Rottmann).

130 Die Bundesregierung sah in ihrer Stellungnahme deshalb keinen Verstoß gegen das Prinzip der repräsentativen Demokratie, „da dem Bundestag als zentralem Repräsentativorgan des parlamentarischen Regierungssystems im Rahmen des Art. 68 GG eine entscheidende Funktion zukomme. Die Verfassung müsse das politische Faktum respektieren, daß Koalitionsparteien eine Entscheidung für so bedeutungsvoll ansähen, daß sie sich ohne Bundestagsneuwahl nicht in der Lage sähen, einen Kompromiß einzugehen.", BVerfGE II, 62, 1, 30.

Ist die unmittelbare politische Teilhabeform des Volkes durch die Wahl, die ja personalplebiszitär ist, dem Gedanken der Gleichheit in der Demokratie verpflichtet (one-man-one-vote-Prinzip), so gilt auf der Ebene des Repräsentationsdialoges das auf der Ungleichheit beruhende Prinzip der öffentlich geltend gemachten Betroffenheit (one-issue-one-vote-Prinzip).

Für die Vertrauensprognose des Kanzlers gilt nunmehr, daß er nicht die politische Situation im Parlament zur Grundlage nehmen muß, die bisher auf dem Boden der repräsentativen Demokratie während der Wahlperiode der entscheidende Bezugspunkt für alle Verfassungsorgane war. Die Repräsentanten, also die in gleicher und geheimer Wahl bestellten Abgeordneten des Volkes, verkörperten bisher den Volkswillen so lange, bis das Parlament aufgelöst wurde bzw. genauer ein neues zusammentrat[131]. Der Kanzler kann nunmehr unmittelbar auf die Ebene der tatsächlichen oder vermeintlichen öffentlichen Meinung „durchgreifen". Die Untergliederungen der politischen Parteien spiegeln dabei einen nicht unerheblichen Anteil der öffentlichen Meinung wider. Diese Ebene ist aber nicht der demokratischen Gleichheit, sondern der Geltendmachung von Betroffenheit, verpflichtet.

Diese „Durchgriffsmöglichkeit" gibt dem Kanzler die Chance, die Abgeordneten seiner Mehrheit vor folgende Alternative zu stellen: Wenn ihr meine Auffassung nicht teilen wollt, daß politisch nach einer längeren Kanzlerschaft ein neuer Kanzler die zusätzliche Legitimation in Form der personalplebiszitären Wahl des Volkes braucht, so müßt ihr euch auf eure abgeleitete Legitimation berufen, obwohl ich gerade der Öffentlichkeit Neuwahlen versprochen habe. In der praktischen Politik bedeutet dies, daß die Abgeordneten seiner Mehrheit keine andere Wahl[132] haben, als dem Kanzler zu seiner „unmittelbareren" Legitimation zu verhelfen; denn weigern sie sich, so könnten sie nur zurücktreten und damit sinkt ihre Chance, wiedergewählt zu werden, ganz erheblich.

Auch wenn es dem tatsächlichen Willen des Souveräns entsprochen haben sollte, daß er nach dem sofort angekündigten Neuwahlversprechen auch wirklich selbst über die „Wende" habe abstimmen wollen – ein Gedanke, der ja der Verfassung fremd ist – so ist die darin liegende prinzipielle Gefahr zu sehen, daß es keinen einleuchtenden Grund gibt, warum ein Bundestag z. B. in den fünfziger Jahren ohne Rückversicherung beim Souverän eine Wiederbewaffnung beschließen konnte. Das Thema war damals genauso umstritten, wenn nicht noch mehr, als die „Wende", auch innerhalb der Parteien.

Auf politische Gruppen, die am Prinzip der Gleichheit in der Demokratie vorbei unmittelbaren Einfluß nehmen wollen, könnte dies verlockend wir-

---

131 Vgl. Art. 39 Abs. 1 Satz 1 GG.

132 Vgl. aber die Argumentation der Bundesregierung, s.o. 8. Kap., VII, S. 184 mit Anm. 130.

ken. Gelänge es ihnen unter Mobilisierung einer vermeintlichen oder tatsächlichen öffentlichen Meinung, ein neues Thema[133] von ähnlichem politischem Gewicht wie die „Wende", welches bei der letzten Wahl nicht abzusehen war, zu einem kontroversen Thema in den Untergliederungen einer der Regierungsparteien werden zu lassen, so könnte ein Kanzler sich nur noch schwerlich darauf berufen, daß die Repräsentanten seiner Mehrheit *im Parlament,* dessen Vertrauen er besitze, zur Entscheidung über dieses neue Thema berufen seien, da sie das gesamte Volk verträten, also auch die Interessen des Teiles des Volkes, welcher nicht aktiv an der öffentlichen Meinungsbildung teilnimmt oder nehmen kann.

Abschließend ist festzustellen, daß der repräsentativen Demokratie, auf Dauer betrachtet, mit dem praktizierten und rechtlich sanktionierten Weg der Parlamentsauflösung durch die „unechte" Vertrauensfrage per „Durchgriff" auf die „Basis" kein Dienst erwiesen wurde. Bei einem Rücktritt des Kanzlers wäre diese Belastung nicht eingetreten.

Von dem in der Urteilsbegründung anfangs aufgestellten Postulat: „Nach dem Grundgesetz bedeutet verfassungsmäßige Legalität zugleich demokratische Legitimität", ist also am Ende derselben nicht mehr viel übrig geblieben.

Die dogmatische Stimmigkeit und die „Unbeflecktheit" des Repräsentativsystems wurden in der Urteilsbegründung auf dem Altar der unmittelbaren Demokratie geopfert.

---

[133] Man denke nur an die zu fällenden Entscheidungen, wenn Tschernobyl auf dem Gebiet der DDR gelegen hätte.

Literaturverzeichnis

Abmeier, Klaus: Die parlamentarischen Befugnisse des Abgeordneten des Deutschen Bundestages nach dem Grundgesetz, Diss. iur., Berlin 1984 (zit.: Parlamentarische Befugnisse).

Aischines: The Speeches of Aeschines, hrsg. und ins Englische übersetzt von Charles Darwin Adams, London/Cambridge/Massachusetts 1958.

Althusius, Johannes: Politica Methodicè digesta, Herborn 1603, Auszug in dt. Übersetzung von Erik Wolf, erschienen unter dem Titel: Grundbegriffe der Politik, Frankfurt a. M. 1943 (zit.: Politica, 1603).

ders.: Politica Methodicè digesta atque exemplis sacris et profanis illustrata, 3. Aufl., Herborn 1614, Faksimileausgabe, Aalen 1961 (zit.: Politica, 1614).

Anschütz, Gerhard: Die Verfassung des Deutschen Reiches vom 11. August 1919, ein Kommentar für Wissenschaft und Praxis, 14. Aufl., Berlin 1933 in unverändertem Nachdruck, Bad Homburg v.d.H./Berlin/Zürich 1968 (zit.: Weimarer Reichsverfassung).

Aristoteles: Politik, übersetzt und herausgegeben von Olof Gigon, 6. Aufl., München 1986.

Badura, Peter: Kommentierung von Art. 38 GG, in Kommentar zum Bonner Grundgesetz, Zweitbearbeitung 1966 (zit.: Art. 38 GG).

Bartlsperger, Richard: Die Integrationslehre Rudolf Smends als Grundlegung einer Staats- und Rechtstheorie, Diss. iur., Erlangen/Nürnberg 1964.

Bethge, Herbert: Volkslegitimation für Rundfunkräte?, DVBl. 1987, S. 663-666.

Beyme, Klaus von: Repräsentatives und parlamentarisches Regierungssystem – Eine begriffsgeschichtliche Analyse, 6 PVS (1965), S. 145-159, ebenfalls abgedruckt in: Heinz Rausch (Hrsg.), Grundlagen der modernen Volksvertretung, Bd. 2, Reichsstände und Landstände, Darmstadt 1974, S. 396-417 (zit.: Repräsentatives und parlamentarisches Regierungssystem).

Bleckmann, Albert: Die Zulässigkeit des Volksentscheides nach dem Grundgesetz, JZ 1978, S. 217-223.

Bleicken, Jochen: Die athenische Demokratie, Paderborn/München/Wien/Zürich 1985 (zit.: Athenische Demokratie).

Böckenförde, Ernst-Wolfgang: Der Verfassungstyp der deutschen konstitutionellen Monarchie im 19. Jahrhundert, in: ders. (Hrsg.), Moderne deutsche Verfassungsgeschichte (1815-1918), Köln 1972, S. 146-170 (zit.: Konstitutionelle Monarchie).

ders.: Kirchlicher Auftrag und politische Entscheidung, Freiburg 1973.

ders.: Diskussionsbeitrag in der Aussprache, 33 VVDStRL (1975), S. 132-134 (zit.: Beitrag).

ders.: Überlegungen und Empfehlungen der Enquête-Kommission Verfassungsreform im Hinblick auf die demokratisch-parlamentarische Verfassungsorganisation, in: Die Ergebnisse der Enquete-Kommission Verfassungsreform und die verfassungsrechtliche Fortentwicklung der Bundesrepublik, Ein Cappenberger Gespräch, Köln 1977, S. 23-50
(zit.: Cappenberger Gespräche).

ders.: Überlegungen und Empfehlungen der Enquête-Kommission Verfassungsreform zur demokratisch-parlamentarischen Verfassungsorganisation, in: ders./Klaus Stern (Hrsg.), Überlegungen zur Verfassungsreform, Heft 15 der Schriftenreihe der Niedersächsischen Landeszentrale für Politische Bildung, Hannover 1977
(zit.: Überlegungen zur Verfassungsreform).

ders.: Der Staat als sittlicher Staat, Bd. 14 der Wissenschaftlichen Abhandlungen und Reden zur Philosophie, Politik und Geistesgeschichte, Berlin 1978.

ders.: Mittelbare/repräsentative Demokratie als eigentliche Form der Demokratie, in: Müller/Rhinow/Schmid/Wildhaber (Hrsg.), Staatsorganisation und Staatsfunktionen im Wandel, Festschrift für Kurt Eichenberger zum 60. Geburtstag, Basel/ Frankfurt a. M. 1982.

ders.: Demokratie und Repräsentation – Zur Kritik der heutigen Demokratiediskussion, Folge 4 der Grundfragen der Demokratie der Schriftenreihe der Niedersächsischen Landeszentrale für Politische Bildung, Hannover 1983 = Heft 11 der Juristischen Studiengesellschaft, Hannover 1983
(zit.: Demokratie und Repräsentation).

ders.: Die verfassungsgebende Gewalt des Volkes – Ein Grenzbegriff des Verfassungsrechts, Frankfurt a. M. 1986.

Bosl, Karl (Hrsg.): Der moderne Parlamentarismus und seine Grundlagen in der ständischen Repräsentation, Berlin 1977.

Brandt, Hartwig: Landständische Repräsentation im deutschen Vormärz, Politisches Denken im Einflußfeld des monarchischen Prinzips, Diss. phil., Neuwied/Berlin 1968
(zit.: Landständische Repräsentation).

Brunner, Otto: Land und Herrschaft, Grundfragen der territorialen Verfassungsgeschichte Österreichs im Mittelalter, 4. Aufl., Wien/Wiesbaden 1959
(zit.: Land und Herrschaft).

Congar, Yves Marie-Joseph: Quod omnes tangit, ab omnibus tractari et approbari debet, in: Heinz Rausch (Hrsg.), Grundlagen der modernen Volksvertretung – Die Entwicklung von den mittelalterlichen Korporationen zu den modernen Parlamenten, Bd. 1, Allgemeine Fragen und europäischer Überblick, Darmstadt 1980, S. 115-182, zuerst in: 36 Revue historique de droit français et étranger (1958), S. 210-259, aus dem Französischen übersetzt von Elisabeth Hanewinkel
(zit.: Quod omnes tangit).

Doemming, Klaus-Berto/*Füsslein,* Rudolf, *Werner/Matz,* Werner: Entstehungsgeschichte der Artikel des Grundgesetzes, 1 JöR N. F. (1951), S. 346-355
(zit.: Enstehungsgeschichte).

Drath, Martin: Die Entwicklung der Volksrepräsentation, in: Heinz Rausch (Hrsg.), Zur Theorie und Geschichte der Repräsentation und Repräsentativverfassung, Darmstadt 1968, S. 260-329
(zit.: Entwicklung der Volksrepräsentation).

Dürig, Günter/*Rudolf*, Walter: Texte zur deutschen Verfassungsgeschichte, 2. Aufl., München 1979,
(zit.: Verfassungstexte).

Egret, Jean: La Pré-Révolution française (1787-1788), Paris 1962.

Eichenberger, Kurt: Entwicklungstendenzen in der Schweizer Demokratie, in: Festschrift zum 70. Geburtstag von Werner Kägi, Menschenrechte – Föderalismus – Demokratie, Zürich 1979, S. 79-100
(zit.: Entwicklungstendenzen).

Elß, Eberhard: Der Gedanke der Repräsentation im evangelischen Kirchenrecht, Diss. iur., Göttingen 1933
(zit.: Evangelisches Kirchenrecht).

Elton, G.R.: Studies in Tudor and Stuart Politics and Government, Papers and Reviews 1946-1972, Bd. 2, Parliament/ Political Thought, Cambridge 1974
(zit.: Studies in Tudor and Stuart Politics and Government).

Eulau, Heinz/*Wahlke*, John C./*Buchanan*, William/*Ferguson*, LeRoy C.: The Role of the Representative: Some Empirical Observations on the Theory of Edmund Burke, in: Heinz Eulau/John C. Wahlke (Hrsg.), The Politics of Representation – Continuities in Theory and Research, Beverly Hills/London 1978, S. 111-126
(zit.: Role of the Representative).

Falk, Berthold: Montesquieu, in: Hans Maier/Heinz Rausch/Horst Denzer (Hrsg.), Klassiker des politischen Denkens, Band 2, München 1968, S. 53-74.

Forsthoff, Ernst: Rechtsstaat im Wandel, Verfassungsrechtliche Abhandlungen 1954-1973, 2. Aufl., München 1976
(zit.: Rechtsstaat im Wandel).

Fraenkel, Ernst: Die repräsentative und die plebiszitäre Komponente im demokratischen Verfassungsstaat, in: Heinz Rausch (Hrsg.), Zur Theorie und Geschichte der Repräsentation und Repräsentativverfassung, Darmstadt 1968, S. 330-385, aus ders., Deutschland und die westlichen Demokratien, Stuttgart 1964, S. 71-109
(zit.: Repräsentative und plebiszitäre Komponente).

Franz, Günther: Staatsverfassungen, 2. Aufl., München 1964.

Friauf, Karl Heinrich: Diskussionsbeitrag in der Aussprache, 33 VVDStRL (1975), S. 129-130
(zit.: Beitrag).

Friedrich, Carl Joachim: Johannes Althusius und sein Werk im Rahmen der Entwicklung der Theorie von der Politik, Berlin 1975
(zit.: Althusius).

ders.: Repräsentation und Verfassungsreform in Europa, in: Heinz Rausch (Hrsg.), Zur Theorie und Geschichte der Repräsentation und Repräsentativverfassung, Darmstadt 1968, S. 209-221, zuvor erschienen unter dem Titel: Representation and Constitutional Reform in Europe, in: 1 Western Political Quarterly (1948), S. 124-130; übersetzt von Wilhelm Mayerthaler
(zit.: Repräsentation).

Friesenhahn, Ernst: Parlament und Regierung im modernen Staat, 16 VVDStRL (1958), S. 9-73
(zit.: Parlament und Regierung).

Funke, Peter: Homónoia und Arché, Athen und die griechische Staatenwelt vom Ende des Peloponnesischen Krieges bis zum Königsfrieden (404/3-387/6 v. Chr.), Historia Heft 37, Wiesbaden 1980
(zit.: Homónia und Arché).

Gadamer, Hans-Georg: Wahrheit und Methode, Grundzüge einer philosophischen Hermeneutik, 4. Aufl., Tübingen 1975
(zit.: Wahrheit und Methode).

Georges, Karl Ernst: Ausführliches lateinisch-deutsches Handwörterbuch, Band 2, 8. Aufl., Hannover/Leipzig 1918
(zit.: Handwörterbuch).

Gerber, Emil: Der staatstheoretische Begriff der Repräsentation in Deutschland zwischen Wiener Kongreß und Märzrevolution, Diss. iur., Neunkirchen/Saar 1929
(zit.: Staatstheoretischer Begriff).

Gerstein, Dietmar: Das Funktionieren der unmittelbaren Demokratie in rechtsvergleichender Sicht, Diss. iur., München 1969.

Gierke, Otto von: Das deutsche Genossenschaftsrecht, Bd. 3: Die Staats- und Korporationslehre des Altertums und des Mittelalters und ihre Aufnahme in Deutschland, Nachdruck der 1. Aufl. von 1881, Darmstadt 1954
(zit.: Genossenschaftsrecht).

ders.: Johannes Althusius und die Entwicklung der naturrechtlichen Staatstheorien, 6. Aufl., Aalen 1968
(zit.: Althusius).

Glum, Friedrich: Begriff und Wesen der Repräsentation, in: Heinz Rausch (Hrsg.), Zur Theorie und Geschichte der Repräsentation und Repräsentativverfassung, Darmstadt 1968, S. 105-115. Nachdruck aus ders., Der deutsche und französische Reichswirtschaftsrat. Ein Beitrag zu dem Problem der Repräsentation der Wirtschaft im Staat, Berlin/Leipzig 1929, S. 26-36.

Gralher, Martin: Demokratie und Repräsentation in der Englischen Revolution – Studien zur demokratischen Repräsentation in der Pamphletistik der Leveller im England des siebzehnten Jahrhunderts, Heidelberger Politische Schriften, Bd. 6, Diss. iur., Meisenheim am Glan 1973
(zit.: Demokratie und Repräsentation in der englischen Revolution).

Greifeld, Andreas: Volksentscheid durch Parlamente. Wahlen und Abstimmungen vor dem Grundgesetz der Demokratie, Berlin 1983
(zit.: Volksentscheid durch Parlamente).

Grotius, Hugo: De jure belli ac pacis, libri tres, Paris 1625, in der Übersetzung von Walter Schätzel, Tübingen 1950
(zit.: De jure belli ac pacis).

Gusseck, Lutz: Bundestagsauflösung kraft Richterspruchs?, NJW 1983, S. 721-724.

Hättich, Manfred: Demokratie als Herrschaftsordnung, Bd. 7 der Reihe Ordo Politicus, Köln/Opladen 1967
(zit.: Herrschaftsordnung).

Hamilton, Alexander/*Madison,* James/*Jay,* John: The Federalist, herausgegeben von Felix Ermacora, übersetzt von Kamilla Demmer, Wien 1958.

Hansen, Mogens Herman: Die athenische Volksversammlung im Zeitalter des Demosthenes, Xenia Heft 13, Konstanz 1984
(zit.: Athenische Volksversammlung).

Hartmann, Volker: Repräsentation in der politischen Theorie und Staatslehre in Deutschland – Untersuchung zur Bedeutung und theoretischen Bestimmung der Repräsentation in der liberalen Staatslehre des Vormärz, der Theorie des Rechtspositivismus und der Weimarer Staatslehre, Diss. phil., Berlin 1979
(zit.: Repräsentation in der politischen Theorie und Staatslehre in Deutschland).

Haubst, Rudolf: Wort und Leitidee der „repraesentatio" bei Nikolaus v. Kues, in: Albert Zimmermann (Hrsg.), Der Begriff der repraesentatio im Mittelalter – Stellvertretung, Symbol, Zeichen, Bild, Berlin/New York 1971, S. 139-162.

Heller, Hermann: Die Souveränität – Ein Beitrag zur Theorie des Staats- und Völkerrechts, Berlin/Leipzig 1927
(zit.: Souveränität).

ders.: Staatslehre, Leiden 1934.

Henke, Wilhelm: Kommentierung von Art. 21 GG, in: Kommentar zum Bonner Grundgesetz, Zweitbearbeitung 1975
(zit.: Art. 21 GG).

Hennis, Wilhelm: Amtsgedanke und Demokratiebegriff, in: Staatsverfassung und Kirchenordnung, Festgabe für Rudolf Smend zum 80. Geburtstag am 15.1.1962, Tübingen 1962, S. 51-70
(zit.: Amtsgedanke).

ders.: Meinungsforschung und repräsentative Demokratie, Heft 200/201 der Reihe Recht und Staat, Tübingen 1957.

Hernekamp, Karl: Formen und Verfahren direkter Demokratie – Dargestellt anhand ihrer Rechtsgrundlagen in der Schweiz und in Deutschland, Bd. 8 der Veröffentlichungen aus dem Institut für Internationale Angelegenheiten der Universität Hamburg, Frankfurt a. M. 1979
(zit.: Formen und Verfahren direkter Demokratie).

Herrfahrdt, Heinrich: Das Problem der berufsständischen Vertretung von der französischen Revolution bis zur Gegenwart, Stuttgart/Berlin 1921
(zit.: Das Problem der berufsständischen Vertretung).

Heydte, Friedrich August von der: Die Geburtsstunde des souveränen Staates, Regensburg 1952
(zit.: Geburtsstunde des souveränen Staates).

Hintze, Otto: Das monarchische Prinzip und die konstitutionelle Verfassung, in: Gerhard Oestreich (Hrsg.), Staat und Verfassung – Gesammelte Abhandlungen zur allgemeinen Verfassungsgeschichte, 2. Aufl., Göttingen 1962, S. 359-389
(zit.: Monarchisches Prinzip).

ders.: Typologie der ständischen Verfassungen des Abendlandes, in: Gerhard Oestreich (Hrsg.), Staat und Verfassung – Gesammelte Abhandlungen zur allgemeinen Verfassungsgeschichte, 2. Aufl., Göttingen 1962, S. 120-139
(zit.: Typologie).

ders.: Weltgeschichtliche Bedingungen der Repräsentativverfassung, in: Gerhard Oestreich (Hrsg.), Staat und Verfassung – Gesammelte Abhandlungen zur allgemeinen Verfassungsgeschichte, 2. Aufl., Göttingen 1962, S. 140-185 (zit.: Weltgeschichtliche Bedingungen).

Hobbes, Thomas: Leviathan oder Wesen, Form und Gewalt des kirchlichen und bürgerlichen Staates, übersetzt von Dorothee Tidow, herausgegeben von Peter Cornelius Mayer-Tasch, München 1965 (zit.: Leviathan).

Hŏcevar, Rolf K.: Stände und Repräsentation beim jungen Hegel. Ein Beitrag zu seiner Staats- und Gesellschaftslehre sowie zur Theorie der Repräsentation, München 1968 (zit.: Stände und Repräsentation beim jungen Hegel).

Hochrathner, Uwe J.: Anwendungsbereich und Grenzen des Parlamentsauflösungsrechts nach dem Bonner Grundgesetz, Diss. iur., Frankfurt a. M./Bern/New York 1985 (zit.: Anwendungsbereich und Grenzen des Parlamentsauflösungsrechts).

Hofmann, Hasso: Repräsentation – Studien zur Wort- und Begriffsgeschichte von der Antike bis ins 19. Jahrhundert, Berlin 1974 (zit.: Repräsentation).

Huber, Ernst Rudolf: Dokumente zur deutschen Verfassungsgeschichte, Bd. 1, Deutsche Verfassungsdokumente (1803-1850), Stuttgart 1961, Bd. 2, Deutsche Verfassungsdokumente (1851-1918), Stuttgart 1964, Bd. 3, Dokumente der Novemberrevolution und der Weimarer Republik (1918-1933), Stuttgart/Berlin/Köln/Mainz 1966 (zit.: Dokumente).

ders.: Deutsche Verfassungsgeschichte seit 1789, Bd. 1, Reform und Restauration, 1789 bis 1830, 2. Aufl., Stuttgart/Berlin/Köln/Mainz 1967, Bd. 2, Der Kampf um Einheit und Freiheit, 1830 bis 1850, 2. Aufl., Stuttgart/Berlin/Köln/Mainz 1967, Bd. 3, Bismarck und das Reich, 2. Aufl., Stuttgart/Berlin/Köln/Mainz 1970, Bd. 5, Weltkrieg, Revolution und Reichserneuerung, 1914-1919, Stuttgart/Berlin/Köln/Mainz 1978, Bd. 6, Die Weimarer Reichsverfassung, Stuttgart/Berlin/Köln/Mainz 1981 (zit.: Verfassungsgeschichte).

Immesberger, Helmut: Zur Problematik der Unabhängigkeit der Abgeordneten im Deutschen Bundestag, Diss. iur., Mainz 1962 (zit.: Unabhängigkeit der Abgeordneten).

Isensee, Josef: Demokratie – verfassungsrechtlich gezähmte Utopie, Ein Diskussionsbeitrag zur staatstheoretischen Legitimation der parlamentarischen Demokratie (zum Referat von Peter Graf Kielmansegg), in: Ulrich Matz (Hrsg.), Aktuelle Herausforderungen der repräsentativen Demokratie, Sonderheft der Zeitschrift für Politik, Heft 2 der Veröffentlichungen der Deutschen Gesellschaft für Politikwissenschaft (DGfP), Köln/Berlin/Bonn/München 1985, S. 43-53 (zit.: Demokratie – verfassungsrechtlich gezähmte Utopie).

Jellinek, Georg: Allgemeine Staatslehre, 3. Aufl., Bad Homburg/Berlin/Zürich 1966 (zit.: Staatslehre).

Jesch, Dietrich: Gerhard Leibholz, Das Wesen der Repräsentation und der Gestaltwandel der Demokratie im 20. Jahrhundert, 15 DÖV (1962), S. 37-38.

Kaiser, Joseph H.: Diskussionsbeitrag in der Aussprache, 33 VVDStRL (1975), S. 124-125
(zit.: Beitrag).

Kaufmann, Erich: Zur Problematik des Volkswillens, in: Ulrich Matz (Hrsg.), Grundprobleme der Demokratie, Nachdruck aus Beiträge zum ausländischen öffentlichen Recht und Völkerrecht 17 (1931), S. 7-19, Darmstadt 1973, S. 20-34.

Kelsen, Hans: Allgemeine Staatslehre, Berlin/Heidelberg/New York 1925
(zit.: Staatslehre).

Kielmansegg, Peter Graf: „Die Quadratur des Zirkels" Überlegungen zum Charakter der repräsentativen Demokratie, in: Ulrich Matz (Hrsg.), Aktuelle Herausforderungen der repräsentativen Demokratie, Sonderheft der Zeitschrift für Politik, Heft 2 der Veröffentlichungen der Deutschen Gesellschaft für Politikwissenschaft (DGfP), Köln/Berlin/Bonn/München 1985, S. 9-41
(zit.: Quadratur des Zirkels).

Kinder, Hermann/*Hilgemann*, Werner: dtv-Atlas zur Weltgeschichte, Karten und chronologischer Abriß, Bd. 1, Von den Anfängen bis zur Französischen Revolution, 12. Aufl., München 1976, Bd. 2, Von der Französischen Revolution bis zur Gegenwart, 11. Aufl., München 1976
(zit.: Weltgeschichte).

Klüber, Johann Ludwig/*Welcker*, Carl: Wichtige Urkunden für den Rechtszustand der deutschen Nation, 2. Aufl., Mannheim 1845
(zit.: Wichtige Urkunden).

Koenigsberger, Helmut G.: Dominium regale or dominium politicum et regale? Monarchies and Parliaments in Early Modern Europe, in: Karl Bosl (Hrsg.), Der moderne Parlamentarismus und seine Grundlagen in der ständischen Repräsentation, Berlin 1977, S. 43-68
(zit.: Dominium regale or dominium politicum et regale?).

Köttgen, Arnold: Besprechung von G. Leibholz „Das Wesen der Repräsentation", in: Heinz Rausch (Hrsg.), Zur Theorie und Geschichte der Repräsentation und Repräsentativverfassung, Darmstadt 1968, S. 74-104. Nachdruck aus ders., 19 AöR N. F. (1930), S. 290-312
(zit.: Besprechung).

Krämer, Werner: Die ekklesiologische Auseinandersetzung um die wahre Repräsentation auf dem Basler Konzil, in: Albert Zimmermann (Hrsg.), Der Begriff der repraesentatio im Mittelalter – Stellvertretung, Symbol, Zeichen, Bild, Berlin/New York 1971, S. 202-237
(zit.: Wahre Repräsentation auf dem Basler Konzil).

Krbek, Ivo: Repräsentation nach der Doktrin der Volkssouveränität, in: Karl Dietrich Bracher/Christopher Dawson/Willi Geiger/Rudolf Smend (Hrsg.), Die moderne Demokratie und ihr Recht, Festschrift für Gerhard Leibholz zum 65. Geburtstag, Bd. 2, Tübingen 1966, S. 69-89.

Kriele, Martin: Einführung in die Staatslehre, Die geschichtlichen Legitimationsgrundlagen des demokratischen Verfassungsstaates, Reinbek 1975
(zit.: Staatslehre).

Krüger, Herbert: Allgemeine Staatslehre, 2. Aufl., Stuttgart/Berlin/Köln/Mainz 1966
(zit.: Staatslehre).

Kurz, Hanns: Volkssouveränität und Volksrepräsentation, Köln/Berlin/Bonn/München 1965.

Laband, Paul: Das Staatsrecht des Deutschen Reiches, Bd. 2, 4. Aufl., Tübingen/Leipzig 1901
(zit.: Staatsrecht).

Landshut, Siegfried: Der Politische Begriff der Repräsentation, in: Heinz Rausch (Hrsg.), Zur Theorie und Geschichte der Repräsentation und Repräsentativverfassung, Darmstadt 1968, S. 482-497
(zit.: Politischer Begriff der Repräsentation).

Lang, Hartmut: Das repräsentative Prinzip im Parteienstaat, Diss. iur., Würzburg 1971
(zit.: Repräsentatives Prinzip).

Larsen, J.A.O.: Representative Government in Greek and Roman History, Berkeley/Los Angeles 1955
(zit.: Representative Government).

Leibholz, Gerhard: Neues deutsches Verfassungsrecht, in: ders., Verfassungsstaat – Verfassungsrecht, Stuttgart/Berlin/Köln/Mainz 1973, S. 31-47.

ders.: Der moderne Parteienstaat, in: ders., Verfassungsstaat- Verfassungsrecht, Stuttgart/Berlin/Köln/Mainz 1973, S. 68-94.

ders.: Parteienstaat und repräsentative Demokratie. Eine Betrachtung zu Art. 21 und 38 des Bonner Grundgesetzes, in: Heinz Rausch (Hrsg.), Zur Theorie und Geschichte der Repräsentation und Repräsentativverfassung, Darmstadt 1968, S. 235-259 = 66 DVBl. (1951), S. 1-8
(zit.: Parteienstaat und repräsentative Demokratie).

ders.: Repräsentation, in: Evangelisches Staatslexikon, hrsg. von Roman Herzog/Hermann Kunst/Klaus Schlaich/Wilhelm Schneemelcher, 3. Aufl., Bd. 2, Stuttgart 1987, Sp. 2986-2993.

ders.: Staat und Verbände, 24 VVDStRL (1966), S. 5-33.

ders.: Der Strukturwandel der modernen Demokratie, in: Ulrich Matz (Hrsg.), Grundprobleme der Demokratie, Darmstadt 1973, S. 171-244, Auszug aus ders., Strukturprobleme der modernen Demokratie, Karlsruhe 1958, S. 78-129.

ders.: Volk und Partei im neuen deutschen Verfassungsrecht, in: ders., Strukturprobleme der modernen Demokratie, Neuausgabe Frankfurt a. M. 1974 der 3., erweiterten Aufl., Karlsruhe 1967, S. 71-77, zuerst erschienen, 65 DVBl. (1950), S. 194ff.
(zit.: Volk und Partei).

ders.: Das Wesen der Repräsentation und der Gestaltwandel der Demokratie im 20. Jahrhundert, 3. Aufl., Berlin 1966
(zit.: Wesen):

Lennartz, Hans-Albert: Zur Rechtsprechung des Bundesverfassungsgerichts zu den politischen Parteien, München 1982
(zit.: Parteienrechtsprechung).

Loewenstein, Karl: Volk und Parlament nach der Staatstheorie der französischen Nationalversammlung von 1789. Studien zur Dogmengeschichte der unmittelbaren Volksgesetzgebung, Neudruck der Ausgabe München 1922, Aalen 1964
(zit.: Volk und Parlament).

Maier, Hans: Rousseau, in: Hans Maier/Heinz Rausch/Horst Denzer (Hrsg.), Klassiker des politischen Denkens, Bd. 2, München 1968, S. 104-134.

Mantl, Wolfgang: Repräsentation und Identität, Demokratie im Konflikt, Ein Beitrag zur modernen Staatsformenlehre, Wien/New York 1975
(zit.: Repräsentation und Identität).

Marcuse, Alexander: Die Repräsentativverfassung in Europa bis zum Durchbruch des Absolutismus, Berlin 1935.

Marsilius von Padua: Defensor pacis, übersetzt von Walter Kunzmann und Horst Kusch, herausgegeben von Ernst Engelberg und Horst Kusch, Ausgabe in lateinisch und deutsch, Bd. 1, Berlin 1958.

Matz, Ulrich: Thomas von Aquin, in: Hans Maier/Heinz Rausch/Horst Denzer (Hrsg.), Klassiker des politischen Denkens, Bd. 1, München 1968, S. 114-146.

Mayo, Henry B.: An Introduction to Democratic Theory, New York 1960.

Merk, Wilhelm: Diskussionsbeitrag im Rahmen der Aussprache der Staatsrechtslehrertagung 1957, 16 VVDStRL (1958), S. 126-130
(zit.: Beitrag).

Meyer, Hans: Das parlamentarische Regierungssystem des Grundgesetzes, Anlage – Erfahrungen – Zukunftseignung, 33 VVDStRL (1975), S. 69-119
(zit.: Parlamentarisches Regierungssystem).

Miethke, Jürgen: Repräsentation und Delegation in den politischen Schriften Wilhelm von Ockham, in: Albert Zimmermann (Hrsg.), Der Begriff der repraesentatio im Mittelalter – Stellvertretung, Symbol, Zeichen, Bild, Berlin/New York 1971, S. 163-185.

Mirbt, Carl/*Aland,* Kurt (Hrsg.): Quellen zur Geschichte des Papsttums und des römischen Katholizismus, Band I, Von den Anfängen bis zum Tridentinum, 6. Aufl., Tübingen 1967
(zit.: Quellen zur Geschichte des Papsttums).

Mitterauer, Michael: Grundlagen politischer Berechtigung im mittelalterlichen Ständewesen, in: Karl Bosl (Hrsg.), Der moderne Parlamentarismus und seine Grundlagen in der ständischen Repräsentation, Berlin 1977, S. 11-41
(zit.: Grundlagen).

Mohl, Robert von: Staatsrecht, Völkerrecht und Politik, 1. Bd., Tübingen 1860
(zit.: Staatsrecht).

Montesquieu, Charles de: De l'Esprit des lois, Vom Geist der Gesetze, übersetzt und herausgegeben von Ernst Forsthoff, Bd. 1, Tübingen 1951
(zit.: De l'Esprit de lois).

Müller, Christoph: Das imperative und freie Mandat. Überlegungen zur Lehre von der Repräsentation, Diss., Leiden 1966
(zit.: Mandat).

Nippel, Wilfried: Mischverfassungstheorie und Verfassungsrealität in Antike und früher Neuzeit, Stuttgart 1980
(zit.: Mischverfassungstheorie).

Obst, Klaus Henning: Chancen direkter Demokratie in der Bundesrepublik Deutschland. Zulässigkeit und politische Konsequenzen, Diss., Köln 1986
(zit.: Chancen direkter Demokratie).

Oppermann, Thomas: Zum heutigen Sinn der parlamentarischen Repräsentation, 28 DÖV (1975), S. 763-766
(zit.: Parlamentarische Repräsentation).

ders.: Das parlamentarische Regierungssystem des Grundgesetzes, Anlage – Erfahrungen – Zukunftseignung, 33 VVDStRL (1975), S. 7-68
(zit.: Parlamentarisches Regierungssystem).

Pernthaler, Peter: Die Repräsentationslehre im Staatsdenken der Concordantia Catholica, in: Cusanus – Gedächtnisschrift der Rechts- und Staatswissenschaftlichen Fakultät der Universität Innsbruck, herausgegeben von Nikolaus Grass, Innsbruck/München 1970, S. 45-99.

Pestalozza, Christian: Volksbefragung – das demokratische Minimum, NJW 1981, S. 733-735.

Pitkin, Hanna Fenichel: The Concept of Representation, Berkeley/Los Angeles/London 1967
(zit.: Concept).

Pollmann, Hans: Repräsentation und Organschaft – Eine Untersuchung zur verfassungsrechtlichen Stellung des Bundesrates der Bundesrepublik Deutschland, Diss. iur., Berlin 1969
(zit.: Repräsentation und Organschaft).

Post, Gaines: Plena Potestas and Consent in Medieval Assemblies, in: ders., Studies in Medieval Legal Thought. Public Law and the State, 1100-1322, Princeton 1964, S. 91-162
(zit.: Plena Potestas).

Presse- und Informationszentrum des Deutschen Bundestages, (Hrsg.): Beratungen und Empfehlungen zur Verfassungsreform (I), Parlament und Regierung, Themen parlamentarischer Beratung, Zur Sache 3/76, Schlußbericht der Enquete-Kommission Verfassungsreform des Deutschen Bundestages, Bonn 1976
(zit.: Zur Sache 3/76).

Prestel, Georg: Die antidemokratische Strömung im Athen des 5. Jahrhunderts bis zum Tod des Perikles, Neudruck der Ausgabe Breslau 1939, Aalen 1974
(zit.: Antidemokratische Strömung im Athen des 5. Jahrhunderts).

Radbruch, Gustav: Parteienstaat und Volksgemeinschaft, in: 6 Die Gesellschaft, Internationale Revue für Sozialismus und Politik (1929), 2. Hlbj. S. 97-102.

Rahner, Hugo: Markion, in: Josef Höfer/ Karl Rahner (Hrsg.), Lexikon für Theologie und Kirche, Bd. 7, 2. Aufl., Freiburg 1962, Sp. 92-93.

Rausch, Heinz Volker: Der Abgeordnete – Idee und Wirklichkeit, Arbeitsheft 17 der Bayerischen Landeszentrale für politische Bildungsarbeit, München 1965
(zit.: Der Abgeordnete).

ders. (Hrsg.): Zur Theorie und Geschichte der Repräsentation und Repräsentativverfassung, Darmstadt 1968
(zit.: Theorie und Geschichte).

ders.: Repräsentation, in: Hans-Helmut Röhring/Kurt Sontheimer (Hrsg.), Handbuch des deutschen Parlamentarismus, München 1970, S. 430-434.

ders. (Hrsg.): Die geschichtlichen Grundlagen der modernen Volksvertretung – Die Entwicklung von den mittelalterlichen Korporationen zu den modernen Parlamenten, Bd. 2, Reichstände und Landstände, Darmstadt 1974
(zit.: Grundlagen).

ders.: Repräsentation: Wort, Begriff, Kategorie, Prozeß, Theorie, in: Karl Bosl (Hrsg.), Der moderne Parlamentarismus und seine Grundlagen in der ständischen Repräsentation, Berlin 1977, S. 69-98
(zit.: Wort, Begriff).

ders.: Repräsentation und Repräsentativverfassung, Anmerkungen zur Problematik, Diss., München 1979
(zit.: Repräsentation und Repräsentativverfassung).

ders.: Einleitung, in: ders. (Hrsg.), Die geschichtlichen Grundlagen der modernen Volksvertretung – Die Entwicklung von den mittelalterlichen Korporationen zu den modernen Parlamenten, Bd. 1, Allgemeine Fragen und europäischer Überblick, Darmstadt 1980, S. 1-13
(zit.: Grundlagen – Einleitung).

Rauschning, Dietrich: Diskussionsbeitrag in der Aussprache, 33 VVDStRL (1975), S. 165-166
(zit.: Beitrag).

Redslob, Robert: Die Staatstheorien der französischen Nationalversammlung von 1789, Ihre Grundlagen in der Staatslehre der Aufklärungszeit und in den englischen und amerikanischen Verfassungsgedanken, Leipzig 1912
(zit.: Staatstheorien).

Reuss, Hermann: Zur Geschichte der Repräsentativverfassung in Deutschland, in: Heinz Rausch (Hrsg.), Zur Theorie und Geschichte der Repräsentation und Repräsentativverfassung, Darmstadt 1968, S. 1-27; Nachdruck aus 27 AöR, N. F. (1936), S. 1-27
(zit.: Geschichte).

Röhrich, Wilfried: Die repräsentative Demokratie – Ideen und Interessen, Studienbücher zur Sozialwissenschaft Bd. 40, Opladen 1981
(zit.: Repräsentative Demokratie).

Rommel, Manfred: Diskussionsbeitrag, in: Die Ergebnisse der Enquete- Kommission Verfassungsreform und die verfassungsrechtliche Fortentwicklung der Bundesrepublik, Ein Cappenberger Gespräch, Köln 1977, S. 76-82
(zit.: Cappenberger Gespräche).

Roßnagel, Alexander: Demokratische Kontrolle großtechnischer Anlagen durch Verwaltungsreferendum, 1 KritV (1986), S. 343-365.

Rousseau, Jean-Jacques: Der Gesellschaftsvertrag, Übersetzung von Herrmann Denhardt und Werner Bahner, Leipzig 1981
(zit.: Contrat social).

Rudolf, Walter: Staatsrechtslehrertagung in Würzburg vom 6.-9. Oktober 1965, 18 DÖV (1965), S. 806-808.

Rupp, Hans Heinrich: Die „öffentlichen" Funktionen der Verbände und die demokratisch-repräsentative Verfassungsordnung, in: Macht und ökonomisches Gesetz, Verhandlungen auf der Tagung des Vereins für Socialpolitik, Gesellschaft für Wirtschafts- und Sozialwissenschaften, N. F. Bd. 74/II, 2. Hlbd., Berlin 1973, S. 1251-1268.

ders.: Kritische Bemerkungen zum heutigen Verhältnis von Verfassungsrecht und Verfassungswirklichkeit, in: Bodo Börner/Hermann Jahrreiß/Klaus Stern (Hrsg.), Einigkeit und Recht und Freiheit, Festschrift für Karl Carstens zum 70. Geburtstag, Bd. 2, Köln/Berlin/Bonn/München 1984, S. 773-787
(zit.: Verhältnis von Verfassungsrecht und -wirklichkeit).

Schäferdiek, Knut: Kaisertum und Papsttum, in: Evangelisches Staatslexikon, hrg. von Roman Herzog/Hermann Kunst/Klaus Schlaich/Wilhelm Schneemelcher, 3. Aufl., Bd. 1, Stuttgart 1987, Sp. 1465-1472.

Scheuner, Ulrich: Politische Repräsentation und Interessenvertretung, 18 DÖV (1965), S. 577-581.

ders.: Das repräsentative Prinzip in der modernen Demokratie, in: Heinz Rausch (Hrsg.), Zur Theorie und Geschichte der Repräsentation und Repräsentativverfassung, Darmstadt 1968, S. 386-418. Nachdruck aus Festschrift für Hans Huber, Verfassungsrecht und Verfassungswirklichkeit, Bern 1961, S. 222-246 (zit.: Das repräsentative Prinzip).

ders.: Diskussionsbeitrag in der Aussprache, 33 VVDStRL (1975), S. 121-123 (zit.: Beitrag).

Schmid, Albert: Das Repräsentativsystem als Verfassungsprinzip, Diss. iur., Regensburg 1971 (zit.: Repräsentativsystem).

Schmitt, Carl: Die geistesgeschichtliche Lage des heutigen Parlamentarismus, 2. Aufl., München/Leipzig 1926 (zit.: Geistesgeschichtliche Lage).

ders.: Römischer Katholizismus und politische Form, München 1925 (zit.: Römischer Katholizismus).

ders.: Verfassungslehre, 4. Aufl., Berlin 1965, unveränderter Nachdruck der 1. Aufl., Berlin 1928.

ders.: Volksentscheid und Volksbegehren – Ein Beitrag zur Auslegung der Weimarer Verfassung und zur Lehre von der unmittelbaren Demokratie, Berlin/Leipzig 1927 (zit.: Volksentscheid und Volksbegehren).

Schmitt, Eberhard: Sieyes, in: Hans Maier/Heinz Rausch/Horst Denzer (Hrsg.), Klassiker des politischen Denkens, Band 2, München 1968, S. 135-160.

ders.: Repräsentation und Revolution. Eine Untersuchung zur Genesis der kontinentalen Theorie und Praxis parlamentarischer Repräsentation aus der Herrschaftspraxis des Ancien régime in Frankreich (1760-1789), Diss. phil., München 1969 (zit.: Repräsentation und Revolution).

Schneider, Peter: Ausnahmezustand und Norm – Eine Studie zur Rechtslehre von Carl Schmitt, Stuttgart 1957 (zit.: Ausnahmezustand und Norm).

ders.: Recht und Macht – Gedanken zum modernen Verfassungsstaat, Mainz 1970 (zit.: Recht und Macht).

ders.: Mandatsruhe, Mandatsfreiheit und Wählerperspektive, Rechtsgutachten erstattet im Auftrag des Landesanwalts bei dem Hessischen Staatsgerichtshof, Mainz 1976 (unveröffentlicht) (zit.: Mandatsruhe).

ders.: „... ein einzig Volk von Brüdern" – Recht und Staat in der Literatur, Frankfurt a. M. 1987 (zit.: Volk von Brüdern).

Schnorr von Carolsfeld, Ludwig: Repraesentatio und Institutio. Zwei Untersuchungen über den Gebrauch dieser Ausdrücke in der römischen Literatur, in: Fest-

schrift für Paul Koschaker zum 60. Geburtstag, Bd. 1, S. 103-116, Weimar 1939, Nachdruck Weimar 1977, ebenfalls abgedruckt in: Heinz Rausch (Hrsg.), Die geschichtlichen Grundlagen der modernen Volksvertretung - Die Entwicklung von den mittelalterlichen Korporationen zu den modernen Parlamenten, Bd. 1, Allgemeine Fragen und europäischer Überblick, Darmstadt 1980, S. 15-29
(zit.: Repraesentatio).

Schuller, Wolfgang: Die Herrschaft der Athener im Ersten Attischen Seebund, Berlin/ New York 1974.

ders.: Die Stadt als Tyrann – Athens Herrschaft über seine Bundesgenossen, Konstanzer Universitätsreden, Bd. 101, Konstanz 1978.

Sendler, Horst: Abhängigkeiten der unabhängigen Abgeordneten, NJW 1985, S. 1425-1433.

Smend, Rudolf: Verfassung und Verfassungsrecht, München/Leipzig 1928.

Sobolewski, Marek: Politische Repräsentation im modernen Staat der bürgerlichen Demokratie, Übersetzung der englischen Zusammenfassung der Dissertation, Reprezentacja w ustroju wspolczesnych demokracji burzuazyjnych, Krakau 1962, in: Heinz Rausch (Hrsg.), Zur Theorie und Geschichte der Repräsentation und Repräsentativverfassung, Darmstadt 1968
(zit.: Politische Repräsentation).

ders.: The voters political opinions and elections. Some problems of political representation, in: Bracher/Dawson/Geiger/Smend (Hrsg.), Die moderne Demokratie und ihr Recht, Festschrift für Gerhard Leibholz zum 65. Geburtstag, Bd. 2, Tübingen 1966, S. 345-365
(zit.: The voters political opinions and elections).

Steffani, Winfried: Parlamentarische und präsidentielle Demokratie – Strukturelle Aspekte westlicher Demokratien, Opladen 1979
(zit.: Parlamentarische und präsidentielle Demokratie).

ders.: Edmund Burke: Zur Vereinbarkeit von freiem Mandat und Fraktionsdisziplin, 12 ZParl (1981), S. 109-122.

Steinberg, Rudolf: Standortplanung umweltbelastender Großvorhaben durch Volksbegehren und Volksentscheid, 15 ZRP (1982), S. 113-118
(zit.: Standortplanung).

Stern, Klaus: Diskussionsbeitrag in der Aussprache, 33 VVDStRL (1975), S. 169-170
(zit.: Beitrag).

Sternberger, Dolf: Die Erfindung der repräsentativen Demokratie, in: Theory and Politics, Festschrift zum 70. Geburtstag für C.J. Friedrich, Haag 1971, S. 96-126
(zit.: Erfindung).

Tarkiainen, Tuttu: Die athenische Demokratie, dt. Übersetzung der finnischen Originalausgabe: Demokratia. Antiikiu Ateenan Kansanvalta, Helsinki 1959, Zürich 1966
(zit.: Athenische Demokratie).

Thomas von Aquin: De regime principum ad regem Cypri et de regime Judaeorum ad ducissam Brabantiae, herausgegeben von Joseph Mathis, Turin 1924
(zit.: De regime principum).

ders.: Kommentar zum Römerbrief, herausgegeben und übersetzt von Helmut Fahsel, Freiburg 1927.

Triepel, Heinrich: Delegation und Mandat im öffentlichen Recht – Eine kritische Studie, Stuttgart/Berlin 1942
(zit.: Delegation und Mandat).

Tütsch, Hans Emanuel: Die Repräsentation in der Demokratie, Diss. iur., Schwarzenbach (St. Gallen) 1944.

Uppendahl, Herbert: Repräsentation und Responsivität – Bausteine einer Theorie responsiver Demokratie, 12 ZParl (1981), S. 123-134
(zit.: Repräsentation und Responsivität).

Voegelin, Eric: Die neue Wissenschaft der Politik. Eine Einführung, übersetzt von Ilse Gattenhof, München 1959
(zit.: Neue Wissenschaft der Politik).

Walter, Robert/*Mayer,* Heinz: Grundriß des österreichischen Bundesverfassungsrechts, 5. Aufl., Wien 1985
(zit.: Österreichisches Bundesverfassungsrecht).

Wankel, Hermann: Die Korruption im klassischen Athen, in: Schuller (Hrsg.), Korruption im Altertum, Konstanzer Symposium Oktober 1979, München/Wien 1982, S. 29-53.

Weber, Max: Wirtschaft und Gesellschaft – Grundriss der verstehenden Soziologie, 5. Aufl., Tübingen 1980
(zit.: Wirtschaft und Gesellschaft).

Weber, Werner: Spannungen und Kräfte im westdeutschen Verfassungssystem, 3. Aufl., Berlin 1970
(zit.: Spannungen und Kräfte).

ders.: Mittelbare und unmittelbare Demokratie, in: Festschrift für K. G. Hugelmann, Aalen 1959, Bd. 2, S. 765-786 = Ulrich Matz (Hrsg.), Grundprobleme der Demokratie, Darmstadt 1973, S. 245-270.

Weizsäcker, Carl Friedrich von: Der Garten des Menschlichen, Beiträge zur geschichtlichen Anthropologie, München/Wien 1982
(zit.: Der Garten des Menschlichen).

Winkler, Günther: Staat und Verbände, 24 VVDStRL (1966), S. 34-78.

Wohlhaupter, Eugen (Hrsg.): Gesetze der Westgoten (Germanenrechte. Texte und Übersetzungen – Schriften der Akademie für Deutsches Recht V/11), Weimar 1936.

Wolff, Hans J.: Die Repräsentation, in: Heinz Rausch (Hrsg.), Zur Theorie und Geschichte der Repräsentation und Repräsentativverfassung, Darmstadt 1968, S. 116-208. Nachdruck aus ders., Organschaft und Juristische Person, Bd. 2, Theorie der Vertretung – Stellvertretung, Organschaft und Repräsentation, Berlin 1934, S. 16-91
(zit.: Repräsentation).

Zippelius, Reinhold: Geschichte der Staatsideen, 2. Aufl., München 1971.

Kolibri 360 GmbH
Ferdinand-Jühlke-Straße 7
99095 Erfurt, Deutschland
produktsicherheit@kolibri360.de

Druck:
CPI Druckdienstleistungen GmbH
im Auftrag der
Kolibri 360 GmbH
Ferdinand-Jühlke-Str. 7
99095 Erfurt